Hans-Heino Ewers, Maria Lypp,
Ulrich Nassen (Hrsg.)
Kinderliteratur und Moderne

Jugendliteratur – Theorie und Praxis

Herausgegeben von
Klaus Doderer und Hans-Heino Ewers

Hans-Heino Ewers, Maria Lypp,
Ulrich Nassen (Hrsg.)

Kinderliteratur und Moderne

Ästhetische Herausforderungen für die Kinderliteratur im 20. Jahrhundert

Herausgegeben in Verbindung mit der Arbeitsgemeinschaft Kinder- und Jugendliteraturforschung

Juventa Verlag
Weinheim und München 1990

CIP-Titelaufnahme der Deutschen Bibliothek

Kinderliteratur und Moderne : ästhetische Herausforderungen für die Kinderliteratur im 20. Jahrhundert / hrsg. in Verbindung mit der Arbeitsgemeinschaft Kinder- und Jugendliteraturforschung. Hans-Heino Ewers ... (Hrsg.). - Weinheim ; München : Juventa-Verl., 1990
(Jugendliteratur - Theorie und Praxis)
ISBN 3-7799-0445-4
NE: Ewers, Hans-Heino [Hrsg.]

Umschlaggestaltung: Atelier Warminski, 6470 Büdingen 8
Umschlagabbildung: Oskar Kokoschka. Die träumenden Knaben. 1908
Printed in Germany

ISBN 3-7799-0445-4

Vorwort

Moderne Kunst, Dichtung der Moderne – kann es etwas der Kinder- und Jugendliteratur entfernteres geben? Es scheint dies die landläufige Meinung zu sein. Bislang ist jedoch niemand der Frage nachgegangen, ob in der künstlerischen bzw. literarischen Moderne nicht doch eine ästhetische Herausforderung für die Kinder- und Jugendliteratur des 20. Jahrhunderts liegt. Die Beiträge dieses Bandes wollen die – positiven wie negativen – Beziehungen aufspüren, die zwischen der Kinder- und Jugendliteratur auf der einen, der künstlerischen bzw. literarischen Moderne auf der anderen Seite existieren.

Mit der „Moderne" sind hier die diversen „Kunst-" bzw. „Literaturrevolutionen" gemeint, die sich in den europäischen, teils auch außereuropäischen Ländern auf breiterer Front in den ersten Jahrzehnten des 20. Jahrhunderts vollzogen haben und die in Gestalt der verschiedenen Avantgarden bis zur Selbstnegation und -aufhebung der Institution „Literatur" bzw. „Kunst" vorgestoßen sind. Die Moderne bewirkt in allen literarischen (und künstlerischen) Gattungen einen tiefgreifenden Formenwandel, einen radikalen Umbruch der Gestaltungsweisen. Sie ist als literarische (bzw. künstlerische) Tendenz nicht auf das frühe 20. Jahrhundert einzugrenzen; vielmehr zählt sie, so oft auch versucht wurde, über sie hinaus- bzw. hinter sie zurückzugehen, zu den bleibenden und tatsächlich immer wieder aufgegriffenen formkünstlerischen Möglichkeiten des 20. Jahrhunderts.

Mit dem Anbruch der Moderne muß die Frage nach dem Verhältnis von Kinderliteratur und Erwachsenenliteratur neu gestellt werden. Hat sich gegenüber der klassischen bürgerlichen Literatur- (bzw. Kunst)epoche die Kluft zwischen ihnen vergrößert oder verringert? Es scheint mir hierbei sinnvoll zu sein, die Frage nach den *möglichen* Beziehungen zwischen der Kinderliteratur und der Moderne zunächst einmal zu trennen von der nach den *faktisch* realisierten Beziehungen. Bei der nach den möglichen Beziehungen dürfte sich eine höchst zwiespältige Antwort einstellen. Es gibt Ebenen der Moderne – ihr Hermetismus etwa –, auf denen der Abstand zu allem Kinderliterarischen sich erheblich vergrößert hat. Dafür hat die Moderne auf anderen Feldern – im Sprachspiel, im Nonsense beispielsweise – sich dem Kinderliterarischen in einem

Maße angenähert, wie es für die bürgerliche Literatur des 19. Jahrhundert unvorstellbar gewesen wäre. Die Moderne war sogar in der Lage, Kinderbücher wie „Alice in Wonderland“ rückblickend in ihre Ahnenreihe aufzunehmen. So wenig das Verhältnis von Kinderliteratur und Moderne auch auf einen Nenner zu bringen sein dürfte, eines scheint unabweislich zu sein: Die Moderne hat auch auf dem Gebiet der Kinder- und Jugendliteratur Epoche gemacht.

Mit welcher Verspätung, mit welcher Nachhaltigkeit sie dies getan hat, sind bereits Fragen, die die faktische Beeinflussung der Kinderliteratur durch die Moderne betreffen. Die Kinderliteratur hat sich im 20. Jahrhundert bekanntermaßen weitgehend in der Obhut von ausgesprochen antimodernistisch gesinnten Kräften befunden; so hat sie vielfach das nicht aufgenommen, was für sie an Inspirierendem in der Moderne enthalten war. Eine in diese Richtung gehende Öffnung dürfte es auf breiterer Front erst seit den 50er, im deutschsprachigen Raum erst seit Mitte der 60er Jahre des 20. Jahrhunderts gegeben haben. Bezüglich der ersten Jahrhunderthälfte wäre – von den wenigen, eben deshalb so bedeutenden Ausnahmen abgesehen – wohl nur zu oft Fehlanzeige zu vermelden, allenfalls eine vordergründige Aufnahme der Moderne, ihrer Themen mehr als ihrer Formensprache.

Dieser Band legt die Ergebnisse einer Tagung vor, die vom 28. bis 30. April 1989 in Stuttgart stattfand und von der „Arbeitsgemeinschaft Kinder- und Jugendliteraturforschung“ veranstaltet wurde. Die Verfasserinnen und Verfasser haben ihre Beiträge nachträglich überarbeitet, wobei der Vortragscharakter in unterschiedlicher Weise gewahrt wurde. Wolfgang Schneider konnte seinen Vortrag auf der Stuttgarter Tagung nicht halten, hat ihn aber für die Publikation der Tagungsergebnisse nachgereicht. Ein vorgesehener Beitrag von Dagmar Grenz zum Adoleszenzroman kam gleichfalls nicht zustande; er wurde wenig später auf einer anderen Konferenz präsentiert, von der Autorin jedoch freundlicherweise für diesen Band zur Verfügung gestellt.

Hans-Heino Ewers

Inhalt

Maria Lypp

Die Frage nach dem Verhältnis von Kinderliteratur und Moderne – ein Glasperlenspiel?

Einleitende Bemerkungen

Als die Kinder- und Jugendliteratur um 1970 herum einen tiefgreifenden Wandel durchmachte und in kürzester Zeit eine erstaunliche Fülle neuer Themen und Formen hervorbrachte, gab sie der Kinderliteraturwissenschaft den Anstoß, Literatur für Kinder als einen Teil der Gesamtliteratur zu begreifen. Das Signal, das von der Kinderliteratur damals ausging, hieß: Aufhebung der Grenzen zur Erwachsenenliteratur. Die Vorstellung von der *einen* Literatur für Große und Kleine bezog ihre Anziehungskraft für Hersteller und Theoretiker aus der Aussicht auf die Aufwertung eines bis dahin unbeachteten und wegen seiner pädagogischen Indienstnahme geringgeschätzten Literaturzweigs. Der Kunstcharakter, der der Kinderliteratur wegen ihrer Instrumentalisierung von jeher abgesprochen wurde, schien nun – wenn auch erst an einer relativ kleinen Anzahl von Texten – durchaus nachweisbar zu sein und damit ihre Gleichrangigkeit mit der übrigen Literatur. Daß die ästhetische Funktion der Literatur generell am Ende der 60er Jahre als ideologieverdächtig zur Diskussion stand, blieb unbeachtet. Für die Kinderliteratur ging es um die Chance, den Makel der Kunstlosigkeit, der ihr anhaftete, seit Wolgast sie als ästhetisch wertlos und darum insgesamt als abschaffenswert bezeichnet hatte, loszuwerden.

Daß nun auch Dichter für Kinder schrieben[1], mit ihrer jeweils eigenen Handschrift, hatte die Befreiung von lange gültigen

1 Dichter erzählen Kindern. Hrsg. v. Gertraud Middelhauve. Köln 1966
36 Originalgeschichten. Mit e. Nachwort von Heinrich Böll

Schemata und die Bereicherung um neue ästhetische Möglichkeiten zur Folge. Zugleich schärften solche Annäherungen aber auch den Blick für die Differenz zur zeitgenössischen Literatur. Denn Maßstab für die Integration beider Literaturen konnte nicht ein irgendwie gearteter Begriff des Künstlerischen sein, sondern konsequenterweise nur der herrschende Kunstbegriff. Dessen kinderliterarische Umsetzung erwies sich aber als problematisch. Gelang sie auch in einzelnen Fällen, so blieb doch zweifelhaft, ob Kinderliteratur insgesamt auf der Höhe der literarischen Entwicklung ihrer Zeit stehen könne.

Die Frage nach der Modernität der Kinderliteratur wurde zu einer Legitimationsfrage. Konnte Wolgast zu einer Zeit, als die literarische Avantgarde gerade im Entstehen begriffen war, Sein oder Nichtsein der Kinderliteratur noch an einem vergangenen, dem idealistischen Kunstbegriff messen (Nichtsein – war sein Urteil), so ist für die gegenwärtige Kunstkritik das Kriterium der Modernität so unerläßlich – Epigonalität entsprechend so vernichtend –, daß die Frage nach der Kunst in der Kinderliteratur nun erneut als die Frage nach ihrer Modernität auftaucht und zugespitzter die Frage nach ihrer Daseinsberechtigung aufwirft.

Das Rahmensprengende, ja Explosive, das der Modernitätsbegriff in die Kinderliteraturtheorie bringt, hat zwei Seiten. Vor der einen warnt *Malte Dahrendorf.* Sein Beitrag, der ins Zentrum der Auseinandersetzung dieses Bandes führt, geht von dem „strukturellen Hiatus" zwischen Kinderliteratur und Moderne aus und gibt zu bedenken, daß die Einebnungstendenz, die in der Modernitätsforderung liegt, die faktisch existierende Kinderliteratur übergeht, die aber – an bestimmte, historisch entstandene Sozialisationsaufgaben gebunden – nicht willkürlich abschaffbar ist. Dahrendorf mahnt zur Rücksicht auf die spezifische Bedingung der Kinderliteratur: zur Rückbindung an ihre Adressaten. Der Rekurs auf Leser – kein fakultativer, sondern ein obligatorischer Ansatz der Kinderliteraturforschung – führt nun keineswegs weg von der Gesamtliteratur in die kinderliterarische Isolation zurück, sondern auf geradem Wege in die Grundfragen der heutigen Literatur hinein. Wenn das Bedürfnis nach Unterhaltung, Spannung, Spaß, Ablenkung, Information den literarisch ungeübten Leser leitet, dann nicht nur den kindlichen, sondern das literarische

Publikum zu 98%, wenn man Dahrendorfs geschätzte 2% der Leser abzieht, die sich für moderne Literatur interessieren. Damit ist das Verhältnis zur Moderne kein isoliert kinderliterarisches Problem, sondern ein gesamtliterarisches, das letztlich auf das problematische Verhältnis von Kunst und Gesellschaft zurückführt. Der Teilbereich Kinderliteratur indiziert die Situation der Literatur-für-viele auf exemplarische Weise. Das läuft nicht auf eine Polarisierung von Kunst- und Trivialliteratur hinaus. Dahrendorfs „struktureller Hiatus" läßt Raum für spezifisch kinderliterarische Gestaltungen von hohem literarischem Anspruch, ob sie dem Modernitätsanspruch genügen, ist aus dieser Sicht unerheblich.

So gesehen ist die Frage nach dem Verhältnis von Kinderliteratur und Moderne ein Anliegen von höchst speziellem Interesse, ohne Nutzen für viele. Ist sie ein Glasperlenspiel? Sie wäre es, wenn sie in normativer Absicht gestellt würde, wenn Kinderliteratur an Modernität maßgenommen und die Differenz zum Defizit erklärt würde. In den Untersuchungen dieses Bandes geht es um die Beobachtung der Differenz, um ihre genauere Bestimmung, die zunächst einmal nötig ist, um Pauschalisierungen zu begegnen. Eine Reihe einzelner Befunde fügt sich zur Ansicht eines Prozesses zusammen: der Auseinandersetzung der Kinderliteratur mit der Moderne, wie sie in Gang kam und noch in Gang ist.

Dennoch, was soll der Nutzen sein?
– Auf der Folie der literarischen Moderne gewinnt die Kinderliteratur schärfere Konturen; ihre grundlegenden Bedingungen treten hervor. Was sich von diesem Hintergrund als „epigonale" Struktur eines einzelnen Werkes abhebt, erfüllt entweder ein Erfordernis, das im kinderliterarischen System begründet werden kann, oder aber eine solche Begründung ist nicht zu erkennen, die Distanz zur Moderne ist nur eine vermeintliche kinderliterarische Notwendigkeit, ist überflüssig und beliebig, eine gedankenlose Repetition. Solche Unterscheidungen werden durch die Konfrontation der Kinderliteratur mit der literarischen Moderne angestoßen und damit die Überprüfung und Klärung kinderliterarischer Konstituenten.

– Wenn sich feststellen läßt, daß eine Reihe von Erscheinungen der heutigen Kinderliteratur ihre Wurzeln in der literarischen Moderne haben, ist es für das Verständnis solcher Erscheinungen förderlich, ihrer Herkunft nachzugehen und Licht in dieses Wurzelwerk zu bringen, das eher verdeckt ist, die Beziehungen der Kinderliteratur zur Literatur des 20. Jahrhunderts sind nicht offenkundig. Werden sie aufgedeckt, so ist zu erkennen, aufgrund welcher Prinzipien oder Affinitäten die Kinderliteratur moderne Elemente annimmt, weiterhin: ob sie bei dem – meist zeitverschobenen – Kontextwechsel ihren Stellenwert behalten oder verändern. Es wird in vielen Fällen von einer selektiven Modernität zu sprechen sein.

– Die Adaption moderner Elemente, ihre eigentümliche Ingebrauchnahme und Integration in der Kinderliteratur eröffnet eine Perspektive für die Gesamtliteratur. „Moderne Kinderbuchautoren gehen ohne Hemmung daran, Bestandteile aus den unzugänglichen Bereichen der modernen Literatur zu entwenden und sie für die Kinderliteratur zurechtzumachen. Die gesamtliterarische Bedeutung dieses Verfahrens besteht nicht etwa in der frühzeitigen Erziehung zur Rezeption auch elitärer Literatur, sondern vielmehr im Zurückholen dieser Literatur in ihre allgemeine Rezipierbarkeit und in dem Hinweis auf die Möglichkeit ihrer Weiterentwicklung jenseits des Elitären."[2] Das Utopische dieser Perspektive ist deutlich; sie ist losgelöst von der Realität des kinderliterarischen Kommunikationssystems. Doch sollte sie, wenn auch nur als Denkmöglichkeit, festgehalten werden, zumindest die in ihr anvisierte Funktion der Kinderliteratur als Korrektiv. Denn wenn moderne Elemente in der Kinderliteratur verarbeitet werden, dann wird die rigide Beschränkung, der die zeitgenössische Literatur unterworfen ist (durch das Trivialitäts-, das Epigonalitätsverdikt), punktuell aufgehoben und die paradoxe Zeitgenossenschaft einer Literatur ohne Leser erfährt eine praktische Korrektur.

Die Aussichten einer Untersuchung von Kinderliteratur und Moderne stehen also nicht schlecht. Sie versprechen die Präzisierung der Grundlagen des Genres, die Klärung der literarhistorischen Herkunft einzelner Strukturen, die Entdeckung spezifischer Adaptionsverfahren, gesamtliterarische Perspektiven.

---

2 Lypp: Asymmetrische Kommunikation als Problem moderner Kinderliteratur. In: Literatur für viele. Göttingen 1978.

Nun darf nicht länger unerwähnt bleiben, daß das Thema eine unbestimmte – und unbestimmbare – Größe enthält: Der Begriff „Moderne“ bezeichnet keinen exakt angebbaren literarischen Standard. Er führt auf schwankenden Boden. Das Mißliche dieser Tatsache muß, wer sich auf die Fragestellung einläßt, in Kauf nehmen. Die Beiträger dieses Bandes haben die anregende Unklarheit dazu genutzt, jeweils das Territorium abzustecken, auf dem sich ihnen Spuren abzuzeichnen scheinen von der gleichsam schweifenden literarischen Moderne, die noch zu nah ist, um schon gesicherte Epochensignale auszusenden. Mag der begriffliche Mangel ihnen bisweilen auch wie „ein Stochern im Nebel“ (Kliewer) vorgekommen sein, wer hätte solches Stochern auf sich genommen ohne die Gewissheit, daß die neuere Kinderliteratur dahinter dringend auf Klärung wartet.

Der Begriff „Moderne“ bezieht sich in diesem Band auf drei Bereiche: 1. Die Literatur der klassischen Avantgarde, 2. Die Literatur der Gegenwart, 3. Die Kinderliteratur unter dem Aspekt des systemimmanenten Fortschritts von veralteten zu neuen Strukturen.

Da die Geschichte der Kinderliteratur nicht mit der allgemeinen Literaturgeschichte parallel verläuft, handelt es sich statt um kontinuierliche Einflüsse eher um Schmuggelgut größeren oder kleineren Umfangs, das oft auf verschlungenen Wegen die Grenze wechselt; manche Wege versanden auch. Es ist wichtig, hier keine Filiationen zu konstruieren, nicht zu harmonisieren, sondern auseinanderzuhalten.

In dieser Hinsicht klärend ist die Arbeit von *Heinz-Jürgen Kliewer*. Er beschreibt die eigentümliche Vermittlerrolle, die die klassische Moderne (1) bei dem kinderliterarischen Umbruch (3) spielte, der um 1960/70 den Anschluß an die Lyrik der Gegenwart (2) einleitete. Auf dem Gebiet der Kinderlyrik ist es eine Handvoll Texte, die zur Zeit der literarischen Avantgarde entstehen und deutlich ihre Merkmale tragen, insofern sie Gegenposition zu gesellschaftlichen Normen beziehen und insofern sie mit Sprache experimentieren. Diese Texte machen zu ihrer Zeit noch keine kinderliterarische Moderne, sondern sind Einsprengsel in der zur Blumenwiese und Puppenstube stagnierten Lyrik des 19. Jahrhunderts, die das Bild bis in die 60er Jahre hinein bestimmt. Folgenreicher erweist sich die avantgardistische Lyrik, die nicht an Kinder adressiert ist, dann aber im Zuge des Modernitätsschubes der 60er Jahre in die Kinderliteratur übernommen wird und dort impulsgebend wirkt. Dieser Vorgang des nachträglichen Eroberns, das Comeback avantgardistischer Texte unter völlig anderen Vorzeichen, hat seine Gründe in spezifischen, außerliterarischen Bedingungen der kinderliterarischen Entwicklung: dem pädagogischen und didaktischen Wandel infolge der gesellschaftlichen Umbrüche jener Zeit. Das nachträgliche Aufdrücken des Signums „Kinderliteratur" ist das Werk bzw. das Verdienst von Anthologisten; ihre Rolle für die Modernisierung der Kinderliteratur kann kaum überschätzt werden. Dennoch: Von moderner Kinderlyrik kann erst gesprochen werden, wenn die Autoren mitziehen. Mit Guggenmos, Krüss, Borchers hat die Kinderlyrik den Anschluß an zeitgenössische und ältere Verfahren gefunden. Die konkrete Poesie und die politische Lyrik bilden die stilgebende Grundlage, auf der sich eine nahezu revolutionäre kinderlyrische Formenvielfalt entwickelt.

Das reinste Erbe der literarischen Moderne scheint der Nonsense zu sein. „Alice im Wunderland" (1860) ist für *Reinbert Tabbert* die unbestrittene Ahnin der modernen Kinderliteratur und bis heute das modernste Kinderbuch. Ein seltener Fall: Das Werk ist künstlerischer Ausdruck seiner Zeit *und* Kinderbuch. Das gleiche gilt für die Lyrik von Edward Lear. Die seit der Mitte des 19. Jahrhunderts in der Dichtung auftretende Sprachproblematik, die zur Sprachskepsis und schließlich zur Kommunikationsverweigerung in der poesie pure führt, ist die Grundlage des Nonsense. Nicht nur sie; auch die Aufhebung logischer Zusammenhänge, die überraschende Verunsicherung des Lesers, wird zum ästhetischen Element. Indem Lear die alogischen Strukturen der volkstümlichen Lyrik, insbesondere des Ammenreims, mit der Sprachskepsis verbindet, schafft er eine Lyrik, in der „Kindgemäßheit und Modernität zwei Seiten einer Medaille" sind" (Tabbert). Aus dem Geist der Unsicherheit gegenüber der Realität entsteht Alice, die Figur, die einer schwankenden Identität und den prekärsten Kommunikationssituationen ausgeliefert ist.

Während Lear und Caroll ihre Dichtungen nicht theoretisch begründen, schreiben die Surrealisten sie Jahrzehnte später auf die Fahne ihres Programms. Was ihnen „Alice im Wunderland" belegt, ist die ästhetische Bedeutung des Kindlichen: Im Rekurs auf die eigene Kindlichkeit befreit sich der Künstler von gesellschaftlichen Zwängen. Tabbert verfolgt, wie der Nonsense durch den Surrealismus um phantastische Elemente bereichert wird; und doch entwickelt sich daraus bis heute keine überzeugende Form des Nonsense in der Kinderliteratur. Gemessen an den Großvätern, Lear und Carroll, bringen die Enkel – Tabbert nennt als Beispiele für heutige Autoren des Nonsense Hacks und Gernhardt – nur eine verblaßte Version des Nonsense hervor. Wo sie nicht ganz zur modischen Sprachspielerei verkommt, ist sie in ihren besten Vertretern zur Professionalität erstarrt, harmlos und unverbindlich, oder sie ist um didaktische Momente angereichert (nichts könnte Carroll ferner sein). So hat sich ein Phänomen der modernen Kinderliteratur im historischen Verlauf zurückgebildet.

Ganz anders sieht *Dieter Petzold* die Rolle des Nonsenses. Er warnt vor der „vorschnellen Gleichsetzung von Nonsense und Moderne". Die Werke Lears und Carrolls wertet er nicht als Manifestation eines neuen künstlerischen Bewußtseins. Die Carroll-Faszination der Surrealisten ist aus dieser Sicht ein historisches Mißverständnis, denn dem Nonsense fehlt der revolutionäre Impetus, das Subversive, der offene Bruch mit der Gesellschaft, den Surrealismus und Dada bestimmen. Die Brüchigkeit der modernen Lebenserfahrung, die Absurdität der Welt sind nicht Sache des Nonsense, der sich auf die Kritik am Viktorianismus und das befreiende Lachen darüber beschränkt. So ist, folgt man Petzold, schon in den Anfängen des Nonsense jene Unverbindlichkeit belegt, die sich in seiner weiteren Entwicklung breitmacht.

Die kontroverse Einschätzung des englischen Nonsense bei Tabbert und Petzold führt letztlich zurück auf das Dilemma, das in dem Rekurs auf Kindlichkeit in der nachromantischen Kunst enthalten ist. Kindlichkeit fungiert als Gegenbild zum modernen Bewußtsein, zu Gesellschaft und Zivilisation. Anders als der Romantiker kann der moderne Künstler aber nicht die Flucht in die Vergangenheit antreten, nicht das kindliche Alter des Volkes, der eigenen Nation, in Sprachspiel und Märchen sprechen lassen. Statt Wertkonservativismus ist ihm Negation aufgegeben. Diese ist aber kinderliterarisch kaum zu vermitteln, zumindest nicht um die Jahrhundertwende. So bleibt die Hinwendung zum Kind beim Spaß stehen, der mehr oder weniger abgründig die zugrundeliegende Negation verbirgt. Der Künstler, der vom Gegenbild des Kindlichen inspiriert ist und in Kinderliteratur ein befreiendes Medium für sich findet, steht vor diesem Dilemma.

Verschärft zeigt sich dies bei der Assoziation von Kindheit und Primitivismus. In den Primitivkulturen Afrikas erscheint der französischen Avantgarde eine Gegenwelt zur modernen Zivilisation. In den Primitivismus-Diskurs um 1900, so arbeitet *Joachim Schultz* heraus, geht der Kindheitsbegriff ein: Die Mentalität des Primitiven gleicht der des Kindes. Diese These – gestützt auch auf Freuds Totemismus-Interpretation – bedeutet für die Kinderliteratur: Die Negerdichtung ist gleichsam Kinderdichtung. In einer Sammmlung afrikanischer Märchen für Kinder („Anthologie nègre" 1928/29) versucht Blaise Cendrars die orale Erzählweise einer vorliterarischen Kultur nachzuahmen. Gesamtliterarisch mag dies ein neuer Ton sein, kinderliterarisch bedeutet es keine neue Stufe. Die Archaik der Erzählweise machte schon für die Romantiker den Reiz des Märchens aus. Ein anderes ästhetisches Potential der Negermärchen besteht in dem Ausgefallenen, Fremden und Sonderbaren ihrer Wunderwelt. Die Ästhetik des Exotischen ist jedoch zweideutig. Sie bringt die Primitivisten in die ambivalente Situation, Eurozentrismus, rassistisch-kolonialistische Vorurteile bekämpfen zu wollen und doch von der Faszination des noch „Unentwickelten", Einfachen, eingeholt zu werden. Dieser Zwiespalt wird zum Zwiespalt zwischen Kinder- und Erwachsenenliteratur bei dem belgischen Autor Franz Hellens. In seinem Roman für Erwachsene „Bass-Bassina-Boulou" (1922) dient ihm die märchenhafte Hauptfigur, eine lebendige Negerskulptur aus Holz (siehe Pinocchio), auf ihrer abenteuerlichen Reise durch die Zivilisation zur scharfen Kulturkritik. Das Märchenhafte des Romans veranlaßte den Autor zu zwei Kinderbuchfassungen. Doch diese entbehren der satirischen Tendenz vollständig; reduziert auf das Niedliche und Simple haben sie – nach Schultz – den Rang von „Zehn kleine Negerlein". Festzustellen ist auch hier: Das kritische Potential, das im Kindheitsbegriff der Avantgarde enthalten ist, kommt kinderliterarisch nicht zum Zuge. Mir scheint sich hier zum ersten Mal in der Geschichte der Kinderliteratur ein Phänomen zu zeigen, das ich als „Kinderblick" bezeichnet habe: die Ent-deckung der gesellschaftlichen Mängel aus der

Perspektive des Kindes als einer notwendigen Blickrichtung des Autors, der für Kinder schreibt; dabei kann die Perspektive der Kindheit als Gegenbild nur die Voraussetzung der kinderliterarischen Kommunikation sein, nicht aber in sie eingehen, also für Kinder gestaltet werden, weil sie ein experimentell eingenommener Standort des Erwachsenen ist.

Nicht, daß diese Problematik überhaupt im Blickfeld der Künstler jener Zeit gestanden hätte; Kinderliteratur galt ihnen als Nebenprodukt ihres Schaffens. Kein anderer als der Hauptvertreter der skandinavischen Moderne, August Strindberg, ließ seine Bücher für Kinder unter Pseudonym erscheinen, so ephemer erschien ihm das Genre. Was diese Nebenwerke für die Theorie der Kinderliteratur interessant macht, ist, daß an ihnen eine Frage in statu nascendi studiert werden kann, die seither die Kritiker beschäftigt. Die zentrale Frage, die sich bei der Durchsicht der verschiedenen kinderliterarischen Versuche der Avantgardisten herauskristallisiert, ist: Wie kann Kinderliteratur Verunsicherung über die Realität vermitteln, soll sie es überhaupt?

Nicht nur die „Alogik" des Kindlichen ist eine avantgardistische Möglichkeit, Realität aufzulösen, auch die Logik des Traums. August Strindberg, so weist *Ritte* nach, schreibt in engem zeitlichen Zusammenhang mit seinem „Traumspiel" Märchen für Kinder und führt zugleich über das Märchen hinaus: Wo keine magischen Mächte im Spiel sind, wenn die Gesetze von Zeit und Raum außer Kraft treten, wo aber auch nicht die grotesken Strukturen des Nonsense herrschen, sondern durch Projektionen des Innern sich das Äußere auflöst, da herrscht der Traum, ein möglicher Weg der Kinderliteratur ins menschliche Labyrinth.

Daß nicht mehr Verlaß auf die Oberflächenrealität sei, bekundet augenfällig die Bildende Kunst. Der permanente Eklat, den sie zwischen 1850 und 1920 auslöst, ist in der Kinderliteratur – und das heißt: im Bilderbuch – jedoch kaum wahrzunehmen. *Jens Thiele* zeichnet die scharfe Trennungslinie nach, die das Bilderbuch als einen Gegenstand der Gebrauchskunst seit Ludwig Richter von der Avantgardekunst trennt. Der Jugendstil, der Kunst und Handwerk, hohe und niedere Kunst, wieder zusammenführen will, erreicht auch das Bilderbuch – doch es ist nur ein Intermezzo, denn die Synthese der Lebensästhetik, alsbald aufgegriffen von der Industrie, wird inflationär, war Täuschung. Während das Bilderbuch des Jugendstil in Ornamentik schwelgt, bewegt sich die Avantgarde fernab auf anderen Wegen. Die Entwicklung des Bilderbuchs ist eine einzige Abwehr gegen moderne Einflüsse. Der Begriff der Gebrauchskunst hat in Thieles Studie einen hohen Erklärungswert, vor allem für das Bilderbuch der 60er Jahre. Denn hier findet es den Anschluß an die zeitgenössische Popart, an deren Faszination und Kritik der Alltagskultur, der Medien- und Konsumwelt. Zitate von Comic, Werbung, Film bringen einen ironischen Einschlag ins Bilderbuch, das nun modern genannt werden kann, ohne elitär zu sein. Freilich treten die modernen Elemente ins Bilderbuch erst ein, nachdem sie bereits in anderen Medien verbreitet sind. Daß das Bilderbuch mit einem Nachklapp auf Muster der Medienkultur reagiert, daß also ihre Popularisierung vorausgeht, scheint die Regel zu sein: Als in den 80er Jahren das Zitat historischer Stile zum allgemeinen Trend wird, finden sich im Bilderbuch Anspielungen auf Romantik, Surrealismus, abstrakte Kunst. Diese Zitierkunst nennt Tabbert postmodern. Das würde bedeuten, daß das Bilderbuch, ohne je eine Moderne gehabt zu haben, sich mit der Postmoderne verbindet. Kann der Grund dafür im Spielcharakter beider Sphären liegen?

Überraschenderweise kommt *Gertrud Lehnert* zu ganz ähnlichen Ergebnissen auf dem Gebiet der phantastischen Kinderliteratur. Das Phantastische, fester Bestandteil der Kinderliteratur und zugleich in der gesamtliterarischen Tradition verankert, lebt aus der Antithese zur „realistischen“, an außerliterarischen Maßstäben überprüfbaren Weltgestaltung. Dies kann in der Konfrontation von phantastischer und „normaler“ Welt ausgedrückt werden: im Hereinbrechen der anderen Welt, oder im Hinüber und Herüber zwischen beiden Welten. Dieser Form ist die Kinderliteratur bis heute treu geblieben, während sich das Phantastische in der literarischen Moderne zum umgreifenden Ausdruck der Undurchschaubarkeit und Bodenlosigkeit der Wirklichkeit, zur Projektionsfläche für die Realität, die der Vernunft prinzipiell unzugänglich ist, entwikkelt hat. Während die bedrohliche Desorientierung à la Kafka kinderliterarisch nicht nachvollzogen wird, zeigen sich andererseits in der gegenwärtigen Kinderliteratur Ansätze einer postmodernen Phantastik. Die Entrealisierung der literarischen Darstellung in dem Stadium, wo die Substitution der Welt durch Literatur eintritt, die Welt eine Welt aus Büchern wird, hat eher als die bloße Bedrohung der Realität eine kinderliterarische Chance. Denn die Referenz auf Lektüre, das Zitieren von Prätexten, die Pluralität von Erzählstimmen, die durchgängige Ambivalenz – nicht der Welt, sondern alles dessen, was über sie erdichtet worden ist – kann zu Verwirrspielen arrangiert werden, die geistreich heiter dem kindlichen Leser entgegenkommen.

Die Krisenstimmung und das allgemeine Verlangen nach Erneuerung um die Jahrhundertwende kristallisieren sich auch in der Thematisierung von „Jugend“. Sie führt, anders als Kindheit und Primitivismus, nicht in eine andere Welt, sondern ermöglicht den Einspruch gegen die bestehende. Der Schul- oder Adoleszenzroman, der die Leiden und das Scheitern von Jugendlichen in der Auseinandersetzung mit den gesellschaftlichen Gegebenheiten schildert, bleibt zunächst ohne Auswirkung auf das spezifische Jugendbuch. Doch ist, wie *Dagmar Grenz* nachweist, die große Bedeutung, zu der der Adoleszenzroman in den 70er und 80er Jahren gelangt, auf die Entstehung des Genres in der literarischen Moderne zurückzuführen.

Die Gleichzeitigkeit des heutigen Adoleszenzromans in Jugend- und Erwachsenenliteratur bietet die seltene Möglichkeit, die adressatenbedingt unterschiedlichen Gestaltungen des modernen, seiner selbst unungewissen jugendlichen Ich zu beobachten. Mit der Übernahme der Gattung in die Jugendliteratur hat diese zweifellos einen Modernitätssprung getan: Das Ergebnis des Adoleszenzromans als eines Anti-Romans zum klassischen Bildungsroman ist nicht Sinnfindung. Die Radikalität und Kompromißlosigkeit mit der der Roman für Erwachsene dies vorträgt, sowie dessen formale Komplexität erreicht der Jugendroman allerdings nicht.

Liegt es an der sorgfältigen pädagogischen Überwachung, die dem Medium Jugendbuch von jeher zuteil wurde, daß es zum Jugendprotest in der Weimarer Republik schweigt, während die Bühne zur selben Zeit die Rebellion der Söhne artikuliert, und zwar auch das Jugendtheater? *Wolfgang Schneider* zeigt die Bedingungen, unter denen das Kinder- und Jugendtheater erstmals als gesellschaftskritische Kunstinstanz auftrat. Es war die unmittelbare Umsetzung von Tagesfragen – der Kampf um die Reformpädagogik, um die Reform der Fürsorgeerziehung –, es war die Fortführung aktueller Auseinandersetzungen durch die Betroffenen selbst – Autoren waren Lehrer und Sozialhelfer, Schauspieler z.T. Jugendliche –, die diesem Theater Authentizität gab. Es zielte auf den praktischen Eingriff, auf Veränderung ab. Das Kindertheater der 70er Jahre in der Bundesrepublik, das beispiellos provokativ wirkte, orientierte sich an diesem Beispiel. Zugleich muß gesehen werden, daß die emotionalisierte Sprache der Jugendrevolte der 20er Jahre, der irrationalistisch gesteigerte Mythos einer Jugend, die massenhaft ihre Sache selbst in die Hand nimmt, der Massenbewegung der NSDAP entgegenkam.

Auf diesem Hintergrund wird die Bedeutung von Bertholdt Brecht für die Kinderliteratur erkennbar. Zu einem Zeitpunkt, als der politische Gegner die Jugend mit Emotionstexten mobilisierte, und dafür auch über effektive Distributionsmittel verfügte, setzte Brecht auf den Verstand des Kindes. „Brechts Kindertexte schon der dreißiger Jahre (sind) Ausdruck eines reifen Verständnisses von Politik, das das Notwendige gleichsam schön und prüfbar vor den Leser brachte, so Gefühltes qualifizierend zu Formen von Einsicht“, sagt *Steffen Peltsch.* Das Kind als politischer Partner. Brechts Partnerschaftlichkeit mit dem kindlichen Adressaten beruht auf einem Motiv, das sein Werk insgesamt bestimmt: die Einheit aller Unteren. Dieser „magische Punkt der Identität von Kindern und Erwachsenen“ (Peltsch) steht nach den verschiedenen Aufladungen des Kinderbegriffs durch die literarische Moderne überraschend nüchtern da. Unten zu sein, ist nicht erhebend. Wenn Brecht auf das Volksliterarische zurückgreift, wie das in der Kinderliteratur Brauch ist, dann ist das Moderne daran, daß ihm die Folklore nicht „kindliche“ Verträumtheit (Märchen) liefert, sondern ästhetische Prinzipien, Gesten, vorgibt: eingängiger Rhythmus, Bewegung, Spielbarkeit, die Nutzanwendung. Geradezu quer zur modernen Kinderliteratur scheint Brechts Lehrhaftigkeit zu stehen. Droht bei diesem modernen Klassiker nicht der Zeigefinger der Aufklärung, die mühsamen Emanzipationsversuche der modernen Kinderliteratur vom Primat des Pädagogischen zunichte zu machen: Daß es Brecht nicht um Unterordnung geht, sondern um Verstandesgebrauch, ist klar. Wie aber das Didaktische ins Ästhetische zu transformieren ist, eine Kernfrage der Kinderliteratur, könnte anhand von Brechts Lehrgedichten für Kinder zukünftig geklärt werden. Für Kinder ist Brechts Nüchternheit unbequem, „vielleicht zu modern?“

Wie kompliziert die Gemengelage des Didaktischen und des Modernen in der Kinderliteratur ist, ergibt sich aus den Bearbeitungen sowjetischer Kinderliteratur. *W. Eggeling* analysiert die spätere Umarbeitung von zwei sowjetischen Kindererzählungen der 20er Jahre, die mit dem Ziel der Entdidaktisierung und Entpragmatisierung vorgenommen wurde. Sie bestand im Abbau expliziter Belehrung bzw. deren Verlagerung von der Erzähler- auf die Figurenrede und damit im Abbau der Autorität des Erzählers, im Abbau der pädagogischen Ergebnisbetontheit der Erzählung und in der Erweiterung der Identifikationsmöglichkeiten. Angestrebt war damit eine Ästhetisierung. Doch nicht das zweckfreie Kunstwerk war das Ziel, sondern die Erhöhung der pädagogischen Wirkung durch das Medium des Ästhetischen. Lehrhaftes wurde um des Erzieherischen willen entfernt. Diese „Fettaugen“-Kosmetik am Objekt beruht auf der Vorstellung vom „organischen“ Kunstwerk; sie soll dem Kinderbuch ästhetische Geschlossenheit verleihen. Es zeigt sich dabei, daß Entdaktisierung der Kinderliteratur nicht schon ihre Modernisierung bedeutet und daß das kinderliterarisch Didaktische nicht nach einem Versteck, sondern eher nach einer neuen künstlerischen Formulierung verlangt (womit die Frage nach Brechts „Modernität“ wieder auf dem Tisch wäre).

Doppeldeutigkeit kennzeichnet die Kinderliteratur generell, insofern historisch Vergangenes und Zukünftiges in der Kindheitsvorstellung einer jeden Generation kollidieren. Seit dem 18. Jahrhundert ist es die kontroverse Einschätzung des zivilisatorischen Fortschritts, die auf die Kinderliteratur durchschlägt. Als um die Jahrhundertwende die Beschleunigung der technisch-industriellen Entwicklung als bedrohlich wahrgenommen wurde, stellte sich die Zivilisationsskepsis verschärft ein. Der Wunsch, daß Kinderliteratur in der gesamtkulturell unbewältigten Krise ein Residuum sein könne, in ihr die Zeit angehalten werden könne, erklärt z.T. die Rigorosität, mit der die konservative Jugendbuchkritik die Kinderliteratur von der gegenwärtigen Entwicklung auszuschließen strebte.

Ulrich Nassen führt den zementierten Wertekanon vor, der von der Jahrhundertwende bis in die 60er Jahre hinein kinderliterarische Modernität verhindern sollte. Er basiert auf kulturkritischen Theoremen und weist mit diesem Kategorienset alle Ansätze einer Verarbeitung der gesellschaftlichen Realität als Intellektualismus und Dekadenz zurück.

Daß die Kinderliteratur faktisch durchlässig war für die als Asphaltliteratur gebrandmarkte Gestaltung des Lebens im technischen Zeitalter, belegt die Tatsache, daß es seit der Mitte der 20er Jahre in der Kinderliteratur eine Reihe von Großstadtromanen gab. An ihrem bekanntesten, Erich Kästners „Emil und die Detektive", illustriert *Winfred Kaminski,* wie die Stadt, die mit Zivilisation gleichbedeutend ist, zum emphatisch bejahten Lebensraum für Kinder wird, zum aktivierenden Subjekt des Romans, wie in den gleichzeitigen Großstadtromanen.

Das Hohelied auf die Stadt, modernster kinderliterarischer Ausdruck um 1930, kann heute nicht mehr gesungen werden. Der allgemeine Bewußtseinswandel schreibt Technikskepsis und Naturbewahrung vor. Dreht sich die Moderne wieder zurück zur Natur? Beklommenheit ist nicht gerechtfertigt, schaut man auf die aufklärende und zukunftsreflektierende Behandlung der Naturthematik in der gegenwärtigen Kinderliteratur. Daß sie in dieser Weise modern sein kann, das heißt, anstehende gesellschaftliche Probleme den Erwachsenen von morgen vermittelt, das hat – wenn man eine Traditionslinie ziehen will – seine Vorbilder bei den Autoren der Großstadtromane à la Kästner mit ihren wachsamen, unverträumten Kinderfiguren, nicht aber bei den antizivilisatorischen Bewahrern der Natur unter den konservativen Jugendbuchkritikern. Die heute notwendigen und komplexen Aussagen der Kinderliteratur zu Natur und technischem Fortschritt können in ihrem Standard jeweils beurteilt werden, wenn die verwickelte Geschichte von Kinderliteratur und Zivilisationsproblematik aufgerollt ist.

Abschließend ist festzuhalten: Kinderliteratur und Moderne stehen in einem gespannten Verhältnis zueinander. Dabei muß unterschieden werden zwischen den Spannungen, mit denen die Kinderliteratur per se zu tun hat, und dem Problem, das die Moderne mit sich bringt. Die Differenzen zwischen

Kind und Erwachsenem, Kinderliteratur und Gesamtliteratur, Kinderliteratur und Kunst gehören zu den Grundfragen des Genres. Die Differenz zur literarischen Moderne ist demgegenüber eine epochenmäßig begrenzte Erscheinung.

Auf die Moderne – hier verstanden als der um die Jahrhundertwende auftretende literarische Wandel und seine Auswirkung auf die gegenwärtige Literatur – reagiert die Kinderliteratur bis in die 60er Jahre hinein punktuell; dann entwickelt sich – teilweise im Rückgriff auf die früheren Ansätze, teilweise in der nachträglichen Aneignung und Verarbeitung von Texten, die sich ursprünglich nicht an Kinder wandten – eine eigene kinderliterarische Modernität, die analog zur Gesamtliteratur auf eine anteilmäßig dünne Schicht begrenzt ist.

Die Herausforderung durch die Moderne bestand im Wesentlichen darin, daß sich in ihr ein Krisenbewußtsein ausdrückte, das nicht nur die Realität, sondern auch die ästhetische Kommunikation über sie in Frage stellte, also die Literatur letztlich selbst. Literarische Aussagen angesichts der komplexen Realität forderten eine hohe Verkomplizierung und Verschlüsselung der Formen. Die sich daraus ergebende Differenz zur Kinderliteratur kann nicht als eine bloße Variante der grundlegenden Spannung zwischen Kinder- und Erwachsenenliteratur gelten, nicht als die ständige Differenz der Komplexitätsgrade, sondern sie muß von der zugrundeliegenden Negation aus beurteilt werden. Negativität in der Radikalität, mit der sie in der literarischen Moderne erstmals vorgetragen wurde, konnte von der Kinderliteratur so nicht angenommen werden. Punktuell und verzögert hat sie sich diesem Phänomen dennoch geöffnet: in spielerischen Desorientierungen, in der Kritik an gesellschaftlichen Strukturen – begrenzten Verunsicherungen, bei denen meist noch immer Verlaß auf eine bekannte literarische Formenwelt ist und eine Autorinstanz kommunikative Sicherheit gibt. Alices lustig-böser Traum und der Wahnsinn im Kinderbuchkleidchen der „Letzten Kinder von Schewenborn“ sind Beispiele für den Balanceakt zwischen Kinderliteratur und Moderne.

Malte Dahrendorf

Zum Hiatus zwischen Kinderliteratur und literarischer Moderne

Gern ergreife ich die Gelegenheit, etwas ausführlicher über den Satz nachzudenken, der in meinem Referat *Didaktische Funktionen der Kinder- und Jugendliteratur*[1] auf dem Bonner Kongreß 1988 vorkam: Zwischen der literarischen Moderne und der KJL bestehe ein struktureller Hiatus. Der Satz läßt noch offen, ob dieser Tatbestand als ein zu kritisierender und mithin veränderbarer anzusehen ist oder als ein zwar bedauerlicher, jedoch hinzunehmender.
Ich fürchte jedoch, daß mich mein weiteres Nachdenken über den Satz nicht klüger gemacht hat. Über den Zickzackweg hin zu diesem Nichtklügergewordensein möchte ich Sie unterrichten.

Es ist üblich geworden und fast modisch, dem Modernismus in der KJL das Wort zu reden. Immer wieder wurden in der Nachkriegszeit Versuche unternommen zu zeigen, wie auch die KJL sich mehr und mehr der literarischen Moderne öffne und – wenn auch mit gewisser Zeitverzögerung – Merkmale modernen Erzählens (wie z.B. Poliperspektivität oder Inneren Monolog) übernehme. Doch so interessant solche Untersuchungen auch sind: ich glaube, daß die ihnen zugrundeliegende Frage falsch gestellt ist bzw. eine falsche Voraussetzung impliziert, was KJL ist und sein kann.

Ich habe selbstverständlich nichts gegen literarischen Modernismus, wenn er auch erheblich zur sozialen Isolierung der Kunstliteratur beiträgt, wie ich alle Bemühungen der KJL be-

1 Abgedruckt in den Informationen des Arbeitskreises für Jugendliteratur H. 4/1988, 29-31.

jahe und unterstütze, fragwürdige und obsolete Grenzziehungen zu überwinden. Aber zugleich möchte ich der Mentalität der Negierung der Unterschiede zwischen KJL und Erwachsenenliteratur (EL) widersprechen, die für eine totale Öffnung und Nivellierung eintritt. Ich sehe diese Mentalität im Spiel, beispielsweise, bei Rüdiger Steinlein, wenn er sich von dem „adäquaten ästhetischen Reflex" auf Inhumanität in Gert Hofmanns „Veilchenfeld" eine produktive Herausforderung für die KJL verspricht[2], oder in Walter Papes „Das literarische Kinderbuch", dem die These zugrundeliegt, daß nur dasjenige Kinderbuch ein gutes/rechtes Kinderbuch sei, das auch Erwachsene anspreche.[3] Ich finde solche Thesen, die in einer alten Tradition der KJL-Kritik stehen[4], deshalb wichtig, weil sie zu einer theoretischen Klärung des Phänomens KJL beitragen, wenn ich ihnen auch nicht ohne weiteres zustimmen kann, weil meiner Auffassung nach KJL nicht etwas Willkürliches und willkürlich Abschaffbares ist, weil sie etwas zu tun hat mit neuzeitlich-bürgerlicher Kindheit, die ich auch nicht einfach abschaffen kann, wiewohl sie als etwas Entstandenes auch als eine veränderbare Größe verstanden werden muß (wie es ja auch Neil Postman[5] sieht, für den diese Form von Kindheit, bedingt durch die modernen Medien, im Verschwinden begriffen ist).

Die Problematik der „Moderne" in der KJL muß m.E. im Zusammenhang gesehen werden mit der traditionellen Diskussion um das Verhältnis von KJL und EL sowie um die Berechtigung/Legitimität von KJL überhaupt. Ja selbst die seit Entstehen der intentionalen KJL im 18. Jh. immer wieder heiß diskutierte Frage nach dem Verhältnis von Ästhetik und Pädagogik – siehe die jüngste Kontroverse zwischen Gerhard Haas und Bettina Hurrelmann[6] – ist nur ein anderer Ausdruck für die Problematik. Insofern ist es gar nicht einfach, dazu in einem Kurzreferat differenziert genug Stellung zu nehmen.

---

2 Vgl. Steinlein 1988, 111f. – wenn Steinlein auch vor einer umstandslosen Übertragung des Hofmannschen Erzählmodells auf die KJL warnt.

3 Pape 1981.

4 Vgl. Dahrendorf 1980a, 42f. (Herbart 1806, Jean Paul 1807, Wackernagel 1837, Wolgast 1896). Siehe auch die Beiträge Krämer-Badoni, Rudolf und Schnurre, Wolfdietrich. In: Richter 1965.

5 Postman 1983.

6 Vgl. Praxis Deutsch H. 89/1988, H. 90/1988, H. 94/1989.

Hans-Heino Ewers und Bettina Hurrelmann haben auf eine, wie ich glaube, differenzierte Weise KJL unter Hinweis auf ihre historische Funktion verteidigt.[7]

Die grassierende Tendenz zur totalen Einebnung der Differenzen zwischen KJL und EL hat unterschiedliche Motive. Sicher möchte man der KJL Anstöße geben, über die historischen Beschränkungen ihrer literarischen und inhaltlichen Möglichkeiten hinauszugelangen; so erwartet Norbert Hopster von ihr die Erprobung neuer Kindheitsmuster.[8] Oder man meint KJL damit aufzuwerten, womit man glaube ich jenen Stimmen auf den Leim geht, die KJL als zweitrangig diskriminieren und sie aus der Gesamtliteratur ausgrenzen, und sei es bloß durch Nichtbeachtung.

Es hat den Anschein, daß sich viele Kritiker kritisch und wissenschaftlich mit KJL beschäftigen, ohne sich mit ihr abgefunden zu haben (womit nicht einer endgültigen Festschreibung von „KJL" das Wort geredet sein soll).

Doch ist es nicht ganz und gar sinnlos, KJL am Kriterium der literarischen Modernität zu messen – und zwar
– weil sich hinter dem Terminus „literarische Moderne" eine Reihe von Strukturzügen verbirgt, so daß man differenzieren muß, und
– weil es – wie oben bereits gesagt – zur Klärung dessen, was KJL ist, beitragen kann.

Aus diesem Grunde möchte ich den Komplex „literarische Modernität" in fünf Aspekte aufgliedern, und zwar in:
– Behandlung der Protagonisten
– Erzählstruktur und Perspektivität
– Verhältnis von Aussage und Form
– (Be-)Deutungsspielraum
– Metaphorik, Symbolik, „Chiffrierung"
– Verhältnis Literatur und Wirklichkeit.

Ich erhebe mit diesen fünf Aspekten weder Anspruch auf Vollständigkeit, noch kann ich hier mehr geben als Andeutungen.

Ich möchte dabei ausgehen von einem etwas global formulierten Gesamteindruck kinder- und jugendliterarischer Texte,

---

7 Vgl. Ewers 1986; Hurrelmann 1989, 14f.
8 Hopster 1988, 42.

nachdem ich davon in einem Zeitraum von 35 Jahren viele tausend gelesen habe. Besondere Beachtung schenke ich dabei den letzten Jahren, über die es ja heißt, die KJL habe sich sehr zu ihrem Vorteil geändert.

Hans-Heino Ewers hat in seinem sehr bedenkenswerten Aufsatz: „Kinder brauchen Geschichten" lapidar festgestellt und diese Feststellung zur Legitimierung von KL benutzt: In der KL und ihrem praktischem Umkreis wird noch erzählt.[9] Dies meint nicht nur die Art ihrer Praktizierung, sondern betrifft insbesondere ihre innere Struktur selbst als „Literatur", da sie dem mündlichen, „unbefangenen", naiven Erzählen noch relativ nahe stehe (freilich nicht mehr mit ihm identisch ist[10] und gerade deshalb geeignet, auch heute noch in die Schriftkultur einzuführen)

Geht man zur Charakterisierung des kinder- und jugendliterarischen Erzählens von den an der literarischen Moderne gemachten Erfahrungen aus, so hat man vielfach den Eindruck von „Draufloserzählen", das man je nach Standpunkt „frisch" und „unbefangen" oder auch naiv und unreflektiert nennen mag. Es schält sich meist keine klare Erzählposition heraus, offenbar willkürlich wechseln Innensicht und Außensicht miteinander ab. Der Erzähler scheint sich nicht oder nur selten an selbstgegebene Erzählregeln zu binden – und zwar sowohl im Sinne von Verzicht auf solche Regeln als auch im Sinne von Verzicht auf Einhaltung solcher Regeln. Für letzteren ist die in der KJL verbreitete, aber meist großzügig verwendete Form der Icherzählung typisch: damit das Ich auch noch das des Autors umfaßt, wird es bis zur Unkenntlichkeit aufgebläht. Charakteristisch für KJL ist m.E. ferner ein geringer – um mit W. Iser zu sprechen – „Leerstellenbetrag" (wenn Erzählen natürlich nicht ganz ohne vom Leser aufzufüllende Leerstellen möglich ist). Meist erweisen sich die Texte der KJL – und durchaus nicht nur die trivialen – als ziemlich eindeutig und leicht entschlüsselbar, wenn auch einschränkend gesagt werden muß, daß dies selbstverständlich Erwachsenen-Aussagen sind; überdies wird der „Sinn" vielfach noch extra expliziert; vielfach verfügen die Figuren über einen Einblick in die

9 Ewers 1989.
10 Vgl. Dahrendorf 1980a, 206ff.

Funktion, die sie im Textgefüge haben, so wenn sie beispielsweise laut über eventuelle Entwicklungsfortschritte reflektieren. Lesende Mitarbeit an der Sinn-Konstitution des Textes wird hier ebenso wenig verlangt wie Interpretation. (Ersparen Sie mir Einzelnachweise, sie wären legionenweise möglich[11]).

Ich gehe nun auf die oben erwähnten Strukturzüge im einzelnen ein.

Behandlung der Protagonisten

Während in der KJL (mit Abschwächung in der JL i.e.S.) generell die Regel gilt, eine i.g. positive Identifikationsfigur sei für sie absolut unentbehrlich, gilt dies für die literarische Moderne nicht, ja wird für sie die Polarität von „positiv" und „negativ" irrelevant. Negativen Verhältnissen in der KJL wird durch eine positive Figur die Waage gehalten, sie steht für den Ausweg aus dem Negativen, für die Alternative, die Perspektive nach vorn, auf sie konzentriert sich sozusagen die Pädagogik des Autors. Zugleich sind damit Aspekte eines Menschenbildes gegeben, die Berechenbarkeit, Lernfähigkeit, Selbstbewußtsein und Entschlußfähigkeit mit umfassen (das gilt selbstverständlich nur tendenziell); der Mensch dominiert in dieser immer noch von der Aufklärung bestimmten Welt die Verhältnisse, er ist ihr Herr, kann etwas tun und verändern. Dies wird von der Kritik sogar gefordert.

Erzählstruktur und Perspektivität

Die Geschichten der KJL strahlen insofern Ordnung aus, als sie überwiegend chronologisch oder – wenn schon – in einer harmlos-analytischen Form erzählt werden, welche die Geschichten leicht rekonstruierbar macht, während die „moderne Literatur" dazu neigt, vor dem Leser Materialien auszubreiten und ihm die Rekonstruktion der Geschichten zu überlassen (es ist insofern nicht ganz korrekt, wenn man sagt, es würde „nicht mehr erzählt" – die Geschichten sind nur implizit). Es ist oft sehr schwer, den „Schlüssel" für den Code dieser Geschichten zu finden, es erfordert Übung, Engagement und

11 Vgl. u.a. Dahrendorf 1980b, 116f.

Interesse, mithin eine Kompetenz gegenüber Literatur, die sich nur Spezialisten verschaffen können.[12] Dieser Aspekt bestätigt den vorigen: in der KJL Aufrechterhaltung eines geschlossenen, unentfremdeten Persönlichkeitsbildes – in der EL der Moderne seine Anzweiflung, dargestellt im Zerfall, der bestenfalls – wie in Bölls „Gruppenbild mit Dame“ – noch ein Mosaik ergibt: „vom linearen Verlaufs-Stereotyp weg zu komplexen Formen“ (Fingerhut 1988, 247).

Was die Perspektivik der Darstellung angeht, so bevorzugt die KJL die Konzentration auf eine Figur, meist der Protagonist/die Protagonistin, die nur selten verunsichert wird durch Mehrperspektivität, wobei Verunsicherung die Chance der Selbstüberschreitung (Transzendierung) implizierte.

Verhältnis von Ausssage und Form

Die literarische Moderne zeigt Möglichkeiten einer Durchdringung von „Inhalt“, Aussage und Form auf, wie sie Steinlein z.B. an Hofmanns „Veilchenfeld“ nachweist: Betroffenheit wird nicht erzählt, sondern erzeugt, indem das Erzählte („Inhalt“, Erzählvorgang) sich seine adäquate Form schafft. Ähnlich Gerhard Köpf: das Erzählte muß sich auch „auf der formalen Ebene“ spiegeln.[13] Aus dieser Sicht läuft naiv-unreflektiertes Erzählen auf eine Trennung von Aussage und Form hinaus, eine Trennung, die Ewers so deutet, daß einfaches Erzählen nur „Vergangenes“ adäquat wiedergeben kann[14] – eine Bemerkung, der man zwar Konsequenz nicht absprechen kann, die für mich jedoch noch andere Fragen zur Folge haben müßte, beispielsweise die: Was geschieht und wie hat man zu beurteilen, wenn etwa mit konventionellen („einfachen“) Mitteln vom Nationalsozialismus erzählt wird; kann man das denn überhaupt noch?[15] Weiter führt m.E. Maria Lypps Überlegung, wie denn „literarische Einfachheit“ aussehen könnte, um durchlässig zu werden für „Wirklichkeit“.[16]

---

12 Vgl. Fingerhut 1988. Die „modernen Signaturen sind gut ablesbar aus Köpfs Roman *Innerfern,* Frankfurt 1983, an zwei auch zeitlich differierenden Nachforschungen über eine schizophrene Frau.

13 Vgl. Steinlein 1988, 106 und Fingerhut 1988, 247.

14 Vgl. Ewers 1986.

15 Vgl. Dahrendorf/Shavit 1988.

16 Lypp 1984, 87ff. u.a.

(Be-)Deutungsspielraum

Ich wies oben bereits darauf hin, daß KJL generell den Eindruck eines hohen Maßes an Eindeutigkeit mache. „Literarische Moderne“ hingegen zeichnet sich durch Mehr- und Vieldeutigkeit (Polivalenz), innere Offenheit, einen weiten Deutungsspielraum aus, die für den Leser/die Leserin eine starke Herausforderung darstellen, entweder interpretierend für sich selber Sinn festzulegen oder Sinn in der Schwebe zu lassen und damit ein hohes Maß an Unsicherheitstoleranz aufzubringen.

Metaphorik, Symbolik, „Chiffrierung“

Dies hängt zusammen mit der Bedeutung, die Metaphorik, Sinnbildlichkeit, „Chiffrierungen“ für die literarische Moderne haben. KJL macht offensichtlich nur einen zurückhaltenden Gebrauch von Metaphorik usw., was natürlich Gründe hat, vor allem entwicklungspsychologische, möglicherweise auch Vorurteile, da das Metaphernverständnis von Kindern bisher wenig erforscht ist. Die Hochliteratur der Erwachsenen macht dagegen einen mehr oder weniger starken Gebrauch von „Bildern“, die sich nicht vollständig begrifflich auflösen lassen und der Interpretation bedürfen. Hierher gehören auch Dingsymbole wie etwa die Skulptur des Lesenden Klosterschülers in Anderschs *Sansibar oder der letzte Grund,* einem auch sonst in mancher Hinsicht modernistischen Roman, durch die kontrastierenden Ichaussagen der beteiligten Figuren, die Metaphorik auch auf stilistischer Ebene usw.

Verhältnis Literatur und Wirklichkeit

KJL neigt zur Einebnung der Differenz von Literatur und Wirklichkeit, das heißt bestätigt die entwicklungsbedingt „falschen“ (?) Erwartungen junger Menschen an Literatur, denen ein eigener literarischer Wahrheitsbegriff unterstellt wird. Das Erzähltwerden der Geschichten wird kaschiert, die Geschichten erzählen sich sozusagen selber, so daß deren Kunstwerkcharakter und deren Perspektivik nicht überkommen. Die literarische Moderne neigt dagegen dazu, die Erzählfunktion selber zu reflektieren (Beispiel: Grass’ *Blechtrommel),* Fiktionssignale zu setzen, die eine Verwechslung von Literatur und

Wirklichkeit verhindern und ästhetische Distanz schaffen, Fiktionssignale allerdings, deren Wahrnehmung teilweise speziell gelernt werden muß. Ist die KJL auf Erzeugung von Sicherheit aus, so moderne Literatur von Unsicherheit. Man kann das gut an dem Beispiel der Dialektik von „Finden" und „Erfinden" zeigen, die Peter Härtling in seinen Frankfurter Poetik-Vorlesungen gedanklich und in seinem ungefähr zeitgleichen Roman *Felix Guttmann* (1985) literarisch durchspielt[17] – im Vergleich mit Renate Welshs auf den ersten Blick ähnlichem Schreibprinzip, nämlich auf Biografien wirklicher Personen zurückzugreifen und sich derart intensiv in sie hineinzuversetzen, daß sie mit ihrer Gestaltung die Wirklichkeit trifft. Während Härtling durch Erfindung das Gefundene verwandelt und so fiktionalisiert, so nimmt Welsh als Jugendbuchautorin – z.B. in *Johanna* (1979) – den Anspruch des selbstgenügsam-freien Erzählens gleichsam zurück und begnügt sich damit, mit dem Erzählen die (hier: biografische) Wirklichkeit möglichst vollkommen zu erfassen. Zwar kommt es zu geschlossenen Fiktionen, jedoch ohne Reflexion ihrer Fiktionalität, ohne jeden Hinweis auf den Prozeß, der zu der Fiktion geführt hat, ohne Problematisierung der Wahrheitsaussage der Fiktion.[18]

Einige jugendliterarische Beispiele

Der Hinweis auf Renate Welsh soll mich überleiten zu einigen jugendliterarischen Beispielen, in denen ansatzweise „modernes Erzählen" wirksam wird, wobei ich mich auf die erwähnten fünf Punkte beschränke.

Die durchgängig positive Identifikation wird durchbrochen in Klas Ewert Everwyns Erzählung *Achtung Baustelle* (1982,

---

17 Härtling, P.: Der spanische Soldat oder Finden und Erfinden. Frankfurter Poetik-Vorlesungen. Darmstadt und Neuwied 1984.

18 Renate Welsh hat mehrfach betont, daß ihr die „Erfindung" nicht liege, und das höchste Maß an Befriedigung habe sie aus der Reaktion von Personen, deren Leben sie literarisch gestaltete, gezogen: daß sie sich in den literarischen Figuren und deren Leben wiedererkannten. – Auch in Welshs *Das Leben leben* (1980) zielt die Autorin dadurch, daß sie sich selber als Recherchierende in die Erzählung einbringt, auf eine an der sozialen Wirklichkeit orientierte Authentizität. Ähnlich hat sich E. Kästner in *Emil und die Detektive* (1928) als Erzähler zugleich zur Romanfigur gemacht.

leicht veränderte Taschenbuchausgabe 1986), wo sich die Hauptfigur, der Hilfsarbeiter Hannes, im Verlaufe der Geschichte zu einer sehr problematischen Figur mausert, so daß die anfängliche Identifikation in Distanz übergeht (die freilich vom Leser/von der Leserin nicht erzwungen werden kann, so daß es möglicherweise bei Enttäuschung von Leseerwartung zur Ablehnung des Buches, zum Abbruch der Lektüre – oder zur Umdeutung kommt).
Dagmar Chidolue versteht es, mit ihrer Protagonistin Sabine aus *Diese blöde Kuh* (1984) und *Bist du irre?* (1986) in ihren Lesern/Leserinnen eine eigenartige Mischung aus Identifikation und Ablehnung zu erzeugen, die über das in der Jugendliteratur übliche weit hinausgeht. „Gemischte Reaktionen" ruft auch Wolfgang Gabel in seinen Lesern/Leserinnen hervor, wenn er im sozialen Aufstieg moralischen Abstieg schildert *(Der Aufsteiger,* 1978, *Der Aufstieg der Familie Kohlbrenner,* 1981).

Die Aufhebung der Monoperspektive bzw. ein Wechsel zwischen Ich- und Autorenerzählung oder zwischen verschiedenen Erzähl-Ichs ist in der Jugendliteratur nicht selten, man denke etwa an Härtlings *Oma* (1975) oder Renate Welshs *Fiona und Michael* (1977 u.d.T. *Hoffnung mit Hindernissen* zuerst erschienen). In Klaus Kordons *Schwarzer Riese 5. Stock* wechselt die Perspektive, bei eingehaltener 3. Person, zwischen den vier Angehörigen einer Familie so hin und her, daß der Leser sich ein eigenes Bild von der Binnenstruktur dieser aus den Fugen geratenen Familie machen muß. Noch weiter geht Everwyn in der – allerdings nicht (mehr) als Jugendbuch erschienenen – historischen Erzählung *Sterben kann ich überall* (1988), wo die Geschichte eines Aufruhrs eingebettet ist in den Ablauf des Verhörs, dem man den Anführer des Aufruhrs unterzieht; zudem wird den Lesern/innen eine Fülle von Lebensausschnitten aus der fraglichen Zeit an die Hand gegeben, aus der er nicht nur die Geschichte rekonstruieren, sondern sich auch ein Bild von den historischen Strukturen machen kann.

Zum Aspekt „Bedeutungsspielraum" möchte ich auf Ursula Wölfels ungewöhnliche, aber kaum beachtete Erzählung *Die Glückskarte* (1987) aufmerksam machen, die sich durch ein für KJL hohes Maß an Nichteinmischung der Autorin, Anspielungsreichtum, Indirektheit und Symbolik auszeichnet, ein gutes Beispiel für in der KJL mögliche Mehrschichtigkeit, die sowohl Kinder anspricht als auch anspruchsvolle erwachsene Leser befriedigt.[19]

Erzählungen wie die eben erwähnten sind auch literaturpädagogisch nützlich, weil sie eine Brücke von der Jugendliteratur zur literarischen Moderne schlagen, ohne bereits deren antiunterhalterische Sperrigkeit aufzuweisen.

Ich will nicht sagen, daß ich damit gleich eine „Jugendliteratur" in einem eher traditionellen Verständnis für obsolet halte[20], und das liegt daran, daß sich die Literatur des Nicht-mehr-Erzählens von Geschichten zwar möglicherweise auf der Höhe der Zeit befindet, jedoch auch vom Lesepublikum sehr weit entfernt hat. Ich muß aufpassen, daß ich bei der Erörterung der hier anstehenden Fragen nicht nur auf die Texte starre, sondern auch die nicht aus dem Auge verliere, auf deren Lektüre sie angewiesen sind. Ich halte zwar viel von Glasspielereien, aber es gibt auch Lesebedürfnisse, die von der „literarischen Moderne" nicht befriedigt werden, gerade weil in ihr „keine Geschichten" mehr erzählt werden (wenn ich mich allerdings auch frage, wo dann Autoren wie Fallada, Feuchtwanger, Arnold Zweig, Marquez oder Steinbeck, Wilder oder Singer usw. stehen, die zur modernen Literatur gehören, aber noch Geschichten erzählen).

Aus diesem Blickwinkel betrachtet, wird die Forderung, die KJL möge sich der literarischen Moderne öffnen, fragwürdig. Denn es ist ja nicht so, daß Modernismus nur zum Kontaktverlust zum *kindlichen* Leser führt (Ewers), sondern auch zum jugendlichen und erwachsenen Leser. Moderne Literatur hat vielleicht drei Prozent der Bevölkerung als Leser hinter sich, und das liegt sicher nicht nur an der Indolenz dieser Leser. Und Lesen hat nicht *nur* die Funktion, an die „wahre Wirklichkeit" heranzuführen, sondern auch unterhaltende, ablenkende.

Außerdem läßt mich die Frage nicht los, ob nicht auch „einfaches Erzählen" durchlässig sein kann zumindest für gewisse Aspekte von Wirklichkeit – man denke z.B. an Krieg, Faschis-

---

19 Vgl. Rez. v. Dahrendorf, M. In: Informationen Jugendliteratur und Medien (IJlM) H. 1/1988.

20 Vgl. Ewers 1986.

mus und Dritte Welt (vgl. ob. Anmerkung 16), so daß die von Ewers aufgestellte Gleichung, einfaches Erzählen sei bloß zuständig für Vergangenes, sicher zu einfach ist.[21]

Es hängt dies auch zusammen mit der These von der KJL als Einstiegs- und bes. Übergangsliteratur[22], die nur eine Teilwahrheit ausspricht und mich deshalb nicht befriedigt; denn sie ist mir zu einseitig formuliert aus dem Blickwinkel einer zugleich als Maßstab gesetzten „literarischen Moderne“ und nicht aus dem von Lese(r)bedürfnissen. Jugendliteratur hat „Übergangscharakter“ bei Betonung von „Jugend“, nicht aber ihrer Struktur nach.

Um zum Ausgangspunkt meiner Überlegungen zurückzukehren: dem Topos der KJL, die auch für Erwachsene interessant zu sein habe. Welcher Erwachsene ist gemeint? Und was bedeutet es für die lesenden Kinder, wenn ein von ihnen geschätzter Text auch Erwachsenen-Ansprüche an Literatur erfüllt? Nichts.[23] Jedenfalls nicht viel. Es dient allenfalls den Erwachsenen als Erleichterung, weil sie mit diesen Texten auch etwas anfangen können. Ich wollte mit diesem Referat den „Hiatus“ nicht festschreiben, komme aber zu dem Ergebnis, daß sich die literarische Moderne sehr weit von den Lesebedürfnissen des Publikums entfernt hat – und damit meine ich: von einer bedürfnisorientierten Alltagsbedeutung des Lesens. Ich finde es zwar wichtig, auch den Weg zur sperrigen Chiffrenliteratur zu öffnen, und kann dabei auf eine Reihe von Übergangstexten verweisen, die dabei helfen können. Aber „Alltagsbedürfnisse“ (im Sinne der Lesebedürfnisse nicht speziell trainierter Leser) befriedigt diese Literatur nicht. Könnte es nicht sein, daß die Befriedigung solcher alltäglicher Lesebedürfnisse (nach Spannung, Ablenkung, Information, schlichter Erfahrungserweiterung usw.) das notwendige Unterfutter darstellt, das erst einmal gegeben sein muß, um weitergehende Ansprüche an Literatur zu entwikkeln?

Wenn die „literarische Moderne“ in der KJL nicht durchschlägt, so kann das verschiedene Gründe haben:

---

21 Vgl. Ewers 1986, 477.
22 Vgl. Ewers 1988, 9.
23 Vgl. Larcher/Spiess 1980, insbes. Vorwort, 9.

– Die Autoren der KJL sind möglicherweise unfähig dazu,
– die KJL erweist sich durch ihre überkommenen Muster als resistent.

Aber auch folgende Gründe bieten sich an:
– Es schreiben in dem Bereich Autoren, die noch erzählen wollen und können,
– die jugendlichen Leser könnten mit der „literarischen Moderne" nichts oder nur dosiert etwas anfangen, da sie die „Lesbarkeit" in hohem Maße beeinträchtigt,
– es hat nicht zuletzt im Weltbild der „totalen Entfremdung" liegende Gründe, wohin die „literarische Moderne" tendiert.

Noch eine andere überlegung möchte ich anstellen:
Gibt es nicht jenseits einer Konfrontation von KJL und literarischer Moderne immer noch genügend Spielraum zwischen jugendliterarischer Trivialität (à la Marie Louise Fischer oder Rolf Ulrici) und anspruchsvoller KJL? Zeigt nicht KJL in Beispielen, etwa von P. Härtling, Chr. Nöstlinger, P. Maar, R. Welsh usw., welche ausgezeichneten literarischen Möglichkeiten es in diesem Bereich gibt, ohne daß man schon sagen kann, es würde die Grenze zur literarischen Moderne überschritten, ja nicht einmal unbedingt zur Literatur der Erwachsenen, auch wenn viele Texte der erwähnten Autoren sicher für erwachsene Leser interessant sind?

Insofern ist die Forderung, die KJL möge sich der „literarischen Moderne" öffnen, zweischneidig; insbesondere in einer Zeit, in der offenbar Leseinteresse generell im Rückgang ist, wird diese Öffnung zu etwas höchst Speziellem, wovon nur wenige Nutzen haben, und gerade diese brauchten wahrscheinlich eine solche Jugendliteratur am wenigsten.

Literatur

Dahrendorf, Malte: Kinder- und Jugendliteratur im bürgerlichen Zeitalter. Beiträge zu ihrer Geschichte. Kritik und Didaktik. Königstein/Ts. 1980a. (= Scriptor Taschenbücher, 146 Literatur + Sprache + Didaktik).

Dahrendorf, Malte: Das Mädchenbuch und seine Leserin. Jugendlektüre als Instrument der Sozialisation. 4. Aufl. Weinheim und Basel 1980b.

Dahrendorf, Malte/Shavit, Zohar (Hgg.): Die Darstellung des Dritten Reiches im Kinder- und Jugendbuch. Frankfurt am Main 1988. (= Jugend und Medien, 15).

Ewers, Hans-Heino: Kinderliteratur – eine Lektüre auch für Erwachsene? In: Wirkendes Wort 36 (1986), 467-482.

Ewers, Hans-Heino: Vorüberlegungen einer Theorie der Kinderliteratur. Ein Diskussionsbeitrag. 1988 (Man.).

Ewers, Hans-Heino: Kinder brauchen Geschichten. In: Grundschule 21 (1989), 8-13.

Fingerhut, Karlheinz: Erarbeitung moderner Signaturen – Gerhard Köpfs Romankapitel *Schwellengang* als Einführung in zeitgenössisches Erzählen. Gespräch mit Köpf. In: Diskussion Deutsch H. 101/1988, 235-253.

Hopster, Norbert: Beständigkeit und Wandel. Zur Geschichte der Kinder- und Jugendliteraturkritik seit Ende des 19. Jahrhunderts. In: Sprache und Literatur in Wissenschaft und Unterricht 19 (1988), 33-43.

Hurrelmann, Bettina: Abschließender Versuch der Störung eines Rituals. In: Praxis Deutsch H. 94/1989.

Larcher, Dietmar/Spiess, Christine (Hgg.): Lesebilder. Geschichten und Gedanken zur literarischen Sozialisation. Reinbek b. Hamburg 1980.

Lypp, Maria: Einfachheit als Kategorie der Kinderliteratur. Frankfurt am Main 1984. (= Jugend und Medien, 9).

Pape, Walter: Das literarische Kinderbuch. Studien zur Entstehung und Typologie. Berlin/New York 1981.

Postman, Neil: Das Verschwinden der Kindheit. Frankfurt am Main 1983.

Richter, Hans Peter (Hrsg.): ... der jungen Leser wegen. Düsseldorf 1965.

Steinlein, Rüdiger: Gert Hofmanns Erzählung *Veilchenfeld* (1986) und der Nationalsozialismus in fiktionalen Jugendbuch. Überlegungen zu erzähl-strukturellen und rezeptionsästhetischen Herausforderung. In: Dahrendorf, Malte/Shavit, Zohar (Hgg.): Die Darstellung des Dritten Reiches im Kinder- und Jugendbuch. Frankfurt am Main 1988. (= Jugend und Medien, 15).

Heinz-Jürgen Kliewer

Deutsche Kinderlyrik des 20. Jahrhunderts zwischen Pädagogik und Ästhetik

Es gehört selbst schon zur alten Geschichte des immer wieder Neuen, daß davor gewarnt wird, sich auf eine Definition einzulassen. Hans Magnus Enzensberger, immer gut für deftige Sprüche: „Die moderne Poesie ist 100 Jahre alt. Sie gehört der Geschichte an. Wie weit trägt der Begriff der Modernität? Er taugt nicht viel. Seine Geschichte ist ein Thema für Habilitationsschriften; nur einen Unsinnigen könnte es danach verlangen, ihn zu definieren". (nach Zeller 1982, 7f.) Auch Hugo Friedrich gehört in die Ahnenreihe der Warner; im Vorwort seines epochemachenden, aber auch die Forschung einseitig ausrichtenden Buches *Die Struktur der modernen Lyrik* von 1956 schreibt er: „Was ist moderne Lyrik? Ich will mich auf keine Definition einlassen".

Wirklich konsequent ist bisher nur die Kinderliteraturforschung verfahren: das Stichwort „Moderne" fehlt in keinem Literaturlexikon; im *Lexikon der Kinder- und Jugendliteratur* ist es undenkbar. Der Terminus taucht überhaupt nicht auf; im Sachregister folgt auf „Mittelalter" gleich „Moralische Geschichte". Warum ist das so?

Je länger man sich mit den verschiedenen „Modernen" und Avantgarden beschäftigt, immer wieder nach den Beziehungen zur zeitgenössischen Kinderliteratur fragend, desto mehr stochert man im Nebel. So kann ich Ihnen keine Ergebnisse vorlegen, sondern eher ein Bündel von Beobachtungen, die bei der weiteren Arbeit zu berücksichtigen sind. Lassen wir getrost die Spätantike beiseite, mit der Fritz Martini seinen Artikel im *Reallexikon der deutschen Literaturgeschichte* eröffnet, die *Querelles des Anciens et des Modernes* von 1687. Bei ihm fehlt – verständlicherweise – ein politisches Epochenjahr der Moderne, das uns besonders naheliegt: Jean Francois Lyotard sieht die Bedeutung der Französischen Revolution darin, „daß sie etwas eröffnet oder entdeckt hat, was der Moderne durchaus wesenhaft ist: daß die Legitimität und die Autorität immer aufs neue infragegestellt ist und als Frage gestellt werden muß“. (taz 22.4.89) Martinis Revue endet mit der Jahrhundertwende, der „Literarischen Moderne“ der Jungwiener, interessanterweise gerade dort, wo das Fischer Lexikon Literatur die Moderne beginnen läßt, am Ende des 1. Weltkriegs. Er meint: „Seither wurde der Terminus zur allgemeinen, farblosen histor. Allerweltsbezeichnung“. Hugo Friedrich jedenfalls hat er nicht zur Kenntnis genommen, obwohl das zeitlich möglich gewesen wäre. Beiden gemeinsam ist das Ausblenden der außerliterarischen Wirklichkeit; Friedrich beschreibt das moderne Gedicht, wie wenn es seine eigene Herangehensweise wäre: „Das Gedicht will nicht mehr an dem gemessen werden, was man gemeinhin Wirklichkeit nennt, auch wenn es sie, als Absprung für seine Freiheit, mit einigen Resten in sich aufgenommen hat“. (Friedrich 1956, 11) Weder seine eigene Wirklichkeit wollte er reflektieren, wo in der Aufbruchstimmung der 50er über dem Glück der wiedergewonnenen Freiheit die realen demokratischen Freiheitsrechte in Vergessenheit gerieten: „Entdinglichung“ war für ihn ein zentrales Merkmal der so von ihm eingeschränkten modernen Lyrik – noch die Wirklichkeit Baudelaires, der neben Rimbaud und Mallarmé im 2. Drittel des 19. Jahrhunderts die Moderne einläutete und die gesamte Lyrik des 20. Jahrhunderts nur noch als Nachhutgefecht erscheinen ließ. Benjamins Baudelaire-Studien hätten ihn eines anderen belehren können, wie Zeller 1982 gezeigt hat.* Weitere Merkmale, für die er in der deutschen Literatur nur Beispiele bei Benn, Trakl und Krolow findet, sind die Dunkelheit gepaart mit Verweigerung der Kommunikation, (er zitiert Baudelaire: „Es liegt ein gewisser Ruhm darin, nicht verstanden zu werden“.) Verabsolutierung der Form, überhaupt die Autonomie der Kunst, die Rühmkorf bereits 1963 als Komplementärfunktion jener oben genannten Freiheits-Ideologie entlarvte.

---

* ein Manko, das nicht Friedrich persönlich anzulasten ist, sondern mit den Versäumnissen der Nachkriegsgermanistik zu erklären ist.

An einer Stelle über Mallarmé kann nochmals Punkt für Punkt der Frage nachgedacht werden, was Kinderliteratur mit dieser so definierten modernen Lyrik zu tun haben kann: „Die Voraussetzung dichterischer Reinheit ist also die Entdinglichung. . . Absehen von alltäglichen Erfahrungsstoffen, von lehrhaften oder sonstwie zweckhaften Inhalten, von praktischen Wahrheiten, von Jedermannsgefühlen, von der Trunkenheit des Herzens“. (Friedrich 1956, 103f.) Das liest sich wie eine Negativfolie der Kinderlyrik nicht nur des 19. Jahrhunderts. Aber sammeln wir zunächst weitere Gegenbilder: für Baudelaire wird das Negative zum Faszinosum; er bejaht jedes Wirken, „das die Natur ausschaltet, um das absolute Reich des Künstlichen zu gründen“ (Friedrich 1956, 31) besingt die Macht des Bösen und die Schönheit des Häßlichen, zielt auf Desorientierung und Enthumanisierung. Nicht nur wie eine Negativfolie der Kinderliteratur erscheint dieser Katalog, sondern auch wie eine Suada gegen „entartete“ Literatur. Hier könnte über die bei Zeller *(Gedichte haben Zeit,* 1982) genannten Gründe hinaus der enorme Erfolg des Buchs von Hugo Friedrich liegen: Aufwertung des eben noch Verworfenen. Adorno assistierte in seiner *Ästhetischen Theorie:* „Die Male der Zerrüttung sind das Echtheitsmerkmal von Moderne“. (nach Bode 1988, 20) Daneben lebte das alte Urteil weiter: Dunkelheit, das ist Dekadenz und Zeichen von Krankheit. Sedlmayrs *Verlust der Mitte* bewegte sich zwar auf einem anderen Niveau und sprach andere Schichten an, aber sein Einfluß auf das Kunstverständnis war enorm. Auch vom linken Rand kamen abwertende Stimmen. Greifen wir wieder zurück auf unsere Ausgangsfrage: können oder sollen Kinder Literatur lesen, die Leo Kofler in seinem Angriff *Zur Theorie der modernen Literatur* 1974 folgendermaßen beschreibt: „Es entsteht ein Bild des Menschen und der Gesellschaft, das keine Ideale und keine humanistischen Perspektiven mehr zuläßt, ein Bild der Hoffnungslosigkeit allen menschlichen Existierens“. (Bode 1988, 15) Kinderlyrik steht im krassen Gegensatz zur modernen Lyrik, stellt Kurt Franz (wenn auch nur im Blick auf ihr metrisches Gewand) fest, und Dieter Baacke empfiehlt ungeniert das Epigonentum: „Probleme der Avantgarde: wie man ein Publikum noch erreichen könne, das einen fortgeschrittenen Bewußtseinsstand und ästhetische Sensibilität nicht besitzt; welche Berechtigung Literatur überhaupt noch habe, da ihr sozialer Nutzen nicht meßbar sei – blieben der Kinder-

und Jugendliteratur erspart“, (nach Lypp 1984, 53f.) vorgetragen 1978 als Signal der „Wende“ auf dem 16. IBBY Kongreß, der unter dem Thema „Modern realistic stories for children and young people“ nach dem Bild der Realität fragte, das der Jugend zu vermitteln sei. Baackes Antwort: 19. Jahrhundert! Dem muß man mit Maria Lypp heftig widersprechen; vorher soll jedoch ein letztes Mal die Frage gestellt werden: muß die Kinderliteratur sich betroffen fühlen, sich zu den antimodernen Ästhetiken zählen lassen, die Bode bei gewandelter Begriffsdefinition des Modernen im Visier hat? „Es liegt auf der Hand, daß ‚offene‘, mehrdeutige Kunstwerke vor all jenen Ästhetiken nicht bestehen können, die primär inhaltsorientiert sind und den Wert eines Kunstwerkes nicht zuletzt an bestimmten expliziten inhaltlichen Aussagen messen. Mehrdeutigkeit kann von ihnen bloß als mangelnde Klarheit verstanden werden und ist damit a) defizitär und b) verdächtig“. (Bode 1988, 14) Die Probleme der Avantgarde kann sich die Kinder- und Jugendliteratur *und* die Kinder- und Jugendliteraturforschung nicht ersparen; denn, meint Maria Lypp: „Die Problematik moderner Literatur ist . . . nahezu identisch mit den Grundfragen der Kinderliteratur“. (Lypp 1984, 54)

Wie Bode stellt sie im Anschluß an Lotman die Definition der Modernität auf eine breitere Basis, die außerliterarische Realität mit einbeziehend und die Verengung Hugo Friedrichs aufhebend. Sie nimmt Lotmans These auf, daß „die Kompliziertheit einer (semiotischen) Struktur (. . .) sich in direkt proportionaler Abhängigkeit von der Kompliziertheit der zu übermittelnden Information (befindet)“ (nach Bode 1988, 45) und findet Kinderliteratur in zwei Bereichen, die – und das ist für unser Thema wichtig – auch durch erzieherische und gesellschaftliche Merkmale bestimmt werden. Im unteren Bereich sind Darstellungen gebunden durch poetische Vorschriften oder durch die Vermittlung von Erziehungsnormen oder durch gesellschaftliche Klischees; im mittleren Bereich werden „konventionelle literarische Mittel eingesetzt, um komplexe Erscheinungen der Realität auf strukturell einfache Weise zugänglich zu machen. Aufgrund dieser spannungsvollen Verbindung ist dieser Bereich der komplexere von beiden“. (Lypp 1984, 27) Auch wenn der Unterschied zwischen den beiden Bereichen eher die Differenz von trivialen und

„hochliterarischen“ Texten bezeichnen sollte (Lypp macht keine expliziten Aussagen dazu), wäre zu prüfen, ob sich das Analyseinstrumentarium nicht für das Erkennen „permanenter Modernen“ eignete, dem ständigen Entautomatisieren literarischer Verfahren d.h. es könnte dem Aufspüren literarischer und künstlerischer Innovationen dienen, das auf einer Tagung zur Kinderbuchkritik reklamiert wurde. Ob es darüber hinaus zum Fixieren phasenartiger Modernitätsschübe hilfreich sein kann, vermag ich nicht abzuschätzen. Neben den „permanenten Modernen“, die nichts anderes als das Erreichen und Überwinden eines bestimmten literarischen Standards bezeichnen, und den genannten Phaseneinschnitten steht die *eine* Moderne, die (ebenfalls nicht einmütig) in Verbindung mit dem Übergang zur Industriegesellschaft im ausgehenden 19. Jahrhundert datiert wird, genauer gesagt: als Opposition zur etablierten Gesellschaft. Sie macht Probleme bewußt, sucht für neue Wirklichkeitserfahrungen neue Darstellungstechniken.

Gilt das auch für Kinder? Machen auch sie „neue Wirklichkeitserfahrungen?“ Spiegelt sich eine komplexer werdende Realität in einer komplexer werdenden Kinderlyrik wider? Findet sich „Die Revolution der Lyrik“, mit der Arno Holz 1899 den Reim durch das Strukturelement des Rhythmus ablösen wollte, weil der Reim die Ausdrucksmöglichkeiten verenge, auch in Kindergedichten? (vgl. Rösch 1986) Ist auch im Bereich der Kinderliteratur die Lyrik die empfindlichste Gattung, die seismographisch genau auf tiefgreifende Krisen reagiert? *Ein* Körnchen in der Sandmeerwüste der Kindergedichte von 1887, wo bei Hermann Bahr die Geburtsstunde der „Moderne“ liegen soll, bis in die Zwanziger Jahre, hebt man dankbar in die Höhe: Richard Dehmels *Frecher Bengel,* der fast genau 100 Jahre nach der Französischen Revolution modern im Sinne des Infragestellens von Autorität zum „Manifest des emanzipierten Kindes“ wurde, wie Krüss behauptete.

Frecher Bengel

Ich bin ein kleiner Junge,
Ich bin ein großer Lump.
Ich habe eine Zunge
Und keinen Strump.

Ihr braucht mir keinen schenken,
Dann reiß ich mir kein Loch.
Ihr könnt euch ruhig denken:
Jottedoch!

An dieser Stelle bricht Krüss den (ersten?) Abdruck in seiner Anthologie *So viele Tage, wie das Jahr hat* ab, weil 66 Jahre nach dem Erstdruck ihm „solcher Radikalismus denn doch übertrieben" erscheint. Nur im Nachwort druckt er auch die dritte Strophe ab:

Ich denk von euch dasselbe.
Ich kuck euch durch den Lack.
Ich spuck euch aufs Gewölbe.
Pack!

Vielleicht muß man ergänzen, daß dieser Text nicht im berühmten *Fitzebutze* steht, der 1900 sicher in die Hände von Kindern kam, sondern in dem Band *Aber die Liebe* (1893), der sich eindeutig an Erwachsene richtet und ein typisches Bild von Dehmels Schwanken zwischen sozialrevolutionärem und mystischem Pathos bietet. Das Gedicht durchbricht die Moralvorstellungen des 19. Jahrhunderts und bringt zugleich durch die Aufnahme des Alltagsjargons einen unerhörten/ungehörten Ton in die Kinderliteratur. Diese Aussage ist bereits zu vollmundig: es vergingen noch Jahrzehnte, bis er wieder aufgenommen wurde, denn die zaghaften gemeinsamen Anfänge mit seiner Frau Paula wurden nicht weitergeführt: er selbst wandte sich anderen Aufgaben zu, und Paula verharrte (wenigstens thematisch) völlig im Stereotyp des herkömmlichen Kindergedichts, was ihr Erfolg in den Anthologien und Lesebüchern des Jahrhundertanfangs beweist. Werfen wir nochmals kurz einen Blick auf die gegenwärtige „Moderne"-Diskussion in der Literaturwissenschaft, dann kann *Frecher Bengel* weder für sich in Anspruch nehmen modern noch überhaupt Kunst zu sein. Peter Bürger 1988 in *Prosa der Moderne:* „Kunst ist in der Moderne nicht einfach eine Sphäre *neben* den Sphären Wissenschaft und Moral, sondern sie ist eine aus dem Geist der Moderne geborene Gegeninstitution". (Bürger 1988, 17)

Gehen wir zum nächsten möglichen Markstein der Moderne in der Kinderlyrik: 1905 erscheinen Morgensterns *Galgenlieder* mit dem berühmten *Großen Lalula.* An ihm und an einem Text aus *Klein-Irmchen* von 1921 lassen sich zwei weitere Fragestellungen erläutern. Sicher wird mit einigen Jahrzehnten Verspätung im deutschsprachigen Bereich eine Tradition aufgenommen, die mit *Alice in Wonderland* begann; übrigens möchte Arno Schmidt die „neuere“ Literatur mit Lewis Carroll beginnen lassen. (vgl. Japp 1986, 130) Aber es muß in diesem Zusammenhang die sonst vielleicht müßige Diskussion aufgenommen werden, ob Texte für Erwachsene oder für Kinder geschrieben wurden. Es ist richtig, wenn Elisabeth Borchers in ihrem *Das große Lalula* Kindern neue Texte anbietet und fordert: „Es gibt eine Sprache, aus der man nicht herauswächst, die dem Kind wie dem Erwachsenen Poesie und Information, Verschwenderisches und Notwendiges bewahrt. Es gibt Bücher, denen es lästig wäre, an eine Altersstufe gebunden zu sein“. (Borchers 1971, 2) Man darf sie jedoch nicht der Moderne in der Kinderliteratur zurechnen. Es ist ein Gewinn für heutige Kinder, einem Gedicht wie *Närrische Träume* von Gustav Falke zu begegnen, das (wohl um die Jahrhundertwende) sich zum ersten Mal traut, auch Dinge zu träumen, die sich von der Realität entfernen, aber es würde das Bild der Kinderliteratur der damaligen Zeit verfälschen, wenn wir diesen Vorgang des nachträglichen „Eroberns“ nicht berücksichtigten, der – so scheint mir – für die Lyrik jüngeren Datums ist und in weit größerem Umfang den Bestand der heutigen Kinderlyrik tangiert als die „Annexionen“ von Prosa.

Närrische Träume

Heute nacht träumte mir, ich hielt
den Mond in der Hand,
wie eine große, gelbe Kegelkugel,
und schob ihn ins Land,
als gält es alle Neune.
Er warf einen Wald um, eine alte Scheune,
zwei Kirchen mitsamt den Küstern, o weh,
und rollte in die See.

Heute nacht träumte mir, ich warf
den Mond ins Meer.
Die Fische all erschraken, und die Wellen
spritzten umher
und löschten alle Sterne.
Und eine Stimme, ganz aus der Ferne,
schalt: Wer pustet mir mein Licht aus?
Jetzt ist's dunkel im Haus.

Heute nacht träumte mir, es war
rabenfinster rings.
Da kam was leise auf mich zugegangen,
wie auf Zehen ging's.
Da wollt ich mich verstecken,
stolperte über den Wald, über die Scheune vor
Schrecken,
über die Kirchen mitsamt den Küstern, o weh,
und fiel in die See.

Heute nacht träumte mir, ich sei
der Mond im Meer.
Die Fische alle glotzten und standen
im Kreis umher.
So lag ich seit Jahren,
sah über mir hoch die Schiffe fahren
und dacht, wenn jetzt wer über Bord sich biegt
und sieht, wer hier liegt
zwischen Schollen und Flundern,
wie wird der sich wundern!

(Borchers 1971, 46)

Genau genommen haben Morgenstern, Hans Arp und Hugo Ball in doppelter Weise auf den Bestand eingewirkt, einmal durch direkte Übernahmen ihrer Texte, zum andern als Vorbild für Neuschöpfungen nach demselben Strickmuster.

Daß auch der umgekehrte Prozeß gelegentlich vorkommt, Kindergedichte auf moderne Poesie eingewirkt hat, zeigte Guido Stein 1966 u.a. an *eia wasser regnet schlaf* von Elisabeth Borchers, am Umdichten eines Kinderverses durch Morgenstern,

Schlaf, Kindchen, schlaf!
Es war einmal ein Schaf . . .

an der Reihung von Märchenmotiven in Enzensbergers *Fund im Schnee* und (noch weniger einsichtig) an einem Günter Grass-Gedicht, das nur durch den Titel *Kindergedicht* eine Beziehung herstellen läßt. Zu dieser in der Tat auffallenden Affinität muß jedoch angemerkt werden: die Impulse kommen von Kinderversen, von der Volkspoesie mit ihren eigenen Gesetzen von Klang, Rhythmus, Sinnbrüchen und Dunkelheiten, nicht von Kindergedichten, die in ihrer formalen Geschlossenheit sich als Spielmaterial gar nicht eignen. Auch Maria Lypp demonstriert den Charakter der Einfachheit am Kindervers, wobei noch zu klären wäre, ob ihre Prinzipien Dissimilation (als die Distanzierung von der gewöhnlichen Rede), Normgebundenheit und Handlungsbezogenheit beim Kindergedicht einen höheren oder geringeren Grad erreichen. Die Frage ist deshalb wichtig, weil Assimilation, also die Annäherung an den Alltagssprachgebrauch als ästhetisches Plus gewertet wird.

Ich nehme einen neuen Anlauf: wiederum zwei Erziehungsgedichte, denn es bleibt ja das Urteil am Horizont, Kunst und Pädagogik schlössen sich aus. Sie liegen fast 100 Jahre auseinander; der Autor des ersten ist mir unbekannt; ich fand es im *Lesebuch für katholische Volksschulen* von 1852. Es liest sich wie eine Vorlage für Bertolt Brechts *Was ein Kind gesagt bekommt* aus seinen *Kinderliedern* von 1937.

Was das Kind fleißig üben soll.

Wahrheit reden, Lügen fliehen,
Blümlein pflanzen, Bäumchen ziehen,
Alte ehren, Blinde leiten,
Gutes denken, Böses meiden,
Hände waschen, Kleider schonen,
Dienste leisten, Freundschaft lohnen,
Wohlthat merken, Leid vergessen,
Wasser trinken, Schwarzbrot essen,
Bücher lesen, Lieder singen,
Arbeit suchen, Nutzen bringen,
Laster hassen, Tugend lieben;
Dies nur will ich fleißig üben.

Bertholt Brecht

Was ein Kind gesagt bekommt

Der liebe Gott sieht alles.
Man spart für den Fall des Falles.
Die werden nichts, die nichts taugen.
Schmökern ist schlecht für die Augen.
Kohlentragen stärkt die Glieder.

Die schöne Kinderzeit, die kommt nicht wieder.
Man lacht nicht über ein Gebrechen.
Du sollst Erwachsenen nicht widersprechen.
Man greift nicht zuerst in die Schüssel bei Tisch.
Sonntagssparziergang macht frisch.
Zum Alter ist man ehrerbötig.
Süßigkeiten sind für den Körper nicht nötig.
Kartoffeln sind gesund.
Ein Kind hält den Mund.

Probieren wir als Kompaß ein Kriterium zu benutzen, das bereits erwähnt wurde, hier in einer Formulierung von Adolf Muschg helfen soll: „Alle Dichtung, die wir bedeutend nennen, zieht ihre wahre Bedeutung aus dem Widerstand, den sie der Zeit, *als ihr Genosse,* geboten hat; und ihre Wahrhaftigkeit ist als der *genaue* Abstand zu beschreiben, den sie bewahrt zu allen Sprachen der Herrschaft und der Verfügbarkeit. (nach Rösch 1986, 223) Unterstellen wir, daß moderne Literatur die „bedeutende" ist, dann ist der Schluß zu untersuchen, ob es im 19. Jahrhundert keine moderne Kinderlyrik gab, weil sie der Zeit keinen Widerstand geboten hat, ob Brecht allein deswegen „modern" ist, weil er zur Opposition herausfordert. Es sei nebenbei ergänzt, daß Brechts Text ein gutes Beispiel für Assimilation darstellt – aber: läßt uns nicht Lotman im Stich, weil er auf die historische Reihe von Assimilationsprozessen nicht eingeht (gibt es eine Weiterentwicklung nach Brecht? gibt es Vorgänger im 19. Jahrhundert?) und argumentiert nicht auch Muschg zu unhistorisch (ist Brechts Kindergedicht nach 52 Jahren gleich bedeutend, sprich: modern? gibt es im 19. Jahrhundert auf dem Sektor der Kinderlyrik – wenigstens aus damaliger Sicht – nichts Bedeutendes?) Blicken wir von heute aus zurück, dann erscheint sie wie eine endlose Blumenwiese mit freundlich lächelnden, braven Kindern, ein friedliches Zusammenleben mit den Tieren, mit der Natur; man schaut wie in eine Puppenstube: alles kann man anfassen, nichts Unbekanntes oder Fremdes stört die Gemütsruhe; den „Nest"-Effekt nennt es Maria Lypp (Lypp 1984, 127). Das Ausrufen eines „Jahrhunderts des Kindes", ein paar moderne Einsprengsel haben daran nichts geändert: Richard Dehmel und Joachim Ringelnatz, Morgenstern (mit Einschränkungen, was seine Kindergedichte angeht!) und Bert Brecht. Diese Reihe vermag deutlich zu machen, daß die Pädagogik nicht der Tod der Ästhetik ist, auch wenn die Masse der Texte, vor allem soweit sie in den Schulen tradiert wurde, in beiden Bereichen hinter der Zeit und der Entwicklung der Literatur hinterherhinkte. Solche Texte können, auch wo sie nicht über Erziehung sprechen, den Kräften der Phantasie, dem Anders-Denken, der Selbstfindung und Selbständigkeit nicht dienen. Sie können die Komplexität der Kinderwelt nur ausblenden oder einebnen, zuweilen auch mit modern erscheinenden Mitteln, die wie Nonsense aussehen, sich für Nonsense ausgeben. Fragt man nach den Gründen für dieses Stagnieren der Entwicklung bis weit in die Nachkriegszeit, in die 60er Jahre hinein, dann muß man die Gebrauchssituation betrachten. Es gab keinen freien Markt, sondern den Abnehmer Lesebuch, und der Autor schrieb nicht über sich und für sich, seine eigene Situation immer neu experimentierend sich selbst und anderen bewußt zu machen, sondern über andere und für andere.

Es müssen sich mehrere Voraussetzungen geändert haben, damit der Neubeginn, für den stellvertretend für die große Zahl der Kindergedichtautoren – auch das ist neu! – Krüss und Guggenmos stehen sollen. Neue Lesebuchkonzeptionen als Folge didaktischer und gesellschaftlicher Umbrüche nahmen Abschied vom alten Kanon und gingen auf die Suche nach neuen Texten, fanden sie in der Erwachsenenliteratur, motivierten aber auch Kinderliteraturautoren. Konkrete Poesie und politische Lyrik, just die beiden Sparten der Lyrik, die Hugo Friedrich ausgespart hatte (erstere könne „mit ihrem maschinell ausgeworfenen Wörter-und Silbenschutt dank ihrer Sterilität völlig außer Betracht bleiben", (Friedrich 1967, 13) wurden die entscheidenden Vorbilder.

Auf beide läßt sich Guggenmos nicht festlegen; seine Leistung bringt Gelberg auf den Nenner, „das Geschwätz aus dem Kindergedicht vertrieben zu haben". (Gelberg 1972, 223) Seine Gedichte zeichnen sich aus, kann man ergänzen, durch sprachliche Prägnanz, äußerste Knappheit (in der er wohl nur von Wittkamp erreicht wird mit seinem Band *Ich glaube, daß du ein Vogel bist,* 1987) bzw. einen aufgelockerten prosanahen Zeilenbau, also das extreme Gegenteil der klappernden Schemata des typischen, (tatsächlich?) leicht lernbaren Schulgedichts, eine sehr differenzierte Reimgestaltung, durch den skurrilen Humor und nicht zuletzt durch eine unaufdringliche, augenzwinkernde Vermenschlichung von Tieren, Pflanzen und Dingen, frei von jeglichem einengenden „Du sollst“. Er begann 1958 mit seinem *Immerwährenden Kinderkalender,* ein Jahr vor Christine Bustas *Die Sternenmühle;* es folgten in den 60er so viele Gedichtbände wie nie zuvor und nie danach in so kurzem Zeitraum.

Die 70er bringen mit der antiautoritären Bewegung vielfältige neue Themen; Halbey resümiert bereits 1971 ironisierend – ich zitiere ein weiteres Erziehungsgedicht:

Trotzdem

Wenn die Mama morgens schreit:
Aufstehn, Kinder, höchste Zeit! –
sagt ein richtig braves Kind:
Die spinnt!

Zähneputzen, frische Socken
und zum Frühstück Haferflocken,
Vaters Sprüche: Das macht stark! –
alles Quark!

Wer am Morgen ohne Schimpfen,
Fluchen, Stinken, Naserümpfen
etwa brav zur Schule geht –
der ist blöd.

Lärmen, prügeln, Türen knallen,
allen auf die Nerven fallen,
grunzen, quieken wie ein Schwein,
das ist fein!

Rülpsen, Spucken, Nasebohren,
Nägel kauen, schwarze Ohren,
schlimme Worte jede Masse –
Klasse!

Und wenn Papa abends droht:
Schluß mit Fernsehn, Abendbrot! –
schreit doch jedes Kind im Haus:
Raus!
Trotzdem:
Kinder, schützt eure Eltern!

(Kliewer 1989, 154)

Widerstand gegen die herrschenden Verhältnisse ist nicht mehr notwendig, das Kind hat sich emanzipiert – aber nur im Gedicht! Die Frage nach „modern“ oder nicht wage ich nicht mehr zu stellen. Es paßt jedenfalls in die neuen Strömungen des Kindergedichts; das Spiel mit den realen Erfahrungen der Kinder geben ihm den schon für Guggenmos typischen Effekt: „Wir beide wissen ja Bescheid“. Schließlich läßt sich mit Beginn der 70er Jahre eine Tendenz erkennen, die auch Maria Lypp ausgemacht hat „in vielen Kindergeschichten eine differenzierte Psychologie, Individualisierung und innere Motivierung der Figuren“ (Lypp 1984, 107). Gedichte regen an zur Reflexion über das Ich, geben Raum nicht nur für eine andere Pädagogik, andere Werte und andere Ziele, sondern auch für Gedanken, wie erzogen werden kann, mit welchen Mitteln. Das erste Beispiel stammt aus der jüngsten Anthologie von Gelberg *Überall und neben dir* (1986, der Titel ist eine Hommage an Ringelnatz), das zweite aus dem 5. Jahrbuch der Kinderliteratur (1979).

Martin Auer

Zufall

Wenn statt mir jemand anderer
auf die Welt gekommen wär'.
Vielleicht meine Schwester
oder mein Bruder
oder irgendein fremdes blödes Luder –
wie wär' die Welt dann,
ohne mich?
Und wo wäre denn dann ich?
Und würd' mich irgendwer vermissen?
Es tät ja keiner von mir wissen.
Statt mir wäre hier ein ganz anderes Kind,
würde bei meinen Eltern leben
und hätte mein ganzes Spielzeug im Spind.
Ja, sie hätten ihm sogar
meinen Namen gegeben!

(Kliewer 1989, 246)

Julius Becke

Maria schickt den Michael auf den Schulweg

Morgen
werd ich dir zeigen,
wie man den Wecker stellt.

Hier ist der Ranzen,
dein Brot,
dein Mantel.

Den Schlüssel
mußt du dir um den Hals hängen.

Beiße nicht
auf deine Nägel,
sondern argumentiere,
wenn du im Recht bist.
überhöre Kommandos
und schlage dich nicht
mit den Verschlagenen.

Nun geh schon.
Du darfst weinen.
Dein Vater wollte das nicht lernen.

(Kliewer 1989, 178f.)

Als Resümee läßt sich festhalten: wenn nicht die verkehrten Fragen gestellt wurden – die Antworten können nur sehr zögernd ausfallen. Zur Zeit der literarischen Moderne um die Jahrhundertwende finden sich nur eine Handvoll Kindergedichte, die als modern bezeichnet werden könnten. Selbst wenn die Moderne immer nur ein schmales Rinnsal neben dem breiten Strom der traditionell weiter laufenden Kunst ist, erscheint mir der Ausbruch zu punktuell. Anders sieht es in den 60er Jahren des 20. Jahrhunderts aus; dort findet die Kinderlyrik Anschluß an zeitgenössische und ältere Verfahren der Moderne. Lenkt man den Blick allein auf ihre eigene Geschichte, dann vollzieht sich geradezu Revolutionäres. Neu oder modern wird ein Kindergedicht nur genannt werden können, wenn es sich durch folgende Merkmale von der kleiner werdenden Zahl des Epigonenhaften abhebt: es kann nicht mehr überholten Erziehungszielen huldigen, es kennt thematisch keine Tabus, ihm stehen alle Formen (einschließlich der Ironie) offen, es gibt sich nicht mit dümmlichen Gags und kindischen Späßen zufrieden, es fordert und fördert geistige Auseinandersetzung (und das kann Spaß machen!) und emotionale Teilnahme, in vielen Fällen soziales und politisches Bewußtsein; es muß zur Auseinandersetzung motivieren, nicht zum Einverständnis aufrufen, muß mehrdeutig interpretierbar sein, Ambiguität besitzen, für Bode (1988) Merkmal der Literatur der Moderne.

Als Epilog möchte ich (durchaus „modern") erreichte Einsichten sofort wieder in Frage stellen. Die „Moderne" der Kinderlyrik muß eine der Autoren sein, nicht der Anthologisten und Lesebuchmacher. Daran hat sich Elisabeth Borchers gehalten, als sie in ihr *Das große Lalula* nicht *eia wasser regnet schlaf* aufgenommen hat, sondern Texte, wie sie für das Bilderbuch *Und oben schwimmt die Sonne davon* geschrieben wurden (mit Dietlind Blech 1965). Anders Josef Guggenmos, der alles durcheinanderbringt.

Als Gelberg ihn um Beiträge für die neue Anthologie bat, schickte er u.a. das Gedicht *Auf dieser Erde.* Es stammt aus seinem Erstling *Gugummer geht über den See,* einem Zyklus für Erwachsene aus dem Jahr 1957; er ändert nur den ursprünglichen Titel ab *Beschämender Traum.* Der Autor selbst hat den Kindern ein neues Gedicht aus dem Bestand der Erwachsenenliteratur dazuerobert. Ist es nun ein modernes *Kinder*gedicht? Ist es nun ein *modernes* Kindergedicht?

Josef Guggenmos

Auf dieser Erde

Zwei Pferde gingen bekümmert
im Gänsemarsch durch den Schnee.
Sie traten in ein Gartenhaus,
das hatten sie selber gezimmert.
Dort zogen sie ihre Halfter aus
und tranken Kaffee.
Doch unter dem Deckel der Zuckerdose
fanden sie keine süßen Brocken,
fanden sie eine Herbstzeitlose
mit angezogenen Knien hocken
(sie hatte sich vor dem Frost verkrochen

und sah nun mit blaßlila Augen her).
Ich kann nicht mehr,
sagte das eine der Pferde,
es ist alles so Winter auf dieser Erde.

(Kliewer 1989, 140)

Literatur

Bode, Christoph: Ästhetik der Ambiguität. Zur Funktion und Bedeutung von Mehrdeutigkeit in der Literatur der Moderne. Tübingen 1988.

Borchers, Elisabeth (Hrsg.): Das große Lalula und andere Gedichte und Geschichten von morgens bis abends für Kinder. München 1971.

Bürger, Peter: Prosa der Moderne, unter Mitarbeit von Christa Bürger Frankfurt 1988.

Franz, Kurt: Kinderlyrik. München 1979.

Friedrich, Hugo: Die Struktur der modernen Lyrik. Von Baudelaire bis zur Gegenwart. Reinbek 1956. (= rowohlts deutsche enzyklopädie, 25). Erweiterte Neuausgabe 1967.

Gelberg, Hans-Joachim (Hrsg.): Die Stadt der Kinder. Gedichte für Kinder in 13 Bezirken. Recklinghausen 1969; hier Nachdruck München 1972. (= dtv junior 7073).

Japp, Uwe: Kontroverse Daten der Modernität. In: Kontroversen, alte und neue. Tübingen 1986. (= Akten des VII. Internationalen Germanisten Kongresses Göttingen 1985, 8).

Kliewer, Heinz-Jürgen (Hrsg.): Die Wundertüte. Alte und neue Gedichte für Kinder. Stuttgart 1989 (= Reclam Lesebuch).

Lypp, Maria: Einfachheit als Kategorie der Kinderliteratur. Frankfurt 1984. (= Jugend und Medien, 9).

Rösch, Herbert: Der Anbruch der Moderne – Methodisch-didaktische Skizze eines Epochenmodells. In: Literatur für Leser 1986, 223-233.

Stein, Guido: Lyrik im Kinderreim. In: Das gute Jugendbuch 16 (1966), H.3, 1-17.

Zeller, Michael: Gedichte haben Zeit. Aufriß einer zeitgenössischen Poetik. Stuttgart 1982. (= Literaturwissenschaft-Gesellschaftswissenschaft, 57).

Renate Overbeck/Reinbert Tabbert

Surrealismus und Nonsense

I.

Manches, was an der heutigen Kinderliteratur modern anmutet, läßt sich auf zwei künstlerische Erscheinungen der Vergangenheit zurückführen: auf den französischen Surrealismus oder auf den klassischen englischen Nonsense. Dabei ist zu bedenken, daß die Surrealisten schon ihrerseits den bekanntesten Nonsense-Autor, Lewis Carroll, für ihre Ziele reklamierten.

So mag es nicht unberechtigt sein, Peter Hacks' Kindergeschichte *Meta Morfoss* (1975) eine „Nonsens-Geschichte" (Emmrich 1981, 244) zu nennen. Doch könnte sie auch aus dem Geist des Surrealismus entstanden sein. Wir werden auf Meta, die Verwandlungskünstlerin, zurückkommen in Verbindung mit Lewis Carrolls Alice und Raymond Queneaus Zazie. Zuvor wollen wir versuchen, den Surrealismus und seine Affinität zum Nonsense in groben Zügen zu kennzeichnen.

II.

Die Surrealisten spielten gern und viel. Gesellschaftsspiele, Sprachspiele und Schreibspiele begleiteten die Bewegung von Anfang an. Vom *cadavre exquis,* der köstlichen Leiche, bis zu *l'un dans l'autre,* einem Ratespiel, bei dem ein Begriff durch einen anderen erklärt und von den Mitspielern geraten werden sollte.

Am bekanntesten ist das Spiel *Die köstliche Leiche,* das Breton später folgendermaßen erklärte:

„Spiel mit gefaltetem Papier. Mehrere Personen machen einen Satz oder eine Zeichnung, ohne daß irgendeiner von der Mittäterschaft des anderen oder von den vorangegangenen Tätigkeiten etwas weiß. Das klassisch gewordene Beispiel, das dem Spiel seinen Namen gegeben hat, ist der erste Satz, der auf diese Art und Weise entstand: ‚Le cadavre-exquis-boira-le-vin-nouveau' (die Leiche-köstlich-wird trinken-den-Wein-neu)". (Breton 1967a, 295)

Was die Surrealisten an solchen Spielen faszinierte, war zweierlei:

Zum einen war es eine Gruppenaktivität. Es entstanden dabei Texte und Bilder, für die keiner die Urheberrechte beanspruchen konnte. In einer solchen „poetischen Tätigkeit" sah Tristan Tzara die „historische Rolle des Surrealismus: die Freizeit in der künftigen Gesellschaft organisieren, der Faulheit einen Inhalt geben". Er forderte „die Verwirklichung der ungeheuren Möglichkeiten, die in dem Satz von Lautréamont stecken: ‚Die Poesie muß von allen gemacht werden. Nicht von einem'." (Metken 1976, 250) Den Beruf und die Berufung des Dichters lehnten die Surrealisten ab. Sie sprachen in diesem Zusammenhang verächtlich vom „pohète". Glaubten sie von jemandem, er sei auf literarischen Ruhm aus, so wurde er aus der Gruppe ausgeschlossen.

Das zweite, was sie bei solchen Spielen suchten, war das zufällige und ungewollte Zusammentreffen verschiedener Realitäten, von Wörtern und Bildern, aus denen etwas Neues entsteht, was man nicht beabsichtigt hat. Auch hier beriefen sie sich auf Lautréamont, der von der Schönheit der „zufälligen Begegnung einer Nähmaschine und eines Regenschirms auf einem Seziertisch" gesprochen hatte (Metken 1976, 11). Pierre Reverdy drückte es so aus:

„Das Bild ist eine reine Schöpfung des Geistes. Es kann nicht aus einem Vergleich entstehen, vielmehr aus der Annäherung von zwei mehr oder weniger voneinander entfernten Wirklichkeiten. Je entfernter und je genauer die Beziehungen der einander angenäherten Wirklichkeiten sind, umso stärker ist das Bild – umso mehr emotionale Wirkung und poetische Realität besitzt es. . ." (zitiert von Breton 1924, Metken 1976b, 33)

Die Betonung des Emotionalen gegenüber dem Rationalen muß im Gesamtzusammenhang der surrealistischen Bewegung gesehen werden. Diese ist 1919 in Frankreich entstanden. Ihre Begründer, Breton, Aragon, Eluard, Peret, Soupault u.a., hatten als ganz junge Männer die Greuel des 1. Weltkriegs erlebt und waren tief davon geprägt. Sie sahen darin das Fiasko der abendländischen, von der Ratio geprägten Kultur. Die Surrealisten (so nannten sie sich nach einem Theaterstück des 1918 gestorbenen Dichters Guillaume Apollinaire, *Les Mamelles de Tirésias – drame surréaliste)* wollten mit dieser Kultur und Gesellschaft nichts mehr zu tun haben. Sie suchten daher radikal neue Wege, und der Begriff der „Revolution" ist von Anfang an von zentraler Bedeutung. Ihre seit 1924 erscheinende Zeitung hieß denn auch *La Révolution Surréaliste.* Revolution ist hier noch nicht im politischen Sinn gemeint – später hieß die Zeitschrift dann *Le Surréalisme au Service de la Révolution* –, sondern als Umsturz des Denkens.

Nachdem das rationale Denken ihrer Meinung nach versagt hatte, wandten sie sich nun (hier auch beeinflußt von Freud) dem Unbewußten zu. Während allerdings für Freud das Unbewußte aus dem Bewußten verdrängt ist, sahen die Surrealisten darin einen kreativen Teil des menschlichen Lebens. Würde der Mensch auch diejenigen seiner Fähigkeiten, die nicht vom Verstand kontrolliert werden, pflegen, so meinten sie, dann würden sich ihm ungeahnte Möglichkeiten eröffnen. Der praktischen Notwendigkeit des täglichen Lebens wollten sie die Phantasie entgegensetzen.

Im *Ersten Manifest des Surrealismus,* erschienen 1924, entwickelt Breton diese These: Der Mensch ist nicht von vornherein so eingeschränkt. Als Kind stehen ihm noch alle Möglichkeiten offen:

> *„Wenn er sich einige Hellsichtigkeit bewahrt hat, dann kann er nicht anders, als sich nun wieder seiner Kindheit zuzuwenden, die ihm, sosehr sie auch durch die Bemühungen seiner Dresseure verpfuscht sein mag, dennoch als von Zauber erfüllt scheint. Das Fehlen jeglichen sonst üblichen Zwangs läßt ihm dort die Hoffnung auf mehrere, zu gleicher Zeit geführte Leben (. . .). Jeden Morgen brechen Kinder ohne Bangen auf. Alles ist nahe, die schlimmsten materiellen Bedingungen sind großartig. Die Wälder sind weiß oder schwarz, man muß niemals schlafengehen".*

Doch die Phantasie, die das Leben des Kindes bestimmt, wird verdrängt, der Mensch wird einer „gebieterischen praktischen Notwendigkeit" unterworfen, um das zwanzigste Lebensjahr herum überläßt ihn die Phantasie seinem „lichtlosen Schicksal". (Metken 1976, 23)

Diesen ursprünglichen, idealen Zustand der Kindheit wollen die Surrealisten wieder herstellen. Es erscheint ihnen möglich, wenn man sich dem Nützlichen, der Logik, der Vernunft entzieht und sich den grenzenlosen Möglichkeiten des Unbewußten und des Imaginären öffnet.

> *„Der Geist, der in den Surrealismus eintaucht, erlebt mit höchster Begeisterung den besten Teil seiner Kindheit wieder. (. . .) Die Kindheit nähert uns vielleicht am meisten dem ‚wahren Leben': die Kindheit, außer der, abgesehen von seinem Passierschein, der Mensch über nichts verfügt als über einige Freikarten; die Kindheit, wo alles dennoch zum wirksamen Besitz – und ohne Wagnis – seiner selbst beitrug. Durch den Surrealismus scheinen diese Möglichkeiten wieder gegeben". (Metken 1976, 44)*

Mittel, um dahin zu gelangen sind: Spiele, Collagen zufällig zusammengestellter Texte und Bilder, die écriture automatique, Hypnose, Traum. Der Poesie kommt dabei eine besondere Aufgabe zu. Breton und Eluard beschreiben das so:

> *„Ein Gedicht muß ein Zusammenbruch des Intellekts sein. Es kann nichts anderes sein. Zusammenbruch: Das ist ein Rette-sich-wer-kann, aber ein feierliches, ein beweiskräftiges; ein Bild dessen, was man sein müßte, des Zustandes, in dem Anstrengungen nicht mehr zählen". (Metken 1976, 225)*

An anderer Stelle sagt Breton. Wort und Bilder müßten für den, der zuhört, „ein Sprungbrett des Geistes" sein (Metken 1976, 42). Sie sollen ihn in die Lage versetzen, den eigenen Weg zu finden, selbst schöpferisch zu sein.

Ähnlich wie die Poesie ist der Traum ein wichtiges Mittel, dem grauen beschränkten Alltag zu entfliehen. Traum und Wirklichkeit sind nur scheinbare Gegensätze, die in der Surrealität aufgehoben werden. Der Traum ist auch eine Möglichkeit, das Wunderbare zu erfahren. Und das „Wunderbare", so wieder Breton, ist immer schön, ja, „es ist sogar nur das Wunderbare schön". (Metken 1976, 29)

Die Einflüsse des Surrealismus auf die Kinderliteratur sind im einzelnen schwer auszumachen, weil es eher der „Geist des Surrealismus“ (Breton) ist, der weitergewirkt hat. Doch gibt es sicher ein paar Tendenzen, die sich direkt oder indirekt auf den Surrealismus zurückführen lassen.

1. Das Wichtigste scheint uns das Verwischen der Grenzen von Erwachsenen- und Kinderliteratur zu sein – zumindest im Bereich der Lyrik. Die wenigsten Surrealisten haben Gedichte für Kinder geschrieben, aber in französischen Anthologien für Kinder nehmen Gedichte der Surrealisten einen erstaunlich großen Raum ein. In Wahrheit ist das nicht erstaunlich, wenn man bedenkt, daß die Surrealisten sich den Bereichen des menschlichen Lebens zuwandten, die ihrer Ansicht nach nur Kindern unmittelbar zugänglich sind, weil sie das Wunderbare noch verstehen können.[1]

2. In den Versen moderner Kinderbücher finden sich oft Sprachspiele, wie man sie aus volkstümlichen Abzählversen kennt, die die Surrealisten liebten und nachahmten. Sie entsprechen ureigensten Bedürfnissen der Kinder, ihrer Lust am Spiel mit der Sprache.[2]

---

1 Es seien als Beispiele genannt: Jacques Charpentreau: Poèmes d'aujourd'hui pour les enfants de maintenant. Paris 1972 – sowie die Monographien in der *Collection folio junior en poésie,* die bei Gallimard erscheint.

2 Wir möchten das nur an einem Beispiel zeigen: Agnès Rosenstiehl hat ein wunderschönes Kinderbuch geschrieben, *Le francais en liberté,* in dem sie verschiedene Formen der Sprachspielerei vorführt. So etwa das Spiel mit Homophonen:
„Ton pain est si dur qu'il n'est pas coupable!“ sagt ein Junge.
„Alors il est innocent“ (Rosenstiehl 1983, 6)
antwortet das Mädchen, mit der doppelten Bedeutung von „coupable“ (abgeleitet vom Verb ‚couper‘ – schneiden und das Adjektiv schuldig) spielend. Nichts anderes tut Eluard in seinem Vers
„– métal qui nuit, métal de jour“ (Eluard 1926, 72)
mit dem Wort „nuit“ (von ‚nuire, – schaden und ‚la nuit‘ – die Nacht). Übrigens zitiert Rosenstiehl selbst in ihrem Buch einige surrealistische Vorbilder. Zu dem Schüttelreim
La bête en tas
zitiert sie Marcel Duchamps
Bains de gros thé
Pour grains de beauté. (Rosenstiehl 1983, 12)

3. Schließlich sei die neue Rolle des Lesers, das Einbeziehen seiner eigenen Kreativität in den Prozeß des Lesens, erwähnt.[3]

Wichtiger als solche Einzelaspekte ist aber sicher der grundsätzliche Einfluß, die Befreiung von den engen Normen der Logik, von den Zwängen der Alltäglichkeit; die Entfaltung der Phantasie, das Einbeziehen des scheinbar Unmöglichen, und das heißt: des Wunderbaren.

III.

Die Surrealisten sahen sich als absolute Neuerer, und doch verwiesen sie immer wieder auf Vorläufer ihrer Bewegung. Zu den besonders oft zitierten gehört der viktorianische Sonderling, der als Charles Dodgson in Oxford Mathematik lehrte und als Lewis Carroll 1865 das Kinderbuch *Alice im Wunderland* veröffentlichte. Breton, Aragon und Eluard beschäftigten sich mit ihm, und seine Alice erschien in dem von mehreren Surrealisten entworfenen Kartenspiel *Jeu de Marseille* als Sirene im Zeichen des Traums. René Magritte malte 1946 *Alice au pays des merveilles,* und Max Ernst widmete ihr sogar drei Bilder. (Tiedemann 1982, 61-80)

Breton ist von dem Nonsense Lewis Carrolls fasziniert, und er denkt dabei nicht nur an die komischen Sprachspiele, die gewöhnlich gemeint sind, wenn vom Nonsense im Bereich der Literatur die Rede ist, sondern an die ganze verrückte Welt, die Carrolls Heldin unter dem Erdboden vorfindet. In seiner *Anthologie des Schwarzen Humors* von 1940 hat er eine Episode aus dem Wunderland-Buch abgedruckt. Einleitend dazu versucht er, den Carrollschen Nonsense biographisch zu erklären:

---

3 Raymond Queneau z.B. hat im Rahmen seiner Arbeit im Ou. Li. Po. (Ouvroir de Littérature Potentielle), einer Arbeitsgruppe, die versucht, neue Formen der Literatur zu entwickeln, *Un conte à votre façon* geschrieben. In dieser Geschichte von den drei Erbsen wird dem Leser jeweils eine Alternative angeboten, wie es weitergehen soll. So kann er selbst den Verlauf der Geschichte bestimmen. Bekannter ist sein Buch *Cent mille milliard de poèmes* (1961), in dem zehn Sonette mit der gleichen grammatikalischen Struktur und mit dem gleichen Reimschema abgedruckt sind. Die Seiten sind nach jedem Vers aufgeschnitten, so daß der Leser durch Umblättern Milliarden Gedichte entstehen lassen kann. Beide Formen finden sich auch in der heutigen Kinder- und Jugendliteratur.

„Der non-sens bei Lewis Carroll erhält seine Bedeutung dadurch, daß er für ihn die lebenswichtige Lösung eines krassen Widerspruchs darstellt einerseits zwischen der Akzeptation des Glaubens und der Praktik der Vernunft und andererseits zwischen dem klaren poetischen Bewußtsein und den strengen beruflichen Pflichten (. . .) Der Geist kann bei jedweder Schwierigkeit einen idealen Ausweg im Absurden finden". (Breton 1971, 172)

Was Breton hier über den „idealen Ausweg" sagt, stimmt auffallend mit dem überein, was er in der Vorrede zur Anthologie als Freudsche Definition des Humors anführt:

„Das Ich verweigert es, sich durch die Veranlassungen aus der Realität kränken, zum Leid nötigen zu lassen, es beharrt dabei, daß ihm die Traumen der Außenwelt nicht nahe gehen können, ja es zeigt, daß sie ihm nur Anlässe zum Lustgewinn sind". (Breton 1971, 18)

Breton läßt seiner biographischen Anmerkung über Carroll einen Hinweis auf ein Verhalten von Kindern folgen, wie es dem Ideal der Surrealisten entspricht:

„Die Bereitschaft, das Absurde zu bejahen, erschließt dem Menschen wieder das geheimnisvolle Reich, in dem die Kinder leben. Das Spiel der Kindheit als verlorengegangenes Mittel des Ausgleichs zwischen Handeln und Träumen zwecks innerer Befriedigung, angefangen mit dem einfachen ‚Wortspiel', wird solchermaßen rehabilitiert und aufgewertet". (Breton 1971, 172f.)

Was Breton entwickelt, könnte als ein psychologisches Modell des Carrollschen Nonsense bezeichnet werden: Ein Mensch findet Entlastung von den Spannungen seines Lebens, indem er Geschichten erfindend und sprachspielend in die eigene Kindheit regrediert und damit auch andere – seien es Kinder, seien es Erwachsene – am kindlichen Spiel und am Triumph des Humors teilhaben läßt. Breton sieht hier vor allem die hohen surrealistischen Werte des Spiels, des Humors und der Freiheit. Andere haben eher das Zwanghafte betont, das Carrolls Regression auslöste und bis in die dargestellten Episoden hinein wirksam war (Carroll fürchtete die Gesellschaft von Erwachsenen und sein eigenes Stottern, und er war ein pathologischer Ordnungsfanatiker). Vielleicht ist es gerade diese Ambivalenz – daß Carroll sowohl für künstlerische Freiheit als auch für das Erleiden von Zwängen stehen kann –, die ihn als einen modernen Schriftsteller erscheinen läßt.

Was Lewis Carroll für die Surrealisten interessant macht, hätte sie auch zu Edward Lear führen können, dem eigentlichen Begründer des klassischen Nonsense. Denn diese Literaturform beginnt mit seinem *Book of Nonsense* (1846), einer Sammlung von Limericks zu karikaturhaften Zeichnungen, mit denen der Tier- und Landschaftsmaler sich und eine Gruppe von Kindern unterhalten hatte. Mit 56 Jahren schrieb er in sein Tagebuch den bezeichnenden Satz: „Und so endet 1868, ein Jahr voller Erschöpfung. Zweifel, Veränderung, Schmerz, – doch, oder ich müßte mich irren – von einigen guten Wirkungen auf dieses Kind". (Sewell 1980-81, 30) Auch dieser von Epilepsie, Einsamkeit und Geldknappheit Geplagte fand Entlastung in spielerischen Formen des Kindseins. In seiner späten Nonsense-Ballade *The Quangle Wangle's Hat* (von Hans Halbey übersetzt als *Der Quingelwingelqui.* Lear/Halbey 1969) hat er ein melancholisches Wesen beschworen, das unter seinem riesigen Hut verborgen ist, einem prachtvollen, Heiterkeit ausstrahlenden Kunstwerk, und das solchermaßen als Selbstporträt nicht nur Edward Lears, sondern des modernen Künstlers überhaupt verstanden werden kann. (Tabbert 1982, 41f.)

Eine Biographin Edward Lears hat festgestellt: „Gelegentlich antizipiert er – und parodiert vorwegnehmend – das ‚automatische Schreiben', die irrationale Inspiration der Surrealisten". (Richardson 1965, 35) In der Tat ist Lear in der Emotionalität und spontanen Flüssigkeit seines Stils den Surrealisten näher als der von ihnen so geschätzte Lewis Carroll. Uns ist allerdings nur ein Fall bekannt, in dem er im Zusammenhang mit ihnen eine Rolle spielte: In der New Yorker Surrealisten-Ausstellung von 1936 wurden Bilder von ihm gezeigt. (Jean 1961, 272) Mag sein, daß es ein Rückverweis auf ihn als Meister des Limericks ist, wenn der Spätsurrealist Claude Roy Kindergedichte mit der französischen Wortneuschöpfung „Limerime" überschreibt. (Roy 1978, 20, 92)

Wie ist das Verhältnis von Nonsense und Surrealismus zusammenfassend einzuschätzen? Lear und Carroll brachten ihren Nonsense ohne theoretische Überlegungen hervor, doch ist er mit denen der Surrealisten voll in Einklang. Daß sie auf ihre eigene Kindlichkeit rekurrierten in einer Weise, die sie zu Autoren für Kinder machte, ist dabei ein entscheidender Vorzug. Und wie sich die Entlastung von Leidensdruck in ihren prekären Gebilden aus Sprache äußerte, darin zeigt sich nicht nur Surrealität, sondern darüber hinaus Modernität. Roland Barthes hätte sie als Zeugen anführen können, als er schrieb: „Um 1850 zerfiel das klassische Schreiben, und die gesamte Literatur von Flaubert bis zum heutigen Tag wurde Problematik der Sprache". (Barthes 1972, 8. Dazu Bradbury/McFarlane 1978, 21).

Nach diesem Überblick möchten wir nun die literarische Entwicklung vom Nonsense über den Surrealismus zur heutigen Kinderliteratur an zwei Beispielreihen veranschaulichen: einer Reihe von Gedichten und einer Reihe von erzählenden Texten.

IV.

Verse für ein junges Publikum tendieren nicht selten zu einem Schematismus, wie er aus der Volksliteratur bekannt ist. Das läßt sich auch an Versen der Nonsense-Klassiker und der Surrealisten beobachten. Doch sind moderne Züge dadurch nicht ausgeschlossen, wie sich schon an Edward Lears Limericks ablesen läßt.

Diese Limericks sind als Beschreibung zu rasch hingeworfenen Skizzen skurriler Figuren entstanden. Lear übernahm die Eingangsformel und das fünfzeilige Schema der Verse aus einer anonym erschienenen Anthologie. Hier zwei Beispiele aus seiner Sammlung von 1846 (Lear 1943, 26, 46) samt den Übertragungen von James Krüß (Krüß 1972, 70, 88):

„There was an Old Man with a beard,
Who said, „It is just as I feared! –
Two Owls and a Hen,
Four Larks and a Wren,
Have all built their nests in my beard."

Da war mal ein Alter mit Bart,
Der sagte: „Ist das eine Art?
Zwei Eulen, 'ne Gans

Und ein Gartenrotschwanz
Die nisten ja in meinem Bart!"

There was a young Person of Crete,
Whose toilet was far from complete;
She dressed in a sack
Spickle-speckled with black,
That ombliferous Person of Crete.

Da war eine Dame aus Kreta,
Die trug weder Kleider noch Sweater;
Sie trug einen lack–
Schwarz gesprenkelten Sack,
Die unglaubliche Dame aus Kreta."

Anders als seine Vorlage und die heute geläufigen Limericks enden die Learschen Fünfzeiler nicht in einer Pointe, sondern in der Wiederholung des Reimworts der Eingangszeile. Dadurch ist die dargestellte Person nicht als Pointenlieferer, sondern um ihrer selbst willen von Interesse. Sie tut sich jeweils durch ein Merkmal hervor, das von jener elementaren Kontextverschiebung zeugt, wie sie nach Dieter Henrich (1976) und Maria Lypp (1986) bei Lachanlässen für Kinder zu beobachten ist: Ein Bart ist nicht eine Manneszier, sondern Nistplatz für Vögel; ein Sack ist nicht Behältnis für Gegenstände, sondern Bekleidung einer Frau. Natürlich können wir in der Assoziation von Bart und Vögeln, Sack und Frau (und dem skizzierenden Lear ist sicher Spontaneität zu unterstellen) auch an die Vorliebe der Surrealisten für das zufällige Zusammentreffen verschiedener Realitäten denken oder aber, wenn wir ernsthafter gesonnen sind, an Formen der Verdinglichung und Entfremdung, wie sie für unsere Zeit und ihre literarischen Zeugnisse charakteristisch sind. Kindgemäßheit und Modernität also als zwei Seiten einer Medaille.

Das gilt auch, wenn wir einen spezifisch sprachlichen Aspekt beachten. Die Dame im Sack wird im Originaltext als „ombliferous" charakterisiert. Dies ist eine Wortneuschöpfung Edward Lears, wie sie nach Dieter Petzold (1972) zu den auffallendsten Kennzeichen des Nonsense gehört. Der Lautform nach wie ein Adjektiv gebildet, ist „ombliferous" doch ohne jede referentielle Bedeutung. Ähnliches findet sich in der frühen Kindersprache und ist deshalb für ältere Kinder belächelnswert. (Tabbert 1984a) Literarisch gesehen, verweist solch Neologismus auf eine moderne Neigung zu Sprachspielen, aber auch auf Tendenzen zu einer „poésie pure“, die sich von üblichen Realbezügen abkoppelt und der Kommunikation verweigert. Oder allgemeiner gesagt: Er verweist auf jene Sprachproblematik, die Roland Barthes für so grundlegend hält.

„Man schiebt ihr alltägliches Elend beiseite. Man stellt alle Möglichkeiten der Sprache auf den Kopf“, hatten Breton und Eluard in den „Bemerkungen zur Poesie“, ihrer Antwort auf Paul Valérys Literaturtheorie, gefordert. (Metken 1976, 225) Denn ausgehend vom Spiel mit der Sprache entsteht das Wunderbare.

Robert Desnos (1900-1945) war bis 1930 einer der engsten Vertrauten Bretons. Er war besonders begabt für das Dichten in einer Art hypnotischem Schlaf und für das automatische Schreiben und galt daher seinen Freunden als der Surrealist par excellence. Er hat auch Gedichte für Kinder geschrieben. Wie die von Edward Lear waren sie zunächst für Kinder aus seiner Bekanntschaft gedacht, sie wurden erst nach seinem Tod veröffentlicht. Die Sammlung heißt *Chantefables et chantefleurs;* es handelt sich, wie der Name sagt, um Gedichte über Blumen und Tiere, die in ihrer Kürze, ihrer Musikalität und ihrem Rhythmus an die „comptines“, die Abzählverse von Kindern, erinnern. Man kann dabei zwei Gruppen unterscheiden, von denen wir je ein Beispiel vorstellen wollen: In einem Fall sind es reine Wortspielereien, ohne Sinn, die nur aus der Form und der Musikalität leben. Diese Form der Literatur mußte den Surrealisten gefallen, da sie bildhaft, mitreißend, unlogisch ist. Gedichte wie das folgende prägen sich leicht ein, obwohl (oder weil?) sie keinen Sinn ergeben. Jeder von uns kann sich sicher an solche Verse aus seiner Kindheit erinnern:

Le bégonia	*le bégonia – Begonie*
Le bégogo, le bégonia	
Va au papa,	
Va au palais,	*le palais – Palast*
Boit du tafa, boit du tafia	*le tafia – Rum*
Prend le baba, prend le balai.	*le baba – Napfkuchen*
Aimable bégonia	*le balai – Besen*
Délicieux ratafia,	*le ratafia – Kräuterlikör*
semons le bégonia.	*semer – säen*

(Desnos 1975, 37)

Dieses Gedicht erinnert an unser „Meine Mi meine Ma meine Mutter schickt mich her". Auch hier sind Reste von Sinn zu finden: Der Napfkuchen (baba), von dem die Rede ist, wird normalerweise mit Rum übergossen (ratafia). Aber was hat der Besen damit zu tun?

Andere Gedichte führen über die reinen Wortspielereien hinaus in das Reich der Phantasie:

La fourmi

Une fourmi de dix-huit mètres
Avec un chapeau sur la tête
Ça n'existe pas, ça n'existe pas.
Une fourmi traînant un char
Plein de pingouins et de canards,
Ça n'existe pas, ça n'existe pas.
Une fourmi parlant francais,
Parlant latin et javanais,
Ça n'existe pas, ça n'existe pas.
Eh! Pourquoi pas?

(Desnos 1975, 42)

Die Ameise

Eine Ameise, die 18 Meter lang ist
Mit einem Hut auf dem Kopf,
Das gibt es nicht, das gibt es nicht.
Eine Ameise, die einen Wagen zieht
Voller Pinguine und Enten,
Das gibt es nicht, das gibt es nicht.
Eine Ameise, die französisch spricht,
Lateinisch und japanisch,
Das gibt es nicht, das gibt es nicht
He! Warum nicht?

Ja, warum eigentlich nicht? – In einem Vergleich von traditionellen und surrealistischen Kinderreimen spricht Renée Balibar von einer Mischung aus Sinn und Unsinn, „ce mélange de non-sens et de bon sens". (Balibar 1974, 225)

Ein zeitgenössischer Schriftsteller, der sich selbst als Nonsense-Autor versteht, ist Robert Gernhardt. Zu Bildern von Almut Gernhardt, die den Einfluß Magrittes nicht verleugnen

(Klingman-Garduhn 1986, 112), hat er Texte für Kinder geschrieben. So das folgende Gedicht (Gernhardt 1983, 7-8) zu der Darstellung eines vogelähnlichen Bäumchens auf einem dichten Rasen, auf das aus einer Maueröffnung eine Katze starrt:

Tannenbäume gibt es viele,
doch Vogelbäume kaum.
Denn nur alle tausend Jahre
wächst ein Vogelbaum.

Geh daher auf Zehenspitzen,
wenn du ihn entdeckst.
Andernfalls kann es geschehen,
daß du ihn erschreckst,

und dann fliegt er ohne Laut
fort aus seinem Garten,
und du mußt ein weit'res Mal
tausend Jahre warten.

Tausend Jahre! Mann, o Mann!
Präg's dir ein und denk daran.

Verse zu Bildern – das hat es ja auch bei Edward Lear gegeben. Aber statt spontanem Strich dort hier akribisches Gemälde, und statt dem Einheitsschema des Limericks im *Book of Nonsense* hat Robert Gernhardt für das Bändchen *Mit dir sind wir vier* zu jedem der 28 Bilder ein anderes historisches Muster gesucht. Die zitierten Verse sind in ihrer Bauform und in ihrem beschwörenden Tonfall an volkstümlichen Gedichten des 19. Jahrhunderts orientiert („. . . wenn du eine Rose siehst, sag, ich laß sie grüßen"). Das Sujet, der Vogelbaum, verweist dagegen wie die gemalte Vorgabe auf den Surrealismus: ein Zusammentreffen von zwei Realitäten, verwurzelter Baum und fliegender Vogel, in einer Figuration. (So kühn wie die nonsenshaften „Bandbleitvögel", in Gernhardts Geschichtenbuch *Der Weg durch die Wand* [1982, 47] ist die Neubildung allerdings nicht). Der Zug ins Irreale wird durch die Märchenformel „tausend Jahre" noch gesteigert. Ein weiteres Mal tausend Jahre zu warten setzt ja voraus, daß der Angeredete über zweitausend Jahre alt werden kann. Und da bricht überraschend die umgangssprachliche Wendung „Mann, o Mann!" in den altmodisch poetisierenden Text und schafft eine ironische Distanz, wie wir sie weder bei Lear noch bei Desnos finden.

Einem erwachsenen Leser kann bei diesem Wechsel der Stilebene bewußt werden, daß hier ein Autor frei verfügt über Schemata und Töne, Sujets und Formeln unseres sprachlich-kulturellen Repertoires und damit professionell Texte herstellen kann, die sowohl für Erwachsene wie für Kinder ansprechend sind. Vermissen mag man groteske Spuren des Realitätsdrucks wie bei Edward Lear oder traumhafte und klangvolle Unwillkürlichkeit wie bei Robert Desnos – das Spielerische ist weiterhin vorhanden, wenn auch auf einer reflektierteren Ebene. Ist dies ein Zug zum Postmodernen in der heutigen Kinderliteratur?

Aber wie repräsentativ sind die drei Autoren Edward Lear, Robert Desnos und Robert Gernardt überhaupt für ihre Zeit und deren kinderliterarische Zeugnisse? Wir möchten dem Vergleich von Gedichten nun den Vergleich von Erzählungen folgen lassen. Vielleicht kann dieser zweite Durchgang bisherige Beobachtungen stützen oder ergänzen.

V.

Wir haben schon darauf hingewiesen, wie stark Lewis Carrolls *Alice im Wunderland* auf die Surrealisten gewirkt hat. Eberhard Kreutzer (1984, 28) verdanken wir die Überlegung, ob nicht ein spätes Werk des Surrealismus, wenn nicht von dem Alice-Buch beeinflußt, so doch diesem ähnlich ist, nämlich Raymond Queneaus *Zazie dans le Métro* (1959). Queneau, obwohl ein Schwager Bretons (Thiher 1985, V), gehörte nicht zum inneren Kreis der Surrealisten, veröffentlichte aber in ihrer Zeitschrift und bekannte sich auch später zu ihren Ideen (1950, 28-38). Wie Lewis Carroll hatte er ein ausgeprägtes Interesse an mathematischen und an sprachtheoretischen Problemen, und wenn Carroll posthum zu einem Patienten der Psychoanalyse wurde, so war es Queneau zu Lebzeiten. Es ist kaum vorstellbar, daß er *Alice* nicht gekannt und geschätzt hat. Über die Hundesprache in Lewis Carrolls späterem Buch *Sylvie und Bruno* hat er einen Aufsatz geschrieben. (o.J., 83-86)

Wir möchten unter vier Aspekten *Alice im Wunderland* und *Zazie in der Metro* miteinander vergleichen. Ein Kinderbuch ist *Zazie* freilich nicht. Doch halten wir es für sehr wahrscheinlich, daß dieser internationale Bestseller Auswirkungen auf die Kinderbuchszene gehabt hat[4] – ähnlich wie Salingers *Fänger im Roggen* auf die Jugendbuchszene. Und solche Auswirkungen könnten modernitätsfördernd sein. Eine mögliche Spur eines Einflusses wollen wir am Beispiel von Peter Hacks' *Meta Morfoss* aufzeigen.

Als erstes betrachten wir die Gesamtkomposition von Carrolls und Queneaus Erzählung. Es ist festgestellt worden, daß in der modernen Literatur „räumliche oder ‚fugenhafte' im Gegensatz zu chronologischen Gestaltungsformen" (Fowler 1973, 118) betont werden. Das trifft sowohl auf *Alice* wie auf *Zazie* zu. Der ursprüngliche Titel von Carrolls Geschichte war bezeichnenderweise *Alice's Adventures under Ground* (Carroll 1965). Die vom Vorlesen auf der Wiese schläfrig gewordene Alice folgt einem Kaninchen in ein Kaninchenloch und findet sich unter dem Erdboden in einer Welt wieder, in der das Wissen und die Verhaltensnormen, die sie als Siebenjährige schon beherrscht, keine Geltung haben. Am Ende, als in einer travestierten Gerichtsverhandlung ihr Todesurteil gesprochen wird, schüttelt sie alles, was sie erlebt hat, als einen merkwürdigen Traum ab und erwacht.

Auch Zazie kommt an einen ihr unbekannten, „exotischen" Ort: Paris. Ihr größter Wunsch ist es, mit der Metro zu fahren. Dem Kaninchenloch von *Alice im Wunderland* entspricht der Metroeingang, der ja auch oft wie ein Zugang zu einer fremden Welt erscheint. Aber ein Streik macht diesen Wunsch zunichte. „Die Metro ist eingeschlafen", (Queneau 1969, 10) sagt ihr Onkel kindertümelnd, doch nicht ohne Hintersinn, wie sich zeigen wird. Aber auch im „oberirdischen" Paris gibt es für Zazie genug Merkwürdiges zu entdecken, auch hier trifft sie auf sonderbare Gestalten. Es hat den Anschein, als ob heute die skurrilen Begegnungen und Begebenheiten nicht mehr im Traum und im Unterbewußtsein stattfinden, sondern am

4 Hans ten Doornkaat verdanken wir den Hinweis, daß Oli, die zentrale Figur in Franziska Groszers Jugendroman *Rotz und Wasser* (1987) am liebsten *Zazie in der Metro* liest und sogar davon träumt, Queneau in Paris zu besuchen. Seiner kleinen Schwester liest er übrigens *Alice* vor. – Vgl. auch den mehrfachen Bezug auf *Zazie* in der Abhandlung zur Kinderliteratur von Perrot (1987).

hellichten Tage. Die Situationen, in die Zazie gerät, sind nicht nur verrückt, sondern manchmal auch bedrohlich. Man hat von Queneau gesagt, sein Werk sei eines der komischsten und zugleich der verzweifeltsten unserer Zeit. Der drohenden Gefahr am Schluß des Buches entzieht sich Zazie durch eine Ohnmacht. Sie und ihre Freunde versinken im richtigen Moment im Erdboden und können durch einen Metroschacht entkommen. In diesem Augenblick fährt auch die Metro wieder, das heißt, das „normale" Leben beginnt.

Die Verhältnisse (Wachen-Schlafen, oben-unten) haben sich also gegenüber *Alice* umgekehrt, aber die Welt, in die das Kind gerät, bleibt ver-rückt.

Wir wenden uns, zum zweiten, den beiden Hauptfiguren und ihren seltsamen Begegnungen zu. Ein wichtiger Themenkomplex der modernen Literatur ist der von der unsicheren Identität und der Unzuverlässigkeit von Normen und Konventionen. Alices Erfahrungen unter dem Erdboden und Zazies Erfahrungen in Paris sind gleichermaßen davon geprägt.

Da weiß Alice nicht, ob sie Spielkarten oder Personen vor sich hat. Da erstaunt es sie, daß die Herzogin ein Baby wie einen Ball herumwirft, das dann plötzlich zu einem Ferkel wird. Da sieht sie eine Katze verschwinden, aber ihr Grinsen zurückbleiben. Da merkt sie, daß sie mit der Zeitvorstellung der verrückten Teerunde überhaupt nicht zurechtkommt. Ja, sie ist sich auch ihrer eigenen Identität nicht mehr sicher, als sich ihre Größe rasch verändert und als ein Gedicht, das sie gut zu kennen glaubte, als böse Verballhornung aus ihrem Mund kommt.

Selbst die Unterscheidung von Kind und Erwachsenen scheint unsicher zu werden: Sind nicht die merkwürdigen Geschöpfe unter dem Erdboden Erwachsene, die in ihrem Egozentrismus kleinen Kindern gleichen? Und ist nicht Alice ein Kind, das so viel mehr Vernunft besitzt, daß sie den Wunderland-Geschöpfen gegenüber die Rolle einer Erwachsenen einnimmt? (Tabbert 1984b, 287f.)

Zazie trifft in Paris nicht weniger merkwürdige Gestalten als Alice in ihrem Wunderland: die komischen Figuren aus dem kleinbürgerlichen Milieu ihres Onkels Gabriel, die verrückten Touristen mit ihrem Reiseführer Fédor Balanovitch, eine mannstolle Witwe und einen Sittenstrolch. Diesen Karikaturen aus der Erwachsenenwelt steht das Kind allein, neugierig, vorurteilslos, aber auch kritisch gegenüber. Sie entlarvt ihre Heucheleien, mokiert sich über ihre Normen und nutzt ihre Schwächen aus. Insofern ist Zazie, anders als Alice, eben ein Kind ihrer, und das heißt unserer, Zeit. Aber wie Alice ist sie die eigentlich Vernünftige.

Ihre Vernunft und Selbstsicherheit ist notwendig gegenüber der Unsicherheit der äußeren Welt und der Ungreifbarkeit der Personen. Identitäten und Rollen werden ständig gewechselt. Geschlecht, Beruf, Alter und Funktion der Gestalten sind nie genau auszumachen. Onkel Gabriel tritt in einem Nachtlokal als Tänzerin Gabriella auf, und Tante Marceline mit der sanften Stimme bringt als Monsieur Marcel Zazie wieder an den Bahnhof. Trouscaillon ist mal Sittenstrolch, mal Polizist, dann wieder Inspektor Bertin Poirée oder Harun Alraschid. „Fürst dieser Welt und mehrerer angrenzender Territorien". (Queneau 1969, 187) Zazie übernimmt gegenüber der Witwe Mouaque die Erwachsenenrolle. Und am Schluß tauschen sogar Turandot und sein Papagei, um den Verfolgern zu entkommen: Der Mensch setzt sich in den Käfig und läßt sich vom Papagei wegtragen.

Was ist hier Traum, was Wirklichkeit? Auch Gabriel sinnt in dem Roman darüber nach:

> *„– Das Sein oder das Nichts, das ist hier die Frage. Hinaufsteigen, hinabsteigen, gehen, kommen, soviel tut der Mensch, bis er schließlich verschwindet. Ein Taxi fährt ihn weg, eine Metro trägt ihn davon, der Turm achtets nicht noch das Pantheon. Paris ist nur eine Täuschung, Gabriel nur ein (charmanter) Traum, Zazie die Täuschung eines Traums (oder eines Alptraums) und diese ganze Geschichte die Täuschung einer Täuschung, der Traum eines Traums, kaum mehr als das in die Maschine getippte Delirium eines idiotischen Romanciers (oh! Verzeihung)". (Queneau 1969, 91)*

Sehr ähnlich sind sich, zum dritten, die beiden Werke darin, daß sie Sprache und Kommunikation als so prekär erscheinen lassen, wie es Roland Barthes für die moderne Literatur als konstitutiv ansieht. Queneau geht dabei noch über Carroll hinaus.

In *Alice* beginnt sich die Geschichte der Maus bis in die Typographie hinein zu verselbständigen. Die Raupe nimmt die Höflichkeitsfloskeln der Gesprächspartnerin so rücksichtslos wörtlich, daß kein vernünftiges Gespräch möglich ist. Und die „Mock Turtle", die Falsche Schildkröte, ergeht sich nicht nur in Wortspielen, sondern verdankt sich auch einem solchen. Was bei einem derartigen Sprachgebrauch zustandekommt, ist gerade dadurch, daß es keine Unterhaltung zwischen Gesprächspartnern ist, eine Unterhaltung des Lesers.

Das erste, was bei Queneaus Roman ins Auge sticht, ist die Sprache. Auch bei ihm finden sich Sprach- und Wortspiele wie bei Lewis Carroll. Aber seine Auseinandersetzung mit der Sprache ist grundsätzlicher Art, ja sie ist das eigentliche Thema seiner Bücher.

„Doukipudonktan" (Fonwostinktsnso) heißt das erste Wort oder vielmehr der erste Satz, phonetisch, gegen jede Regel der Orthographie oder Grammatik, geschrieben. Der ganze Roman besteht fast ausschließlich aus umgangssprachlichen Dialogen, wobei die Umgangssprache immer wieder nach oben oder unten ausbricht, entweder ins Argot oder in eine äußerst gezierte Schriftsprache, Queneau will die gesprochene – und das ist für ihn die lebendige – Sprache zu Wort kommen lassen. Für ihn ist die Schriftsprache ein Relikt aus früheren Zeiten, das mit unserer Wirklichkeit nichts mehr gemein hat. Tatsächlich ist ja die Kluft zwischen geschriebener und gesprochener Sprache im Französischen besonders groß.

Genauso überholt wie die klassische Sprache sind die Werte, die durch sie tradiert werden. Dazu ein Beispiel:

> *„– Zazie, erklärt Gabriel und setzt eine majestätische Miene auf, die er mühelos in seinem Repertoire gefunden hat, wenn es dir Spaß macht, wirklich den Invalidendom und das richtige Grab des echten Napoleon zu sehen, werde ich dich hinführen.*
> *– Napoleon kann mich mal, erwidert Zazie. Er interessiert mich nicht im geringsten, dieser Wasserkopf mit seinem saudummen Hut". (Queneau 1969, 13)*

Zazie durchschaut die Phrasen und setzt ihnen ihre rüde, aber ehrliche Sprache entgegen. Sie wird dabei unterstützt durch den Papagei Laverdure, der mit dem einzigen Satz, den er spricht, „du quasselst, du quasselst, das ist alles was du kannst", fast immer ins Schwarze trifft, ebenso wie Zazie selbst mit ihrer „clausule zazique" (mon cul). (Barthes 1974, 129)

Nach allem, was gesagt wurde, ist es nicht verwunderlich, daß sich die beiden Bücher auch, zum vierten, in ihrer Grunddisposition gleichen. Komik ist ein beherrschender Zug, ob wir nun die dargestellten und die darstellerischen Merkwürdigkeiten mit Henrich (1976) und Lypp (1986) als Kontextverschiebung deuten oder mit Helmers (1971) als Infragestellung von Normen. Ja, mit Breton und Freud könnte man auch von einem Humor sprechen, der über jegliches Trauma triumphiert. Aber daß man als informierter Leser zugleich etwas Bedrohliches dabei empfindet, das macht wohl das Moderne an den beiden Büchern aus. Gewiß, Alice erwacht am Ende aus ihrem Traum, und Zazie kehrt bei Tagesbeginn zu ihrer Mutter zurück. Doch die Absurditäten unter dem viktorianischen Erdboden und in den Straßen von Paris wirken so stark nach, daß es schwer fällt, einfach zur Tagesordnung, zur Ordnung des Tages überzugehen.

Anders als Lewis Carrolls *Alice* und Raymond Queneaus *Zazie* ist Peter Hacks' *Meta Morfoss* (1974) kein umfangreicheres Erzählwerk, sondern eine Geschichte von nur sieben Seiten (Hacks 1986, 7-15). Der erste Satz sagt, wovon sie handelt: „Meta Morfoss war ein kleines Mädchen, das die Angewohnheit hatte, sich dauernd zu verwandeln." Wie das Alice- und das Zazie-Buch ist diese Geschichte eher räumlich als chronologisch strukturiert. Da wird präludierend von Verwandlungen des Mädchens in Muschel, Engel und Dampflokomotive berichtet, Figuren, die zugleich mit den traditionellen Elementen Wasser, Luft und Erde etwas von Allgegenwart assoziieren lassen. Der Hauptteil führt dann, beträchtlich eingeschränkter, von zu Hause über die Schule und Straße zurück in die elterliche Wohnung.

Ungesicherte Identität kennzeichnet hier weniger Figuren, die von der Heldin in einer verrückten Welt unter oder über dem Erdboden angetroffen werden, als vielmehr die Heldin selbst. Ihre Verwandlungsfähigkeit vermag zwar manche zu irritieren, aber für ihre Angehörigen zu Hause gehört sie zu ihrem Wesen, und diese Angehörigen scheinen in einem abschließenden Treffen selbst Lehrer und Müllmann, die Vertreter der Schulweisheit und des gesunden Menschenverstands, von der Berechtigung des Unerwarteten zu überzeugen. „Solche Verständigungsbereitschaft gegenüber dem Abweichenden nimmt dem Fantastischen und Erschreckenden das Unheimliche“, meint Maria Lypp (1984, 112) – und damit ein Merkmal von Modernität, könnte man hinzufügen. Freilich verweist die Interpretin auch darauf, daß da zwei Figuren sind, die der Geschichte ein Stück Irritation erhalten: die Tante mit Bart, die Herr Maffrodit heißt, und der Einbrecher, der seine gesetzeswidrige Tätigkeit aufgibt, als er für die harmlose Meta gehalten wird. Kriminalität ist also nichts eindeutig Bestimmbares, ja nicht einmal die Geschlechtsrolle ist es. Darin gleicht Herr Maffrodit Figuren aus *Zazie,* auch wenn der Name auf ein antikes Modell Bezug nimmt.

Sprachspiel und Sprachproblematik sind für *Meta Morfoss* weit weniger konstitutiv als für *Alice* und *Zazie.* Abgesehen von den Namensbildungen „Meta Morfoss“ und „Herr Maffrodit“, die etwas Nonsenshaftes haben, ist Metas Unterrichtsbeitrag zum Thema Himmel von Interesse: „Der Himmel ist ein großer, runder, blauer Teller. Der Abend ist eine Schokoladensoße, die, vom Rand her, auf den Teller gekippt wird. Wenn der Teller voll ist, ist Nacht. Am Morgen kommt die Sonne und leckt die Schokolade wieder ab; vermutlich ist sie eine Katze“. (Hacks 1986, 11) Diese Beschreibung ist ein treffendes Beispiel für das Sprachspiel *L'un dans l'autre,* das die Surrealisten geschätzt haben. Das Witzig-Phantastische des Sprachspiels wird allerdings dadurch domestiziert, daß der Lehrer Meta als albern und der Erzähler die Sätze als Unsinn bezeichnet.

Was die Grunddisposition der Geschichte betrifft, so ist zweifellos auch hier Komik im Spiel. Elementare Kontextverschiebungen oder In-Frage-Stellungen von Normen – dafür lassen sich eine Reihe von Belegen anführen. Ein Freudscher Triumph über „Traumen der Außenwelt“, wie ihn Breton für Lewis Carroll geltend macht und wie er auch für Queneau nachweisbar wäre, ist allerdings bei Peter Hacks nicht zu erkennen. Zu sicher folgt er – selbst in dieser komisch-phantastischen Geschichte, die der Schulweisheit und des gesunden Menschenverstandes zu spotten scheint – einer didaktischen Tradition der Kinderliteratur. „Denn möglich ist ja mehr, als wir oft denken“, so endet die Erzählung, und das ist ja durchaus als Lehre zu verstehen, und sei es auch eine surrealistische. Hacks hat sich also anregen lassen von Nonsense und Surrealismus; aber die lehrhafte Tendenz herkömmlicher Kinderliteratur, die schon von Lewis Carroll drastisch karikiert wurde, und die Vorherrschaft der Rationalität bis hinein ins Feld des Phantastischen, gegen die der Surrealismus rebellierte, daran hält er fest.

Ein Nachklang der didaktischen Tradition läßt sich auch in Robert Gernhardts Gedicht vom Vogelbaum vernehmen. Aber dort ist er Zitat. Peter Hacks ist es ernst mit der Lehre. Diese Haltung macht es denn auch schwieriger, ihn für die Postmoderne zu reklamieren, mag er auch kaum weniger als Robert Gernhardt an Nonsense und Surrealismus interessiert sein und über Stoffe und Gestaltungsmittel der Vergangenheit verfügen.

Wir kommen zum Schluß unserer Ausführungen. Es bleibt uns keine Zeit, auf die Bilderbuchkunst einzugehen, die ja eher noch *mehr* vom Surrealismus geprägt wurde als die Sprachkunst. Erste Fallstudien dazu liegen vor.[5]

Zur Sprachkunst kann festgehalten werden, daß die klassischen Nonsense-Autoren und die Surrealisten Texte hervorgebracht haben, die zum Bestand der modernen Literatur gehören und die in ihrem Rekurs auf kindliche Spielformen, sofern sie nicht zuviel an Wissen voraussetzen (wie etwa *Zazie),* auch für Kinder von Interesse sind. Das überraschende Kombinieren von Vorstellungen und Sprachelementen, mit dem Edward Lear und Lewis Carroll ein Kinderpublikum unterhielten und das für die Surrealisten eine programmatische Bedeutung gewann, konnte leicht von einer Kinderliteratur adaptiert werden, die mit der pädagogischen Wertschätzung von Spiel und Kreativität übereinstimmt. Bei einem Autor wie Robert Gernhardt führen solche Impulse zu einer professionellen Textproduktion, die postmoderne Züge aufweist; bei einem Autor wie Peter Hacks bewirken sie, daß ein nach wie vor didaktischer Ansatz mit Elementen der Modernität angereichert wird. Bei manchen anderen, die hier nicht genannt

5 Vgl. Parmegiani 1983, Vié 1985, Kingman-Garduhn 1986 und auch Äußerungen der deutschen Surrealistin Binette Schroeder. (Tabbert 1986.)

werden sollen, verflachen sie, ihrer Irritation beraubt, zu Kindertümelei oder zu spracherzieherischen Gebrauchstexten. Wer sich nicht mit ganzer Person auf das surreale Spiel einläßt, dem mißrät es leicht zur Spielerei.

Vermutlich gibt es bis heute kein moderneres Werk für Kinder als dasjenige, das die neuere nicht-didaktische Kinderliteratur begründet hat, nämlich Lewis Carrolls Buch über die unerschrockene Alice. Es ist wohl kein Zufall, daß André Breton an ein Abenteuer dieser surrealistischen Leitfigur dachte, als er den Beginn der modernen Malerei kennzeichnete. So schrieb er über Cézannes und van Goghs Bestrebungen, die „Kunst der Nachahmung" zu überwinden: „Am Ende eines solchen Weges (. . .) steht der Gang von Alice durch den Spiegel." (Breton 1967b, 57f.)

Literatur

Balibar, Renée: Surréalisme et comptines. In: Les français fictifs. Le rapport des styles littéraires au français national. Paris 1974.

Barthes, Roland: Le degré zéro de l'écriture. 2. Aufl. Paris 1972.

Barthes, Roland: Zazie et la littérature (1959), In: Essais critiques. Collection Tel Quel. Paris 1974, 125-131.

Bradbury, Malcolm/McFarlane, James (Hgg.): Modernism 1890-1930. Harvester Press, Sussex 1978.

Breton, André: Manifeste du surréalisme 1924. In: Breton, Andrè: Manifestes du surréalisme. Paris 1963.

Breton, André: Die köstliche Leiche, ihre Erhöhung (1948). In: Breton, André: Der Surrealismus und die Malerei. Berlin 1967a.

Breton, André: Genesis und künstlerische Perspektiven des Surrealismus. In:Breton, André: Der Surrealismus und die Malerei. Berlin 1967b.

Breton, André: Anthologie des Schwarzen Humors (1940). München 1971.

Breton, André: Erstes Manifest des Surrealismus. In: Metken, Günther (Hrsg.): Als die Surrealisten noch recht hatten. Stuttgart 1976.

Breton, André/Eluard, Paul: Bemerkungen zur Poesie (1929). In: Metken, Günther (Hrsg.): Als die Surrealisten noch recht hatten. Stuttgart 1976.

Carroll, Lewis: Alice's Adventures under Ground. New York 1965 (Dover Publications).

Carroll, Lewis: The Complete Works. Introduced by Alexander Woollcott. 10. Aufl. London 1966.

Caroll, Lewis: Alice im Wunderland. Alice hinter den Spiegeln. Übers. von Christian Enzensberger. Frankfurt 1969.

Desnos, Robert: Chantefables et Chantefleurs à chanter sur n'importe quel air. 3. Aufl. Paris 1975.
Eluard, Paul: Capitale de la douleur (1926). In: Eluard, Paul: Choix de poémes. Paris 1951.
Emmrich, Christian, u.a.: Literatur für Kinder und Jugendliche in der DDR. Berlin 1981.
Fowler, Roger: A Dictionary of Modern Critical Terms. London, Boston 1973.
Gernhardt, Almut/Gernhardt Robert: Mit dir sind wir vier. Frankfurt 1983. (Enthält die Bücher: *Ich höre was, was du nicht siehst*, 1975, und *Mit dir sind wir vier,* 1976).
Gernhardt, Almut/Gernhardt Robert: Der Weg durch die Wand. Frankfurt 1982.
Groszer, Franziska: Rotz und Wasser. Hamburg/Zürich 1987.
Hacks, Peter: Meta Morfoss. In: Kinderkurzweil. Berlin 1986.
Helmers, Hermann: Sprache und Humor des Kindes. 2. Aufl. Stuttgart 1971.
Henrich, Dieter: Freie Komik. In: Das Komische. Poetik und Hermeneutik VII. München 1976, 385-389.
Hildebrandt, Rolf: Nonsense-Aspekte der englischen Kinderliteratur. Weinheim 1968.
Holquist, Michael: What is a Boojum? Nonsense and Modernism (1969). Nachdr. in: Carroll, Lewis: Alice in Wonderland. Norton Critical Edition. Hrsg. Donald J. Gray. New York 1971, 402-418.
Jaton, Anne-Marie: Il surrealismo nel romanzo di Raymond Queneau. In: Rivista de letterature moderne e comparate 29 (1976), 135-145.
Jean, Marcel: Geschichte des Surrealismus. Köln 1961.
Karst, Theodor/Overbeck, Renate/Tabbert, Reinbert: Kindheit in der modernen Literatur. Kronberg 1976, 72-81 (über *Zazie).*
Kingman-Garduhn, Rachel: Surrealismus für Kinder. In: Hoffmann, Detlef/Thiele, Jens (Hgg.): Künstler illustrieren Kinderbücher. Oldenburg 1986, 111-114.
Kreutzer, Eberhard: Lewis Carroll „Alice in Wonderland“ und „Through the Looking-Glass“. München 1984.
Krüß, James (Hrsg.): Seifenblasen zu verkaufen. Das große Nonsens-Buch mit Versen aus aller Welt. Gütersloh 1972.
Lear, Edward: Nonsense Omnibus. London, New York 1943.
Lear, Edward: Der Quingelwingelquie. Deutsche Nachdichtung von Hans A. Halbey. Freising 1969.
Liede, Alfred: Dichtung als Spiel. Studien zur Unsinnspoesie an den Grenzen der Sprache. 2 Bde. Berlin 1963.
Lypp, Maria: Einfachheit als Kategorie der Kinderliteratur. Frankfurt 1984.
Lypp, Maria: Lachen beim Lesen. Zum Komischen in der Kinderliteratur. In: Wirkendes Wort 36 (1986), 436-455.
Metken, Günther (Hrsg.): Als die Surrealisten noch recht hatten. Texte und Dokumente. Stuttgart 1976.
New Literary History 20 (1988), no. 1 („Postmodernism“).

Overbeck, Renate: Spielerischer Umgang mit Kindergedichten im Französischunterricht am Beispiel von Robert Desnos' *Chantefables et Chantefleurs*. In: Karst, Theodor (Hrsg.): Kinder- und Jugendlektüre im Unterricht, 2: Sekundarstufe. Bad Heilbrunn 1979, 123-136.

Parmegiani, Claude-Anne: Les petits-enfants du surréalisme. In: Revue des livres pour enfants 90 (Mai 1983), 19-26.

Perrot, Jean: Du jeu, des enfants et des livres. Paris 1987.

Petzold, Dieter: Formen und Funktionen der englischen Nonsense-Dichtung im 19. Jahrhundert. Nürnberg 1972.

Phillips, Robert: Aspects of Alice. London 1972.

Queneau, Raymond: Bâtons, chiffres et lettres. Paris 1950, 28-38.

Queneau, Raymond: Zazie dans le Métro. Paris 1959.

Queneau, Raymond: Cent mille milliard de poèmes. Paris 1961.

Queneau, Raymond: Zazie in der Metro. Übers. von Eugen Helmlé. 5. Aufl. Frankfurt 1969.

Queneau, Raymond: De quelques langages animaux imaginaires et notammant du langage chien dans ‚Sylvie et Bruno'. In: Parisot, Henri (Hrsg.): Lewis Carroll. Paris o.J., 83-86.

Reichert, Klaus: Lewis Carroll. Studien zum literarischen Unsinn. München 1974.

Richardson, Joanna: Edward Lear. London 1965.

Rosenstiehl, Agnès: Le français en liberté. Paris 1983.

Roy, Claude: Nouvelles Enfantasques, Paris 1978.

Sewell, Elizabeth: Nonsense Verse and the Child. In: The Lion and the Unicorn 4, 2 (1980-81), 30-45.

Tabbert, Reinbert: Wie malt man einen Quingelwingelquie? Über produktive Unbestimmtheiten in Texten und deren Illustration. In: Zeitschrift für Kunstpädagogik 6/1982, 40-43.

Tabbert, Reinbert: Nonsens, literarischer Nonsens, kinderliterarischer Nonsens. In: Waldner, Kurt (Hrsg.): Humor in der Kinder- und Jugendliteratur. Tagungsbericht der 15. schweizerischen Jugendbuchtagung. Basel 1984a, 77-90.

Tabbert, Reinbert: Die Komisch-phantastische Kindererzählung. In: Haas, Gerhard (Hrsg.): Kinder- und Jugendliteratur. Stuttgart 1984b, 285-294.

Tabbert, Reinbert: Ein Besuch bei der Bilderbuchkünstlerin Binette Schroeder. In: Buch und Bibliothek 38 (1986), 991-997.

Tzara, Tristan: Versuch über die Lage der Poesie (1931). In: Metken, Günther (Hrsg.): Als die Surrealisten noch recht hatten. Stuttgart 1976.

Thiher, Allen: Raymond Queneau. Boston 1985.

Thody, Philip: Lewis Carroll and the Surrealists. In: Twentieth Century 163 (1958), 427-434.

Tiedemann, Rüdiger von: Alice bei den Surrealisten. Zur Rezeption Lewis Carrolls. In: arcadia 17 (1982), 61-80.

Vié, Francois: Henri Galeron. Paris 1985.

Dieter Petzold

Englische Kinderlyrik und die Moderne

I.

Die beiden Schlüsselbegriffe unseres Themas, „Moderne" und „Kinderlyrik", stehen in einem problematischen Verhältnis zueinander, was sich schnell zeigt, wenn wir einigen ihrer Implikationen nachgehen.

Auf die Frage, was denn „Kinderlyrik" sei, bietet sich zunächst einmal eine simple, pragmatische Antwort an: Kinderlyrik ist Lyrik, die speziell für Kinder produziert wurde. Wo dies der Fall ist, weisen in der Regel einfache Indizien darauf hin: die Form der Publikation etwa oder auch Aussagen des Autors. Für die Auswahl der im folgenden zu untersuchenden Texte genügt dieses einfache Kriterium, doch es soll nicht verschwiegen werden, daß eine so simple Definition den eigentlichen Problemen ausweicht. Ihre Unzulänglichkeit zeigt sich sofort, wenn wir z.B. volksläufige Kinderreime betrachten, deren Autor unbekannt geblieben ist, oder auch für Kinder produzierte Gedicht-Anthologien, die Texte enthalten, welche keineswegs speziell für Kinder geschrieben wurden.

Spätestens bei der Frage, ob man auch solche Texte als Kinderlyrik ansehen kann, läßt es sich nicht mehr vermeiden, über einen so schwammigen (und häßlichen) Begriff wie „Kindgemäßheit" nachzudenken. Ist Kinderlyrik „kindgemäße" Lyrik? Was macht ein Gedicht „kindgemäß?" Leichte Verständlichkeit? Eine einfache Diktion? Der Verzicht auf Metaphern? Der kindlichen Erfahrungswelt entnommene Themen? Oder gar didaktische Intentionalität? Oder umgekehrt: was disqualifiziert ein Gedicht für die Kategorie „Kinderlyrik"? Genügt etwa schon das Fehlen von Reim und Metrum?

Immerhin konstatiert Kurt Franz noch 1979, daß „auch heute noch reimlose und freirhythmische Kinderverse meist abgelehnt“ werden (von den Kritikern und Pädagogen, nicht etwa von den Kindern) (Franz 1979, 75). Und er zitiert einen memorablen Ausspruch, den der Kritiker und Verseschmied Bruno Horst Bull immerhin noch 1968 tun konnte: „Freirhythmische Gedichte, die erst entschlüsselt werden müssen, sind für Kinder Konservenbüchsen, denen kein Dosenöffner beigegeben ist“ (Franz 1979, 75).

Nun kann man ja über den Wert und Geschmack von Konservennahrung geteilter Meinung sein; vielleicht hinkt auch der Vergleich etwas. Aber wir erkennen die Relevanz solcher Überlegungen für unser Thema. Wenn „Schwierigkeit“ ein Charakteristikum der modernen Lyrik ist: kann es dann überhaupt moderne Kinderlyrik geben? Liegt hier nicht eine *contradictio in adjecto* vor? Wie „einfach“ muß, wie „schwierig“ darf ein Kindergedicht sein?

Unsere praktischen Beispiele werden zeigen, daß dies keineswegs eine rein theoretische oder gar nur rhetorische Frage ist. Und wenn wir die Moderne (zumal in der englischen Literatur) als historisches Phänomen betrachten, so können wir „Schwierigkeit“ auch nicht als ein äußerliches Akzidens einzelner moderner Texte einstufen. Daß die moderne Literatur besonders hohe Ansprüche an die Lesekompetenz stellt, ist vielmehr eines ihrer konstitutiven Charakteristika, untrennbar verbunden mit ihrem Selbstverständnis als Avantgarde-Kunst.

Ein so alter und häufig gebrauchter Begriff wie der der „Moderne“ muß wohl zwangsläufig extrem unscharf sein. Ich möchte im folgenden den Begriff der Moderne ausschließlich im historischen Kontext des 20. Jahrhunderts sehen. „Moderne“ meint demnach hier jene Bewegung in den Literaturen der westlichen Nationen (parallele Entwicklungen in den anderen Künsten interessieren in diesem Zusammenhang nicht), die, um die Jahrhundertwende beginnend, nachdrücklich aber seit dem Ersten Weltkrieg, in Reaktion auf den etablierten Literaturbetrieb und im Bemühen um den Ausdruck einer neuartigen Welt-Erfahrung, der Literatur neue Inhalte erschloß und neue Darstellungstechniken entwickelte.

Im Prinzip handelt es sich um eine gesamteuropäisch-amerikanische Erscheinung, doch lassen sich in den einzelnen nationalen Ausformungen naturgemäß unterschiedliche Akzente feststellen. Ich beziehe mich im folgenden primär auf die Moderne in der englischen Literatur.

Hauptmotor der modernistischen Bewegung in England – zumal auf dem Gebiet der Lyrik – ist das Streben nach Befreiung von viktorianischen, aus der Romantik ererbten Konventionen. Ansätze dazu sind u.a. schon bei den sog. „Georgian Poets“ auszumachen, insbesondere bei den Dichtern des Ersten Weltkriegs; der entscheidende Durchbruch ist aber zwei gebürtigen Amerikanern zu verdanken: Ezra Pound und T. S. Eliot.

Eliots Anti-Romantizismus äußert sich zum einen in seinen theoretischen Schriften. In *Tradition and the Individual Talent* (1919) setzt er das Ideal des Dichters als unpersönliches Medium, als ein Katalysator, dessen Funktion darin besteht, ein „objektives Korrelat“ für die Lebenserfahrung seiner Zeit zu finden, wie es in einem anderen Aufsatz aus demselben Jahr *(Hamlet)* heißt. Diese Erfahrung aber läßt sich subsumieren unter Begriffen wie „Fragmentierung des Bewußtseins“ und „Zusammenbruch eines weltanschaulichen Konsenses“ (Vgl. Faulkner 1977, bes. 14ff.). Die typischen formalen Kennzeichen der modernen Dichtung – Verzicht auf Reime und metrische Bindungen, kühne Metaphorik, Sprunghaftigkeit, Montagetechnik usw. – finden ihre Rechtfertigung in der Notwendigkeit, eine den neuen Inhalten gemäße Formensprache zu entwickeln. In der Praxis, am reinsten abzulesen in so klassischen Texten der Moderne wie Pounds *Hugh Selwyn Mauberley* (1920) und Eliots *The Waste Land* (1922), führt dies freilich zu einer neuen Art von extremer Subjektivität, da der Verlust von Konsens eine Beeinträchtigung der Kommunikationsfähigkeit bedingt. Das Resultat ist die sprichwörtliche „Schwierigkeit“ der modernen Lyrik, die im Falle Pounds und Eliots durch einen gehörigen Schuß von intellektuellem Snobismus noch verstärkt wird.

Ein Avantgarde-Gefühl ist notwendigerweise an eine bestimmte, eng umgrenzte historische Situation gebunden; es läßt sich nicht perpetuieren. Das Bewußtsein einer künstlerischen Revolution ist in England eng mit den zwanziger Jahren verknüpft; mit einigem Recht hat man daher versucht, den Begriff der „Moderne“ auf diese relativ kurze Periode einzugrenzen. Im täglichen Sprachgebrauch freilich ist ein weniger präziser Modernitätsbegriff üblich. Auch diese Sichtweise ist nicht ohne Berechtigung, denn die in den folgenden Jahrzehnten zu beobachtenden Strömungen sind durchaus deutbar als Fortsetzungen einer Entwicklung, die von den Dichtern der „klassischen“ Moderne initiiert wurde, wobei freilich immer wieder neue Akzente gesetzt werden. So ist in den dreißiger Jahren eine allgemeine Politisierung der Literatur einschließlich der Lyrik zu verzeichnen (W. H. Auden, Stephen Spender, Louis MacNeice u.a.) und in den Fünfzigern ein teilweise reaktionäres Aufbegehren gegen die Väter der Moderne bei den Dichtern des „Movement“ (Philip Larkin, Donald Davie, Kingsley Amis u.a.). Ein radikaler Bruch mit den Inhalten und der Formensprache der „klassischen“ Moderne ist trotz allem nicht auszumachen, am allerwenigsten auf dem Gebiet der Lyrik.

Die Vielfalt und Individualität der Dichter macht die Suche nach Tendenzen und Gruppierungen und ihrem jeweiligen Verhältnis zur „ursprünglichen“ Moderne à la Eliot und Pound zu einer wenig ersprießlichen Tätigkeit.[1] Entscheidend für unsere Zwecke ist die Feststellung, daß den Dichtern seit der Entwicklung der Lyrik in den zehner und zwanziger Jahren ein radikal erweitertes Formeninventar zur Verfügung steht, dessen sie sich in unterschiedlichem Maße und mit unterschiedlichen Intentionen bedienen können.

II.

Daß die Kinderlyrik von den hier skizzierten Neuerungen nicht sogleich erfaßt wurde, wird wohl niemanden überraschen. Wenn wir anerkennen, daß Erfahrungen wie „Frag-

1 Erst recht gilt dies für die Unterscheidung zwischen „Moderne“ und „Postmoderne“. Während sie auf anderen Gebieten (der Architektur z.B., selbst der erzählenden Literatur) gewiß nützlich ist, scheint mir ihre Übertragung auf die Lyrik, aus den genannten Gründen, wenig sinnvoll zu sein.

mentierung des Bewußtseins", „Relativierung und Umwertung der Werte", „Nervosität", „religiöse Desorientierung" usw. als wesentliche Triebkräfte der modernistischen Bewegung angesehen werden müssen, so ist klar, weshalb die Kinderlyrik nicht sofort davon berührt werden konnte. Diese typisch „modernen" Erfahrungen mögen auch Kindern nicht erspart bleiben; aber nur Erwachsene können sie *bewußt* erleben. Mehr noch: es sind Erfahrungen, die man Kindern – gerade in dieser Zeit – generell abspricht, oder vor denen man sie zumindest bewahren möchte. Die Kinderliteratur der Jahrhundertwende ist geprägt von einer radikalen Trennung von Kinder-und Erwachsenenwelt, wobei die Erwachsenen mit einer Art von neidvoller Nostalgie auf die Kindheit blicken, in der sie das verlorene Paradies sehen.

Wie jedermann weiß, verschwanden solche Vorstellungen vom Wesen des Kindes keineswegs mit den ersten Trompetenstößen des neuen Jahrhunderts. Wer aber ein solches Kindheitsbild besitzt, der kommt gar nicht auf die Idee, der Brüchigkeit der modernen Lebenserfahrung ausgerechnet in für Kinder bestimmten Gedichten Ausdruck zu verleihen. Die Kinderlyrik wird zum Schonraum nicht nur für das Kind, sondern auch für den Erwachsenen, der sich von der modernen Dichtung verunsichert sieht.

Nirgendwo ist dies deutlicher zu erkennen als bei den auch heute noch überaus populären Gedichten A. A. Milnes. Der Schöpfer der *Pu der Bär*-Geschichten hatte seine Karriere als Kinderbuchautor mit einem Gedichtband begonnen: *When We Were Very Young* (1924).[2] Allein der Titel ist schon aufschlußreich. Sein „Wir" schafft ein Band zwischen Autor und Leser; gemeinsam ist ihnen, daß sie zurückblicken auf die vergangene Kindheit. Der erwachsene Leser ist also zumindest mitgedacht: ja er ist der eigentliche Adressat, dem ein ganz bestimmtes Kindbild zum sentimental-nostalgischen Genuß dargeboten wird.

Das in den meisten Gedichten auftretende kindliche lyrische Ich lebt gänzlich unbeschwert in einer ländlichen Idylle; wo die Großstadt überhaupt einmal erwähnt wird, wie in dem fol-

---

2 1927, nach *Winnie-the-Pooth,* folgte ein weiterer Band mit dem Titel *Now We Are SIx.*

genden Gedicht *Lines and Squares,* erlangt sie noch nicht einmal als Kulisse irgendwelche Bedeutung. Und das Spiel des Nicht-auf-die-Ritzen-treten-Dürfens verrät den sicheren Umgang des kindlichen Ichs mit seinen Ängsten. Auch in formaler Hinsicht gibt es keine Verunsicherung: Metrum und Reimschema lassen das zu Erwartende immer wieder programmgemäß eintreten.

Lines and Squares

Whenever I walk in a London street,
I'm ever so careful to watch my feet;
  And I keep in the squares,
  And masses of bears,
Who wait at the corners all ready to eat
The sillies who tread on the lines of the street,
  Go back to their lairs,
  And I say to them, „Bears,
Just look how I'm walking in all the squares!"

And the little bears growl to each other, „He's mine,
As soon as he's silly and steps on a line".
And some of the bigger bears try to pretend
That they came round the corner to look for a friend;
And they try to pretend that nobody cares
Whether you walk on the lines or squares.
But only the sillies believe their talk;
It's ever so portant how you walk.
And it's ever so jolly to call out, „Bears,
Just watch me walking in all the squares!"

(Milne 1987, 12f.)

Die Trennung von Kinder- und Erwachsenenlyrik, die sich jetzt erst so recht herausbildet, markiert, wie es scheint, zugleich die Trennung zwischen „anspruchsvoller", d.h. moderner, Lyrik und populärer Dichtung. Die beliebte Kinderlyrik-Anthologie *Tom Tiddler's Ground* des damals hochgeachteten Dichters Walter de la Mare enthält zahlreiche Verse, die ursprünglich nicht für Kinder geschrieben wurden; keines davon jedoch entstand im 20. Jahrhundert. De la Mares Sammlung erschien 1931.[3]

Dabei wurden sehr wohl schon um die Jahrhundertwende auch Verse für Kinder geschrieben, die mit einigen viktorianischen Konventionen brachen; so z.B. von dem Essayisten und Publizisten Hilaire Belloc, dessen humoristische Versbände *The Bad Child's Book of Beasts* (1896), *More Beasts for Worse Children* (1897), *A Moral Alphabet* (1899), *Cautionary Tales for Children* (1907) und *New Cautionary Tales* (1930) auch heute noch aufgelegt werden. Belloc parodiert dort jene didaktisch-moralisierenden Reimereien, die eigentlich ein Erbe des 18. Jahrhunderts waren und zu Bellocs Zeit wohl schon kaum mehr von jemandem ernst genommen wurden. Die scheinbare moralische Naturgesetzlichkeit à la Struwwelpeter, die z.B. in den *Cautionary Tales* aufs Korn genommen wird, ist freilich ein leichtes Ziel. Nur gelegentlich steigert sich die ironische Spitze zu einer Satire gegen eine ganze Klasse und ihr Wertesystem, wie z.B. in *Charles Augustus Fortescue:* '

Charles Augustus Fortesque

Who always Did what was Right, and so
accumulated an Immense Fortune.
The nicest child I ever knew
Was Charles Augustus Fortescue.
He never lost his cap, or tore
His stockings or his pinafore:
In eating Bread he made no Crumbs,
He was extremely fond of sums,
To which, however, he preferred
The Parsing of a Latin word –
He sought, when it was in his power,
for information twice an hour,
And as for finding Mutton-Fat

3 Einen ähnlichen Befund ergibt auch noch Edward Blishens *Oxford Book of Poetry for Children* aus dem Jahre 1963. Es enthält zwar schon einige Gedichte von Autoren des 20. Jahrhunderts, die aber weder formal noch inhaltlich Merkmale von Modernität erkennen lassen. Hingegen bevorzugt die von den zeitgenössischen Dichtern Seamus Heaney und Ted Hughes herausgegebene Anthologie *The Rattle Bag* (1982) deutlich moderne Gedichte – erstmals, wie es scheint.

Unappetising, far from that!
He often, at his Father's Board,
Would beg them, of his own accord,
To give him, if they did not mind,
The Greasiest Morsels they could find –
His Later Years did not belie
The Promise of his Infancy.
In Public Life he always tried
To take a judgement Broad and Wide;
In Private, none was more than he
Renowned for quiet courtesy.
He rose at once in his Career,
And long before his Fortieth Year
Had wedded Fifi, Only Child
Of Bunyan, First Lord Aberfylde.
He thus became immensely Rich,
And built the Splendid Mansion which
Is called „The Cedars, Muswell Hill",
Where he resides in Affluence still,
To show what Everybody might
Become by SIMPLY DOING RIGHT.

(Belloc 1987, 71-75)

Trotz aller boshafter Spitzen gegen das offizielle Wertesystem der Viktorianer und trotz gelegentlicher Anflüge von Schwarzem Humor sind Bellocs Verse kaum als „modern" zu bezeichnen. Wenn kürzlich behauptet wurde, die Kinderliteratur sei ein Vorreiter der Moderne gewesen (Dusinberre 1987), so ist dem entgegenzuhalten, daß Kritik am Viktorianismus keineswegs mit Modernismus gleichzusetzen ist.

Selbst das Paradebeispiel für diese These, Lewis Carroll, kann nur bedingt überzeugen.[4] Gewiß kann man sagen, daß Carroll in seinen Nonsense-Gedichten und -Geschichten jene Skepsis gegenüber der Kommunikationsfähigkeit von Sprache vorweggenommen hat, die zu Recht als ein Kennzeichen des modernen künstlerischen Bewußtseins gilt. Aber Carrolls Sprachkritik bleibt doch letzten Endes unverbindliches Spiel,

4 Prominente Beispiele für Versuche, Carroll als Vorläufer der internationalen Moderne anzusehen, werden kurz besprochen bei Kreutzer 1984, 21.

eingebettet in eine verrückte Traumwelt, deren Nicht-Normalität von der eminent „normalen" Alice immer wieder ins Bewußtsein gerufen wird. Daß Carroll von verschiedenen Modernisten, insbesondere von den französischen Surrealisten, als Stammvater vereinnahmt wurde, ist insofern ein ahistorisches Mißverständnis, als Carroll jeglicher revolutionärer Impetus fehlte und sein Nonsense von seinen Zeitgenossen auch keineswegs so aufgefaßt wurde.

Für das Publikum des 19. Jahrhunderts hatte der Nonsens in erster Linie eine Ventilfunktion; er bot eine kurzzeitige Flucht aus den Fesseln rationalistischer Denkweisen und starrer gesellschaftlicher Normen, keine ernsthafte Infragestellung derselben. Er befreite durch Lachen und wirkte dadurch letzten Endes systemstabilisierend. Dagegen haben moderne nonsense-ähnliche Stilrichtungen wie Dadaismus, Surrealismus, Postmodernismus in der Intention ihrer Schöpfer einen subversiven Charakter: sie verstehen sich als Ausdruck einer typisch modernen Sichtweise, in der die Welt als absurd oder unsinnig erfahren wird.

Mein Argument zielt gegen eine vorschnelle Gleichsetzung von „Nonsense" und „Moderne". Nicht jeder Nonsense-Text ist automatisch Ausdruck eines modernen Lebensgefühls. Freilich ist dies auch vom jeweiligen Bewußtsein des Betrachters abhängig, wie die sehr unterschiedliche Carroll-Rezeption im 19. und im 20. Jahrhundert zeigt.[5]

Für das Kind dürfte nach wie vor die spielerische Erprobung des soeben erreichten Weltbilds die primäre Quelle des Lustgewinns bei der Rezeption von Nonsense-Dichtung sein (vgl. Helmers 1965). Es sucht nicht Verunsicherung, sondern Bestätigung einer Ordnung, die so stabil ist, daß man ihr ruhig einmal für kurze Zeit den Rücken kehren kann. Wie es scheint (es fehlt leider gerade hier an einschlägigen Untersuchungen), überwiegt daher auch in Nonsense-Gedichten des 20. Jahrhunderts, soweit sie für Kinder geschrieben wurden, das Harmlos-Spielerische. Ein Beispiel ist Mervyn Peake, dessen *Rhymes Without Reason* (1944) das Erbe Edward Lears deutlich erkennen lassen. Sie entwerfen eine Nonsense-Welt, in

5 Vgl. hierzu Kreutzer 1984, 11-24, sowie – ausführlicher auf die Rezeption im 19. Jahrhundert eingehend – Petzold 1972.

der eitel Freude und Sonnenschein herrschen. Selbst die leise Melancholie von Lears „Coast of Coromandel,/Where the early pumpkins blow“ (Lear 1969, 237) fehlt in Peakes „shores of the Arrogant Isles/Where the Cat-fish bask and purr“:

All over the lilac brine!

Around the shores of the Arrogant Isles
Where the Cat-fish bask and purr,
And lick their paws with adhesive smiles
And wriggle their fins of fur,

With my wife in a dress of mustard-and-cress,
On a table of rare design,
We skim and we fly, neath a fourpenny sky
All over the lilac brine.

(Peake, 1985, 8)

Im übrigen ist „Nonsense“ natürlich ein notorisch schwer zu definierender Begriff. Besonders zum Phantastischen hin sind die Übergänge fließend, was sich deutlich an einer kuriosen Sammlung von Gedichten für Kinder zeigt, die kein Geringerer als T. S. Eliot, der Altmeister der englischsprachigen Moderne, geschrieben hat.

Eliot könnte als Musterbeispiel für die vielfach konstatierte Phasenverschiebung zwischen Erwachsenen- und Kinderliteratur dienen. Mit seinem 1939 erschienenen *Old Possum's Book of Practical Cats* greift der Autor des *Waste Land* weit hinter den von ihm selbst mitgeprägten Entwicklungsstand der modernen Dichtung zurück. Die fünfzehn Gedichte der Sammlung sind brillant und amüsant, in formaler Hinsicht aber durchaus konventionell. Es handelt sich dabei auch keineswegs eindeutig um Nonsense (trotz gelegentlich auftauchender Nonsense-Wörter wie „Gumbie Cat“ oder „Jellicle Moon“) und schon gar nicht um „a key to [Eliot's] poetry“ (Sewell 1958, 121). Das Buch ist eher der Kategorie „light verse“ zuzuordnen; wie viele humorvolle Texte wird *Old Possum's Book of Practical Cats* von Kindern und Erwachsenen gleichermaßen geschätzt. Daß die Gedichte als Textgrundlage für eines der erfolgreichsten Musicals unserer Zeit dienen konnten (*Cats,* von Andrew Lloyd Webber), scheint unseren Befund zu bestätigen.

Die fünfzehn Gedichte sind humorige Charakterbeschreibungen einzelner Katzen, deren Reiz zum einen in dem meisterhaften Umgang mit Klängen, Reimen, Rhythmen liegt, zum anderen in der Art, wie die Tiere teilweise vermenschlicht und teilweise als Tiere geschildert werden. Die Anthropomorphisierung bleibt stets als ein So-tun-als-ob erkennbar; Eliot spielt, mit einer ganz leicht ironischen Distanz zu seinem eigenen Spiel. Zur Illustration eine Strophe aus *Mr. Mistoffelees:*

You ought to know Mr. Mistoffelees!
The original conjuring cat –
(There can be no doubt about that).
Please listen to me and don't scoff. All his
Inventions are off his own bat.
There's no such Cat in the metropolis;
He holds all the patent monopolies
For performing surprising illusions
And creating eccentric confusions.
    At prestidigitation
    And at legerdemain
    He'll defy examination
    And deceive you again.
The greatest magicians have something to learn
From Mr. Mistoffelees' Conjuring Turn.
Presto!
    Away we go!
      And we all say: OH!
        Well I never!
        Was there ever
        a Cat so clever
          As Magical Mr. Mistoffelees!

(Eliot 1953, 30)

Eliots *Book of Practical Cats* ist gewiß sehr reizvoll, aber ebenso gewiß nicht modern in dem Sinne, in dem das Wort hier verwendet wird. Das hängt weniger mit Eliots inzwischen erfolgter Zuwendung zum „Klassischen" zusammen als mit der Tatsache, daß er sich hier eben in einer Gattung versucht, die sich nicht nur gegen die Formen, sondern auch gegen die Weltsicht der modernen Lyrik sperrt.

III.

Also Fehlanzeige auf der ganzen Linie? Nicht ganz, aber wir müssen uns noch ein gutes Stück auf die Gegenwart zubewegen, um auf Kindergedichte zu stoßen, die unverwechselbare Zeichen von Modernität erkennen lassen. Es soll hier nicht versucht werden, die Entwicklung der Gattung in England auch nur andeutungsweise nachzuzeichnen.[6] Ich wende mich stattdessen nur noch einem Dichter zu, der für uns besonders interessant ist, weil er in erster Linie für Erwachsene geschrieben und dafür hohe Anerkennung gefunden hat, zugleich aber auch mehrere Kinderbücher (Verse und Prosa) veröffentlicht hat.[7]

Ted Hughes (geb. 1930) besitzt seit 1984 den Ehrentitel des königlichen Hofpoeten, des *poet laureate;* neben Thom Gunn und Philip Larkin gilt er als der bedeutendste Dichter seiner Generation. Sein erster Gedichtband, *The Hawk in the Rain,* erschien 1957 und brachte ihm gleich einen Förderpreis ein; von seinen zahlreichen weiteren Gedichtbänden wurde der vielleicht wichtigste, *Crow* (1970/72), auch ins Deutsche übersetzt.

Dies ist selbstverständlich nicht die Stelle für eine Gesamtwürdigung des Dichters Ted Hughes. Doch auch wenn wir uns nur mit seiner Kinderlyrik beschäftigen, werden wir einen guten Teil seiner künstlerischen Persönlichkeit kennenlernen, denn Hughes schreibt für Kinder nicht „aus der Kniebeuge". Mehr noch: seine Gedichte für Kinder und für Erwachsene scheinen sich im Verlauf seiner künstlerischen Entwicklung immer ähnlicher zu werden.

Hughes' erster Gedichtband für Kinder erschien nur wenige Jahre nach seinem Debut als Erwachsenen-Dichter, nämlich 1961. In formaler Hinsicht sind die Verse in diesem ersten

---

6 Die Forschungslage auf diesem Gebiet ist desolat; die Arbeit von Verch bietet nur Ansätze zu einer Geschichte der englischen Kinderlyrik, da sie auf eine umfassende Behandlung der einzelnen einschlägigen Autoren verzichtet.

7 Auch Robert Graves (1895-1988), Roy Fuller (*1912), D.J. Enright (*1920) und Elizabeth Jennings (*1926) sind etablierte „Erwachsenen"-Dichter, die gelegentlich Kindergedichte veröffentlicht haben. Analysen einzelner Textbeispiele finden sich bei Verch 1983.

Band mit dem Titel *Meet My Folks!* noch recht konventionell: Hughes verwendet Reime und einigermaßen regelmäßige Metren. Inhaltlich fallen aber auch diese frühen Kindergedichte schon aus dem Rahmen des Üblichen. Das kindliche lyrische Ich beschreibt darin seine Verwandten und läßt so eine Galerie skurriler Gestalten entstehen. Einige davon kultivieren nur harmlose Spleens; z.B. gibt es einen Großvater, der Eulen sammelt, und eine Großmutter, die für ihre Schoßtiere Kleidungsstücke strickt. Andere aber erleiden höchst beunruhigende Schicksale: eine Tante z.B. wird von einer Riesen-Distel verschlungen, ein Onkel von einem allzu lebensecht gemalten Tiger. Gleich in dem ersten Gedicht beschreibt der Sprecher seine Schwester Jane, die kein Mensch, sondern eine Krähe ist, mit einer an Kafka erinnernden Genauigkeit der phantastischen Details:

My sister Jane

And I say nothing – no, not a word
About our Jane. Haven't you heard?
She's a bird, a bird, a bird.
Oh it never would do to let folks know
My sister's nothing but a great big crow.

Each day (we daren't send her to school)
She pulls on stockings of thick blue wool
To make her pin crow legs look right,
Then fits a wig of curls on tight.

And dark spectacles – a huge pair
To cover her very crowy stare.
Oh it never would do to let folks know
My sister's nothing but a great big crow.

When visitors come she sits upright
(With her wings and her tail tucked out of sight).
They think her queer but extremely polite.
Then when the visitors have gone
She whips out her wings and with her wig on
Whirls through the house at the height of your head –
Duck, duck, or she'll knock you dead.
Oh it never would do to let folks know
My sister's nothing but a great big crow.

At meals whatever she sees she'll stab it –
Because she's a crow and that's a crow habit.
My mother says ‚Jane! Your manners! Please!'
Then she'll sit quietly on the cheese,
Or play the piano nicely by dancing on the keys –
Oh it never would do to let folks know
My sister's nothing but a great big crow.

(Hughes 1977, 13f.)

Wie dieses haben die meisten Gedichte in *Meet My Folks!* etwas Alptraumhaftes, das allerdings durch die Komik der Darstellung nicht voll zur Wirkung kommt. Hinweise auf eine moralische Nutzanwendung fehlen ebenso wie eindeutige Ironiesignale. Gewiß läßt sich auch solcherlei als „Nonsense" abtun; doch geht von diesen Gedichten eine ungleich größere Verunsicherung aus als z.B. von den Texten Carrolls, weil die merkwürdigen Metamorphosen und Katastrophen in keinem „Wunderland", sondern mitten in der Alltagswelt lokalisiert sind.

Sehr viel deutlicher noch wird die Freude am Verunsichern des Lesers in Hughes' nächstem Band von Gedichten für Kinder, *The Earth-Owl and Other Moon-People* (1963). Die Verse sind formal freier, weisen aber noch Reime auf. Sie beschreiben hauptsächlich verschiedene fantastische Wesen, die auf dem „Mond", einer frei erfundenen außerirdischen Welt, leben. Häufig sind dies groteske Hybridformen, Mischwesen aus Tier und Pflanze oder auch aus Tier und Maschine, wie z.B. die „Earth Owl", eine Art Super-Maulwurf, oder der „Burrow Wolf", der in seiner Gefräßigkeit sogar Meteore und Raketen verschlingt. Einige Gedichte sind voll heiterer Lautspielereien (z.B. „Moon-Cabbage"), andere sind ausgesprochen alptraumhaft: „Cactus-Sickness" z.B. beschreibt eine Krankheit, bei der dem Opfer Hunderte von Köpfen auf der Haut sprossen; wer von „Tree-Disease" befallen ist, verwandelt sich in einen Baum, wenn er nicht schnell Heilung findet (was immerhin möglich zu sein scheint):

Tree-disease

On the moon with great ease
You can catch tree-disease.
The symptoms are birds

Seeming interested in your words
And examining your ears.
Then a root peers
From under the nail
Of your big toe, then
You'd better get cured quick
Or you'll be really sick.

(Hughes 1963, 31)

Viele Kinder lieben das Gruselige, so lange an der Fiktivität der unheimlichen Dinge kein Zweifel besteht. Diese Voraussetzung ist auch hier gegeben, denn dieser „Mond" ist ganz offensichtlich eine Phantasiewelt. In mancher Hinsicht steht er unserer Welt allerdings ungemütlich nahe: auch dort finden Kriege statt, und generell herrscht das Prinzip des Fressens und Gefressenwerdens. Dies sind post-darwinistische und post-freudianische Gedichte, spielerisch zwar, doch unter Einbeziehung des Bedrohlichen, Angstmachenden als Spielmaterial. Das Groteske ist nicht schmückendes Beiwerk, sondern ein durchgängiges Strukturprinzip.[8]

1967 veröffentlichte Hughes eine Schrift mit dem Titel *Poetry in the Making,* aus der sich einige Schlüsse ziehen lassen über sein Dichtungsverständnis und über sein Anliegen beim Schreiben für Kinder. Es handelt sich um Beiträge zu einer Schulfunkreihe mit dem Titel „Listening and Writing", einer Einführung in kreatives Schreiben für Zehn- bis Vierzehnjährige. Sie besteht vorwiegend aus zeitgenössischen Gedichten, die mit knappen einführenden Kommentaren versehen wurden. Hughes geht es darum, die Sensibilität junger Leser zu schulen und ihre als gegeben vorausgesetzte Fähigkeit zur spontanen, originellen Ausdrucksweise zu aktivieren. In sei-

8 John Adams hat Hughes deshalb Zynismus vorgeworfen und ihm wegen seines Pessimismus und seines Mangels an Mitgefühl einen gefährlichen Einfluß auf den kindlichen Leser unterstellt. In einer Antwort auf Adams' Aufsatz protestiert Brian Morse gegen die Ansicht, die Lyrik müsse einen Schonraum für Kinder aufbauen, und bescheinigt der Kinderlyrik Hughes', sie sei „contemporary in language and contemporay in spirit" (Morse 1980, 113). – In ähnliche Richtung geht die rezeptionspsychologische Deutung von Hughes' Mond-Gedichte durch Lenz (1988), die Hughes' Mond als „a metaphor for the unconscious mind, a stage for the playing out of our hidden impulses" ansieht (Lenz 1988, 22).

nen Einführungen verzichtet er weitgehend auf die Diskussion technischer Fragen: Metrum und Reim werden gar nicht erwähnt. Bildlichkeit nur in sehr allgemeinen Formulierungen. Das Einpassen in ein vorgegebenes metrisches Schema, das Suchen nach Reimen, so wird impliziert, lenkt nur vom Wesentlichen ab: von der Genauigkeit der Beschreibung, der Konzentration auf das Wesen des Gegenstandes. Die formale Freiheit der modernen Dichtung erscheint als eine Befreiung nicht nur für den jungen „Dichter", sondern auch für den Leser, dem Metrum und Reim den Blick auf das Wesentliche verstellen.

Hughes vermeidet langatmige Erklärungen; er verläßt sich stattdessen vorwiegend auf die Kraft seiner konkreten Beispiele, wobei er bezeichnenderweise keine speziellen Kindergedichte auswählt, sondern nur versucht, einen bestimmten Schwierigkeitsgrad nicht zu überschreiten:

> *„The examples I quote and append are meant to serve as models for the kind of writing children can do without becoming false to themselves. [. . .] I have stuck to poems where the language is basically plain, modern speech, and the mental operation simple or very simplified – as in description or fable. At the same time, there will be inevitably more artistic and intellectual and psychological complexity in these works than any child will ever exhaust". (Hughes 1986a, 12f.)*

Dies klingt fast nach Herablassung; in der Praxis aber setzt Hughes sehr hohe Ansprüche. Dies gilt auch für alle drei seiner seither erschienenen Gedichtbände für Kinder: *Season Songs* (1975), *Under the North Star* (1981) und *What is the Truth? A Farmyard Fable for the Young* (1984). Fast scheint es, als würde hier die Crux der modernen Dichtung, ihre Schwierigkeit, weniger gelöst als durch Ignorieren umgangen. Vergleicht man allerdings diese „Kindergedichte" mit Hughes' sonstiger Lyrik, so wird doch deutlich, daß bei ersteren einiges ausgespart bleibt, vor allem jene privat-mythologische Dimension, die Gedichtzyklen wie *Crow* so komplex und schwierig macht.

Hughes hat in seinem Aufsatz *Myth and Education* (1976) die Verwendung von Mythen auch im Kinderbuch gefordert; seine Prosaerzählung *The Iron Man* (1968) trägt dem auch Rechnung. In seinen Kindergedichten jedoch vermeidet er einen direkten Bezug zum Mythos. Hughes ist – wie D. H. Lawrence, mit dem ihn einiges verbindet – in erster Linie ein Naturdichter.[9]

Mit seinem Interesse an der Natur steht Hughes in der zeitgenössischen englischen Dichtung nicht allein.[10] Es wäre vorschnell, hinter dieser erneuten Zuwendung zur Natur generell ein reaktionäre Tendenz zu vermuten. Entscheidend ist, wie die Natur gesehen wird: während sie für Klassizisten und Romantiker Chiffre war für eine (jeweils anders verstandene) göttliche Ordnung und für die „Georgian Poets" eine patriotisch getönte Idylle, ist die Natur für den modernen Dichter eher ein Problemfeld, auf dem sich seine Suche nach einer sinnvollen Ordnung vollzieht. Hughes insbesondere ist fasziniert von dem paradoxen Zusammenklang von Schönheit und Brutalität in der Natur.

In der Kinderlyrik nimmt die Natur seit langem einen breiten Raum ein. Der Grund dürfte wohl nicht nur darin liegen, daß man die Tier- und Pflanzenwelt als einen „natürlichen" Erfahrungsbereich des Kindes ansah. Natur, Kind und Unschuld bilden mindestens seit der Romantik ein Assoziationsbündel, welches das populäre Kindheitsbild mehr oder weniger unterschwellig bis zum heutigen Tag bestimmt.

Umso bemerkenswerter ist es, daß Hughes auch in seinen Kindergedichten weder formal noch inhaltlich einen Schonraum bietet. Ich kann dies nur an einzelnen Beispielen zu belegen versuchen. *Spring Nature Notes, Part 4 (Season Songs)* z.B. beschränkt sich zwar auf „bloße" Naturbetrachtung mit einer originellen, aber relativ leicht nachvollziehbaren Bildlichkeit; es ist aber kompromißlos in seinem gänzlich unsentimentalen Blick auf die Natur, der die Erkenntnisse der Naturwissenschaft einbezieht („the blowing atoms of decomposed stars") und die Härte, Grausamkeit des Daseins nicht unterschlägt.

---

9 Als weiterer Einfluß auf Hughes wäre G. M. Hopkins zu nennen, einer der viktorianischen Groß-Väter der Moderne.

10 Andere prominente Naturdichter unserer Zeit sind z.B. Charles Tomlinson, Philip Larkin und der Ire Seamus Heaney. Vgl. Ahrends 1985.

Spring nature notes: Part 4

The crocuses are too naked. Space shakes them.
They remind you the North Sky is one vast hole.
With black space blowing out of it
And that you too are being worn thin
By the blowing atoms of decomposed stars.

Down the moonbeams come hares
Hobbling on their square wheels.
What space has left, the hares eat.
What the hares do not want
Looks next morning like the leavings of picknickers
Who were kidnapped by a fright from space.

The crocus bulb stays hidden – veteran
Of terrors beyond man.

(Hughes 1985, 21f.)

Die Härte des Daseinskampfes ist auch das Generalthema der Gedichte in *Under the North Star,* die im übrigen – trotz ihrer Kürze – eher noch höhere Ansprüche stellen an die Fähigkeit des Lesers, komplexe verbale Strukturen zu entschlüsseln. *The Osprey* z.B. benutzt ein fast blasphemisch scheinendes Wortspiel, um in komprimierter Form dem auf Harmonisierung zielenden religiösen Naturbild der Romantik eine gänzlich unsentimentale, aber letztlich auch religiöse Sichtweise entgegenzusetzen. Der Fischadler betet (pray), indem er Beute macht (prey); Gott – präsent in allen seinen Geschöpfen – ist Adressat seines Gebets und zugleich Beuteopfer.

The osprey

The fierce Osprey
Prays over the bay.

God hides below
In his shadow.

Let God reveal
His scaly, cold
And shining brow –

Osprey shall fold
His wings and bow
His head and kneel.

(Hughes 1981, 34)

Die Schwierigkeit eines Pantheismus, der die wunderbare Schönheit und die erbarmungslose Härte der Natur gleichermaßen sieht, wird auch in der „Bauernhof-Fabel“ *What is the Truth?* deutlich. In immer neuen Anläufen läßt sich Gott seine Geschöpfe von verschiedenen Menschen beschreiben, wobei Schönheit und Kraft in der Natur ebenso zur Sprache kommen wie Krankheit und Tod, bevor Gott die „Wahrheit“ verkündet: daß er, Gott, all diese Tiere „ist“.

Bei alledem ist Natur für Hughes nichts von den Menschen Abgetrenntes. Auch die moderne hochtechnisierte Welt des täglichen Lebens wird von ihm mit-gesehen. „Work and Play“ *(Season Songs)* z.B. stellt die Eleganz der Schwalbe dem gequälten Blech-Wurm der Sonntagsausflügler gegenüber. Die Technik ist aber nicht einfach negative Kontrastfolie für ein idealisierendes Naturbild. Schon in *The Earth-Owl* greift Hughes zur Beschreibung von Tieren immer wieder auf Metaphern aus dem Bereich der Technik zurück. In *What is the Truth?* wird ein Hase u.a. mit den Augen eines Autofahrers gesehen, für den das Überfahren des Tieres zum traumatischen Erlebnis wird.

[What is a Hare?]

The Hare is a very fragile thing.
The life in the hare is a glassy goblet, and her yellow-fringed frost-flake belly says: Fragile.
[. . .]
Who is it, at midnight on the A30,
The Druid soul,
The night-streaker, the sudden lumpy goblin
That thumps the car under the belly
Then cries with human pain
And becomes a human baby on the road
That you dare hardly pick up?

Or leaps, like a long bat with little headlights,
Straight out of darkness
Into the driver's nerves
With a jangle of cries
As if the car had crashed into a flying harp
So that the driver's nerves flail and cry
Like a burst harp.

(Hughes 1984, 100)

Die unsentimentale Genauigkeit des Blicks, die komprimierte Präzision der Sprache erzwingen eine Sensibilisierung des Lesers, die über das rein Ästhetische hinausgeht. Auch bei Hughes läßt sich bei genauem Hinsehen eine didaktische Absicht ausmachen. Wie er in dem Essay *Myth and Education* (1976) darlegt, sieht er in der Sensibilisierung des einzelnen eine therapeutische Notwendigkeit, da nur sie der Gespaltenheit des ohne Religion aufwachsenden modernen Menschen entgegenwirken könne. Sie ist zugleich eine gesellschaftliche Notwendigkeit, denn sie ist die Voraussetzung für einen verantwortungsvollen Umgang des Menschen mit seiner Umwelt.

Ob ein so hohes Ziel mit Dichtung dieser Art erreicht werden kann, ist letztlich eine Glaubensfrage. Daß sie die Massen nicht erreicht, dürfte klar sein.[11] Es bleibt die eingangs gestellte Frage: wieviel „Modernität" kann man einem Kind zumuten? Was eigentlich schon längst klar war, ist nun überdeutlich geworden: eine generelle Antwort auf diese Frage kann es nicht geben. Jeder Autor wird seine eigene Lösung finden müssen. Zu den *Season Songs* sagte Hughes, daß sie als Kindergedichte begonnen hätten, dann aber „herangewachsen" seien. „My only concern was to stay close to simple observation, directing my reader's attention to things which hat interested me and keeping myself within hearing of children" (Hughes in Cushman 1983, 247). Innerhalb der Hörweite von Kindern bleiben: das mag manchen als ein Ausweichen vor den Problemen erscheinen, die sich dem pädagogisch motivierten Dichter stellen, der Kinder ansprechen will, ohne auf Modernität zu verzichten. Es ist aber eine Formel, die zumindest ermöglicht, daß auch die Kinderlyrik das sein kann, was große Dichtung stets ist: eine Herausforderung.

---

11 Doch sind sich Adams und Morse einig in der hohen Einschätzung von Hughes' Einfluß auf sein kindliches Publikum. Adams meint 1971, Hughes habe „more influence on children through his own writing and his selection of material for B.B.C. schools programmes than any other living poet"; er bescheinigt seiner Dichtung „an immediate and sensational vitality that appeals as much to the eight-year-old as to the adolescent" (Adams 1980, 101). Auch Morse findet, „that Hughes writes about [the vitality of animals] in clear, simple language – language the children can understand" (Morse 1980, 115).

Literatur

Adams, John/Dark Rainbow: Reflections on Ted Hughes. In: Chambers, Nancy (Hrsg.): The Signal Approach to Children's Books. Harmondsworth 1980, 101-108.

Ahrends, Günter/Seeber, Hans Ulrich (Hrsg.): Englische und amerikanische Naturdichtung. Tübingen 1985.

Belloc, Hilaire: Cautionary Verses. London 1987.

Blishen, Edward (Hrsg.): Oxford Book of Poetry for Children. Oxford 1988.

Cushman, Keith: Hughes' Poetry for Children. In: Sagar, Keith (Hrsg.): The Achievement of Ted Hughes. Manchester 1983, 239-256.

De la Mare, Walter (Hrsg.): Tom Tiddler's Ground. A Book of Poetry for Children. London 1961.

Dusinberre, Juliet: Alice to the Lighthouse. Children's Books and Radical Experiments in Art. London 1987.

Eliot, Thomas Stearns: Old Possum's Book of Practical Cats. London 1953a.

Ders.: Selected Essays. London 1953b.

Faulkner, Peter: Modernism. London 1977. (= The Critical Idiom, 35).

Franz, Kurt: Kinderlyrik. Struktur, Rezeption, Didaktik. München 1979.

Heaney, Seamus/Hughes, Ted (Hrsg.): The Rattle Bag. London 1982.

Helmers, Hermann: Sprache und Humor des Kindes. Stuttgart 1965.

Hughes, Ted: The Earth-Owl and Other Moon-People. London 1963.

Ders.: Myth and Education. In: Fox, Geoff et al. al. (Hrsg.): Writers, Critics and Children. Articles from *Children's Literature in Education*. London 1976, 77-94.

Ders.: Meet My Folks. Harmondsworth 1977.

Ders.: Under the North Star. London 1981.

Ders.: What Is the Truth? A Farmyard Fable for the Young. London 1984.

Ders.: Season Songs. Harmondsworth 1985.

Ders.: Poetry in the Making. Harmondworth 1986a.

Ders.: Crow/Krähe. Zweisprachige Ausgabe, Übers. Elmar Schenkel. Stuttgart 1986b.

Kreutzer, Eberhard: Lewis Carroll. „Alice in Wonderland". München 1984. (= Text und Geschichte. Modellanalysen zur englischen und amerikanischen Literatur, 6).

Lear, Edward: The Complete Nonsense of Edward Lear. London 1969.

Lenz, Olivia Bottum: Landscape of Our Dreams: Ted Hughes' *Moon-Whales and Other Moon Poems.* In: Children's Literature Association Quarterly 13 (1988), 22-25.

Milne, Alan Alexander: When We Were Very Young. London 1987.

Morse, Brian: Poetry, Children and Ted Hughes. In: Chambers, Nancy (Hrsg.): The Signal Approach to Children's Books. Harmondworth 1980, 109-125.
Peake, Mervyn: Rhymes Without Reason. London 1985.
Petzold, Dieter: Formen und Funktionen der englischen Nonsense-Dichtung im 19. Jahrhundert. Nürnberg 1972.
Sewell, Elizabeth: Lewis Carroll and T. S. Eliot as Nonsense Poets. In: Phillips, Robert (Hrsg.): Aspects of Alice. Lewis Carroll's Dreamchild as seen through the Critics' Looking-Glasses. London 1972, 119-126.
Verch, Maria: Das englische Gedicht für Kinder vom 17. bis 20. Jahrhundert. Heidelberg 1983.

Joachim Schultz

Kinder und ‚Primitive'. Überlegungen zur Kinder-Literatur von Michel Leiris, Blaise Cendrars und Franz Hellens

1. Michel Leiris

1930 veröffentlichte Michel Leiris in der Zeitschrift *Documents* einen kurzen Essay mit dem Titel *L'oeil de l'ethnographe.* Im nächsten Jahr schloß er sich der Expedition „Dakar-Djibouti" an, Ethnologen, die unter der Leitung von Marcel Griaule zwei Jahre lang von West nach Ost in Afrika unterwegs waren. In dem genannten Essay formulierte er das für ihn wichtigste Ziel dieser Expedition:

> *„Un voyage d'études effectué selon les disciplines ethnologiques [. . .] doit contribuer à dissiper pas mal de ces erreurs et, partant, à ruiner nombre de leurs conséquences, entre autre le préjugé de races, iniquité contre laquelle on ne s'élèvera jamais assez. Cela suffit pour donner à cette entreprise, en plus de son intérêt scientifique, une grande portée humaine". (Leiris 1988, 30)*

Diese Expedition sollte also Irrtümer und Vorurteile und die daraus resultierenden Folgen auflösen, zerstören, eine große Tragweite für die gesamte Menschheit haben. Rassenvorurteile in erster Linie, aber auch andere Vorstellungen über Afrika und die Neger,[1] die den Geist des „Européen moyen" be-

1 Es versteht sich von selbst, daß der Begriff „Neger" hier keinerlei rassistische Bedeutung hat. Es handelt sich um einen historischen Begriff, wie ihn Leiris, Cendrars, Hellens und viele andere damals im Munde führten.

herrschten. Leiris benennt in seinem Essay einige dieser falschen Vorstellungen, und er schreibt über ihre Quellen und Ursachen. Der Essay besteht aus vier Teilen:

– eine Erinnerung an ein Kindheitserlebnis, den Besuch des Theaterstücks *Impressions d'Afrique* von Raymond Roussel am 11. Mai 1912;

– die vollständige Wiedergabe der englischen Kindergeschichte *Little Black Sambo* von Helen Bannerman aus dem Jahr 1899;

– Zielvorstellungen zur geplanten Expedition nach Afrika;

– die vollständige Wiedergabe eines afrikanischen Märchens, eines „conte songoi", das zum ersten Mal 1897 von den Pères Hacquard und Dupuis in ihrem *Manuel de la langue sangay* in Europa veröffentlicht worden war und das Leiris vermutlich dem 1922 in Paris erschienenen Buch *L'âme nègre* von Maurice Delafosse entnommen hat.

Leiris nennt (bzw. zitiert) in seinem Essay drei verschiedene Texte:

– Raymond Roussels Theaterstück *Impressions d'Afrique,* dem ein narrativer Text mit gleichem Titel vorangegangen war (1910);

– eine Kindergeschichte;

– ein afrikanisches Märchen, allerdings in der von Europäern transkribierten Fassung.

Es geht hier also um imaginäre Texte über Afrika und den Neger, und zwar um solche, die vor dem Ersten Weltkrieg erschienen sind, die das Afrikabild der im folgenden behandelten Autoren beeinflußt haben. Zum anderen um die Texte dieser Autoren selbst, die, u.a. auf der Grundlage jener Texte, Afrika und den Neger auf andere Art und Weise dargestellt haben. Des weiteren geht es um einige der ersten afrikanischen Texte, die nach Europa gelangt sind, um die Fassungen, die von Missionaren und Ethnologen (gelegentlich auch von Kolonialbeamten) aufgezeichnet wurden, und um die Bearbeitungen dieser Texte durch die hier behandelten Autoren.

Doch Leiris' Artikel deutet in weiterführende Untersuchungsrichtungen. Über Raymond Roussels *Impressions d'Afrique* schreibt er:

> *(L'oeuvre) „offre le double intérêt de présenter, d'une part, une Afrique telle, à peu de chose près, que nous pouvions la concevoir dans notre imagination d'enfants blancs, et, d'autre part, une Europe de phénomènes et d'inventions abracadabrantes telles que peut-être elle se trouve figurées dans l'esprit de ceux que nous nommons avec dédain des ‚primitifs'". (Leiris 1988, 26)*

Hier ist zuerst der Begriff des Kindes beziehungsweise der Kindheit hervorzuheben. Dieser Begriff führt uns in zwei Richtungen: Zum einen zur tatsächlichen Kindheit von Leiris und seinen Zeitgenossen und zu der Art und Weise, wie die ‚weißen Kinder' Europas Afrika und seine Bewohner kennenlernen mußten. Die Aufgabe besteht also darin, das Afrikabild, zumindest in den wichtigsten Zügen, zu rekonstruieren, wie es ein Kind in Frankreich und Deutschland zwischen 1880 und 1910 wahrnehmen konnte. Zum anderen muß der Begriff der Kindheit anthropologisch und ästhetisch gesehen werden. Leiris schreibt in seinem Essay weiter unten:

> *„Parvenu à cet âge voisin de la trentième année, où l'on commence à violemment regretter son enfance à cause de tout ce qu'elle contenait de poésie, j'eus la chance (grâce à des esprits sensibles comme moi à tout ce qui participe de cette féerie enfantine) d'avoir entre les mains le petit livre d'Helen Bannerman intitulé The Story of Little Black Sambo – classique parmi les contes de nursery – dont l'action se passe en Afrique ou bien aux Indes, peu importe, mais dans lequel je retrouvai, sous une forme tout à fait différente de celle qui m'avait tout frappé chez Roussel, en même temps que le merveilleux de mon enfance, la hantise exotique". (Leiris 1988, 26f.)*

Leiris verknüpft die Begriffe ‚enfance – poésie – féerie – le merveilleux – l'exotique – Afrique'. Die Texte von Raymond Roussel und Helen Bannerman beinhalten also für Leiris, dadurch daß die von einem (imaginären) Afrika berichten, Elemente einer Poesie, die von ihm auf eine Stufe mit dem Kindhaften, einer märchenhaften Zauberwelt, gestellt werden; und Leiris bedauert, daß er zu dieser Poesie als Dreißigjähriger keinen Zugang mehr habe. Dies muß nun mit dem obigen Zitat in Verbindung gesetzt werden, wo Leiris von einem „Europe de phénomènes et d'inventions abracadabrantes" spricht, wie es sich vielleicht im Geist derjenigen befinde, die wir mit Herablassung als ‚Primitive' bezeichnen. Das Europa-Bild oder insgesamt das Weltbild der Primitiven – allerdings so, wie es sich ein Europäer vorstellt – wird von Leiris in Verbindung gesetzt mit dieser kindhaften Poesie, zu der man als erwachsener Mensch keinen Zugang mehr habe.

Damit kommt bereits die gesamte Ambivalenz der im folgenden untersuchten Texte zum Ausdruck: Leiris sieht zum einen, daß dieses kindhafte Afrikabild der Europäer seiner Generation falsch, daß es von irrigen Vorstellungen und Rassenvorurteilen bestimmt ist; er möchte durch ethnologische Arbeit dieses Bild zerstören. Zum anderen will er jedoch zu dieser Poesie zurück, will sie im Grunde nicht zerstören und hofft sogar, die Afrika-Expedition könnte zu einem „accomplissement de certains rêves d'enfance" (Leiris 1988, 30) führen.

Auf einer Ebene ist also die Afrika-Expedition, die gesamte ethnologische Arbeit der Europäer, das Reisen nach Afrika überhaupt (das Leiris am Ende seines Essays seinen intellektuellen Freunden zur Bewußtseinserweiterung empfiehlt) zum Scheitern verurteilt (was dann in seinem Reisetagebuch *Afrique fantôme* sehr deutlich zutagetritt). Auf einer anderen (poetisch-ästhetischen) Ebene bringt jedoch die Afrikareise und die weiterführende Beschäftigung mit Afrika und der Mentalität des Negers – selbst unter diesen eurozentristischen Vorzeichen – Erkenntnisse und Einsichten (und damit verbunden neue literarische Formen), die dann auch die europäische Borniertheit aufbrechen können.

Diese Überlegungen zu Leiris haben gezeigt, daß es hier eigentlich insgesamt um das Afrika- und Negerbild der klassischen Avantgarde geht. Das kann in diesem Rahmen natürlich nicht untersucht werden, es soll zu einem späteren Zeitpunkt in umfassender Weise geschehen.[2] Ich will nur wenige Beispiele aus dem Diskurs über die Primitiven anführen, in denen die Parallele zur Mentalität des Kindes deutlich gezogen wird; dann zwei Autoren vorstellen, die – auf der Grundlage dieses Primitivismus-Diskurses – Kinderbücher geschrieben haben.

---

2 In meiner Habilitationsschrift, an der ich zur Zeit arbeite.

2. Kindheit im Diskurs über die Primitiven

Liest man die anthropologischen und ethnologischen Werke aus den Jahren um 1900, so stößt man immer wieder auf die Verknüpfung Kinder – Primitive. Hierzu einige Beispiele. In Freuds Aufsatz *Animismus, Magie und Allmacht der Gedanken,* den er in sein Buch *Totem und Tabu* (1913) aufgenommen hat, schreibt er, ausgehend von James George Frazers Buch *The Magic Art and the Evolution of Kings* (1911), über die imitative Magie bei den primitiven und vergleicht diese ‚primitiven' Vorstellungen mit denen des Kindes:

> *„Für das Kind, welches sich unter analogen psychischen Bedingungen befindet, aber motorisch noch nicht leistungsfähig ist, haben wir [. . .] die Annahme vertreten, daß es seine Wünsche zunächst halluzinatorisch befriedigt, indem es die befriedigende Situation durch die zentrifugalen Erregungen seiner Sinnesorgane herstellen läßt. Für den erwachsenen Primitiven ergibt sich ein anderer Weg. An seinem Wunsch hängt ein motorischer Impuls, der Wille, und dieser [. . .] wird jetzt dazu verwendet, die Befriedigung darzustellen, so daß man sie gleichsam durch motorische Halluzinationen erleben kann. Eine solche Darstellung des befriedigten Wunsches ist dem Spiele des Kindes völlig vergleichbar [. . .] Wenn Spiel und imitative Darstellung dem Kinde und dem Primitiven genügen, so ist dies nicht ein Zeichen von Bescheidenheit in unserem Sinne oder von Resignation infolge Erkenntnis ihrer realen Ohnmacht, sondern die wohl verständliche Folge der überwiegenden Wertung ihres Wunsches, des von ihm abhängigen Willens und der von ihm eingeschlagenen Wege". (Freud 1987, 89f.)*

Das Kind und der Primitive werden von Freud auf eine Stufe gestellt, zunächst ist noch von „analogen psychischen Bedingungen" die Rede, dann von ‚völliger Vergleichbarkeit', und anschließend werden Kinder und Primitive syntaktisch so zusammengestellt, als würden sie zusammen leben.

Das Buch von Frazer, auf das Freud sich bezieht, gehört zu seinem großen Werk *The Golden Bough. A Study in Comparative Religion,* das 1890 erstmals in zwei Bänden erschienen ist und das Frazer bis 1936 auf dreizehn Bände erweitert hat. 1920 erschien eine zweibändige Kurzfassung, die in mehrere Sprachen übersetzt wurde; auch hier häufig die Gleichstellung von

Primitiven und Kindern. In der deutschen Ausgabe (1928) heißt es beispielsweise:

> *„Dasselbe Prinzip der Nachahmung, das Kinder ja so sehr lieben, hat andere Völker dazu geführt, die Vorspiegelung einer Geburt als Zeremonie bei einer Adoption anzuwenden". (Frazer 1928, 21)*

Die Werke von Frazer und Freud wurden in literarischen Kreisen rezipiert. Blaise Cendrars bezeichnete Frazers Buch über den Totemismus als „maître-livre".[3] Außerdem verknüpft sich diese Gleichstellung mit einem Gedanken, der uns seit der europäischen Romantik immer wieder begegnet, nämlich der Vorstellung, daß das Kind der wahre Dichter und Künstler sei. In den poetologischen Schriften der europäischen Avantgarde stößt man immer wieder auf diesen Gedanken. So fordert der russische Symbolist Alexander Blok: „Nous devons à nouveau apprendre [. . .] de l'enfant qui vit encore dans notre âme desséchée".[4] Adrian Marino hat diese Sehnsucht nach der Kindheit der Sehnsucht nach der Reinheit beigeordnet und sie verglichen mit der Sehnsucht nach einer primitiven Mentalität. Im Zusammenhang mit der Kombination dieser drei Sehnsüchte müssen die Versuche der Avantgardisten im Bereich der KJL gesehen werden.

3. Blaise Cendrars

Im Alter von fünf oder sechs Jahren hat Blaise Cendrars in der Bibliothek seines Vaters in Neuchâtel ein beunruhigendes Erlebnis. Er entdeckt im neunten Band der *Géographie universelle* von Elisée Reclus die Abbildung eines afrikanischen Idols, das ihn viele Nächte lang in Alpträumen verfolgt. Einige Jahre später beschäftigt er sich intensiver mit Reclus' populärem Geographiewerk. Er stößt in einer Anmerkung auf die afrikanische Fabel *L'Histoire de l'éléphant et des rats blancs,* die seine Begeisterung für alles Afrikanische noch weiter steigerte:

> *„ce me fut une telle révélation du monde des nègres et de leur merveilleux, que je me mis à rechercher chez tous les bouquini-*

3 Cendrars 1971, 241.
4 Zit. nach Marino 1984, 762.

stes de la petite ville académique et de bigots et à lire tous les livres sur l'Afrique que je pouvais dégotter et qui contenaient des histoires nègres". (Cendrars 1971, 240)

Auch Cendrars (wie Leiris) verwendet das Wort „merveilleux" in Verbindung mit Afrika; es geht um das Wunderbare (aber auch das Ausgefallene und Sonderbare), das für ihn die europäischen Märchen nicht mehr genügend oder in einer anderen Art und Weise bieten können. Cendrars verschlingt die von Missionaren, Ethnologen und Kolonialbeamten herausgegebenen Sammlungen afrikanischer Geschichten und ist dann 1919, als die Negermode um sich greift, in der Lage seine eigenen *Anthologie nègre* zusammenzustellen.

Aber er geht noch weiter: in Erinnerung daran, daß sein Interesse für Afrika mit einem Kindheitserlebnis anfing, und auch in der seit dem 18. Jahrhundert in Europa verbreiteten Ansicht, Märchen, Fabeln und ähnliche Geschichten eigneten sich insbesondere für Kinder, nimmt er einige dieser Geschichten aus Afrika und schreibt sie um. Es entstehen zwei Sammlungen für Kinder: *Petits contes nègres pour les enfants des Blancs* (1928) und *Comment des Blancs sont des anciens Noirs* (1929).

„C'est tout à la fois", schreibt Jérôme Camilly, „caïman vole, le petit chaperon rouge, les fables du marigot. Une entreprise ambitieuse qui baigne dans la morale et dont il n'est pas certain que la signification parvienne aux tout-petits" (Camilly 1986, 169). Hier scheint ein abschätziges Urteil mitzuschwingen, als habe Cendrars in seinen „Negermärchen" alles Kindgerechte (wie er meinte) zusammengeworfen und zudem diesen Geschichten einen moralischen Anstrich gegeben (ganz im Sinne einer gewissen KJL des 19. Jahrhunderts im Stil einer Comtesse de Ségur), der in den afrikanischen Originalgeschichten keineswegs zu finden sei.

Noch strenger urteilt Martin Steins. Er vergleicht eine Geschichte aus *Comment les Blancs sont anciens Noirs (La lègende de la séparation des Blancs et des Noirs)* mit der von Père Trille ursprünglich aufgezeichneten Fassung *(Noirs et Blancs),* die Cendrars als Quelle diente. Steins kommt zu der Auffassung, Cendrars habe nur „le côté pittoresque de la narration" ausgedehnt. Weiter unten führt er fort:

„Toutes ces modifications stylistiques, ces notations surajoutées concourent, en fin de compte, au même effet: retravaillé par Cendrars, le récit prend un incontestable couleur ‚petit nègre' que l'original, plus sobre, n'avait pas et qui a dû attendrir plus d'un ‚broussard' chevronné". (Steins 1977, 22 und 24)

Cendrars bringe dieselbe herablassende Sympathie für die ‚armen schwarzen Brüder' zum Ausdruck, wie man sie bei gemäßigt fortschrittlichen Befürwortern des Kolonialismus finde, ganz im Stil seiner Zeit habe Cendrars aus der nüchternen Legende der Fan eine „boula matari" für Kinder gemacht. Das trifft sich mit Jean-Claude Blachères negativem Urteil von Cendrars' Afrikabegeisterung, das er in der Zusammenfassung seines Buches *Le modèle nègre* auf alle die von ihm behandelten „écrivains primitivistes" (Apollinaire, Cendrars, Tzara) ausdehnt: auch ihre Werke seien vom Rassismus bestimmt, wenn auch im Unterschied zur Kolonialliteratur von einem „racisme dominé". Offiziell hätten diese Autoren den Rassismus von sich gewiesen, einen Rassismus auf der Grundlage eines abendländischen Überlegenheitsgefühls; statt dessen finde man bei ihnen einen Rassismus aus ihrer Sicht des Negers als eines Mitglieds einer Rasse mit bestimmten unverwechselbaren und für alle gleichen Merkmalen.[5]

Wenn man sich wie Steins nur auf diese eine Erzählung bezieht, in der es ja gerade um die Unterschiede zwischen Weiß und Schwarz geht, ist diese Beurteilung zum Teil zutreffend. Doch in Volksgeschichten mit diesem Thema geht es meist nicht ohne Vereinfachung, die als rassistisch gebrandmarkt werden kann. In diesem Sinn ist schon das afrikanische Original rassistisch. Nimmt man aber eine andere Geschichte, die nicht den Unterschied zwischen den Rassen zum Inhalt hat, kommt man zu einer anderen Beurteilung. In Cendrars *Anthologie nègre* findet sich die folgende Geschichte der Buschmänner:

„Le Vent
Le vent était autrefois une personne. Il devint un être à plumes et il vola, car il ne pouvait plus marcher comme auparavant; en effet, il vola et il habita dans la montagne. Aussi, il vola. Il était

5 Vgl. Blachère 1981, 71-115 (Kap. über Cendrars).

autrefois une personne: c'est pourquoi il roulait une balle; il la tirait, parce qu'il sentait qu'il était une personne. Il devint un être à plumes, et alors il vola, il vole et il retourne chez lui. Il y vient pour dormir, il s'éveille de bonne heure et en sort; il vole loin; de nouveau, il vole loin. Il retourne de nouveau à la maison parce qu'il sent qu'il a à chercher de la nourriture. Il mange encore, encore, encore; il retourne à la maison; de nouveau, il y vient pour dormir". (Cendrars 1969a, 325)

Ganz offensichtlich soll hier die ständig unstete und doch montone Bewegung des Windes durch Wiederholung und anaphorische Reihung dargestellt werden. Es entsteht das Gefühl der Kreisbewegung, und nicht ohne Grund hat Cendrars diese Geschichte unter die Rubrik *Poésies, chansons et danse* gestellt. Von dieser Geschichte gibt es auch eine Kinderfassung mit demselben Titel. Sie ist wesentlich länger als die afrikanische Fassung, ähnlich wie die beiden Fassungen der Geschichte, die Steins verglichen hat. Cendrars verwendet die gleichen Stilmittel, Wiederholung und anaphorische Reihung, wenn auch nicht so gedrängt wie in der afrikanischen Fassung der *Anthologie nègre.* Außerdem wird der Wind von Cendrars stärker personalisiert. Wir finden dies auch im Ansatz in der afrikanischen Fassung:

„Il habita dans une grotte dans la montagne. Il en sort, il vole et il retourne chez soi".

Daraus wird in der Kinderfassung:

„Le vent habite au sommet d'une très grande montagne. Il habite dans une grotte. Mais il n'est pas souvent à la maison, car il ne tient pas en place. Il faut toujours qu'il sorte". (Cendrars 1969b, 50)

Aus der Höhle wird ein Zuhause, der anthropomorphe Zug wird verstärkt. Hier mag das Ziel, kindgerecht zu erzählen, eine Rolle gespielt haben. Ein Kind, so die Überlegung, kann besser erfassen und hat mehr Spaß an der Geschichte, wenn dem Naturphänomen Wind menschliche Züge verliehen werden. Es ging Cendrars nicht darum, die ‚pittoreske Seite der Erzählweise' aufzublähen, wie Steins meint, sondern darum, kindgerecht zu erzählen.

Auch Camillys latenter Vorwurf, Cendrars moralisiere zu sehr in diesen Kindergeschichten, muß in Zusammenhang mit dieser Geschichte modifiziert werden. Die Geschichte endet folgendermaßen:

> *„Voici la pluie! Voici la pluie!/La saison sèche est bien finie! Et c'est encore le vent!/Merci vent". (Cendrars 1969b, 52)*

Hier mag die moralische Aufforderung mitgelesen werden, man müsse für den Wind dankbar sein, auch wenn er gelegentlich Unheil anrichte. Aber abgesehen davon, daß hier keineswegs mit dem Holzhammer moralisiert wird, muß man erkennen, daß sich Cendrars bemüht hat, Formen des mündlichen Erzählens zu verwenden. Anreden an den Protagonisten der Geschichte oder oft formelhafte Anreden an die Zuhörer findet man in vielen Märchen und anderen oralen Texten, sofern sie nicht vom Transkribenten eliminiert worden sind.

Cendrars' Transformierung der afrikanischen Texte zu Kindergeschichten läßt sich folgendermaßen charakterisieren: Er weiß aus seiner eigenen Kindheit, wie sehr diese Geschichten Kinder ansprechen können. Er kennt die anthropologische These seiner Zeit, die Mentalität des Primitiven gleiche der des Kindes. Darum verwendet er diese Geschichten für ein Kinderbuch, ist aber offensichtlich der Meinung, dieses Kindhafte für weiße europäische Kinder verstärken zu müssen. Er versucht dies, indem er die orale Erzählweise der ‚Primitiven' nachahmt.

4. Franz Hellens' Roman **Bass-Bassina-Boulou**

a) Für Erwachsene

Ein beliebtes Motiv der KJL ist das der belebten Materie. Besen, Eimer, Steine, Holzstücke werden lebendig und greifen in das Leben der Menschen ein. Dabei ist zu unterscheiden zwischen den Fällen, in denen die Dinge aus eigener Kraft zum Leben erwachen, und jenen, wo ein menschlicher Demiurg – mit oder ohne die Hilfe eines göttlichen Schöpfers – diese ‚Animierung' bewerkstelligt. Die Ursprünge dieses Motivs lassen sich in den traditionalen Literaturen aller Völker finden, man denke nur an den Golem der jüdischen Legendenwelt; das Grundmuster im jüdisch-christlichen Bereich ist die Schöpfungsgeschichte in der *Genesis*. Das Motiv wurde in die Schriftliteraturen übernommen und erfreut sich in Europa seit der Romantik mit ihrer Vorliebe für das Groteske großer Beliebtheit, von Frankensteins Monster bis zu den Robotern der Science-fiction-Literatur.

Auch in der KJL fehlt es nicht, eine der bekanntesten Bearbeitungen finden wir in Collodis *Avventure di Pinocchio,* die 1883 erschienen sind. Collodi hat die oben genannten Fälle kombiniert: das Holzstück, aus dem Gepetto den Pinocchio schnitzt, ist schon beim Tischler Cilegia mit Leben beseelt und irritiert ihn mit seinen Streichen. Gepetto muß ihm nur noch menschliche Gestalt verleihen, um ihn ganz zum Leben zu erwecken. Es ist sehr wahrscheinlich, daß der 1881 geborene belgische Schriftsteller Franz Hellens, der in den Kreisen des belgischen Symbolismus zu schreiben begann, Collodis *Pinocchio* gekannt hat. Fast lag es auf der Hand, daß irgendein Schriftsteller, dem in den Kolonialausstellungen die afrikanischen Holzfiguren unter die Augen gekommen waren, aus einer von ihnen den Helden einer Geschichte machte, die der des Pinocchio ähnelt. Franz Hellens hat es getan, in seinem Roman *Bass-Bassina-Boulou,* der 1922 erschienen und noch im selben Jahr ins Deutsche übersetzt worden ist. Es ist ein Roman für Erwachsene, doch es lag ebenso auf der Hand, daraus eine Fassung für Kinder zu machen. Hellens machte daraus gleich zwei, die einige Jahre später erschienen sind. Doch bevor wir darauf zu sprechen kommen, muß der Originalroman analysiert werden.

Der Roman beginnt damit, daß irgendwo im Kongo Mouata-Yamvo – ein schwarzer Medizinmann, doch eine genaue Angabe über seinen Beruf wird nicht gemacht – eine Holzfigur, einen Fetisch, schnitzt und ihn zum Leben erweckt:

> *„Il vit! Il vit! Loué soit l'être jeune qui n'a pas de commencement. J'ai brûlé sa bouche avec la tige de fer rouge et la vie lui est venue". (9)*[6]

So tritt gleich auf der ersten Seite Bass-Bassina-Boulou (BBB) ins Leben; auch hier finden wir die Vorstellung, daß das Material schon vorher belebt gewesen sein muß. Doch wir haben

6 Diese und die folgenden Seitenangaben in diesem Kapitel beziehen sich auf: Hellens 1922.

den ausdrücklichen Willen eines Menschen, dieses Holzstück zu beleben, der beim Schöpfer des Pinocchio so nicht gegeben ist. Gepetto will nur eine Marionette schnitzen, Mouata-Yamvo will dagegen eine beseelte Gottheit schaffen und ist so eher mit dem Rabbi Löw zu vergleichen, der den Golem geschaffen haben soll. BBB ist allerdings nicht ‚erwachsen' wie der Golem, sondern ein ‚junges Wesen', gewissermaßen das Kind Mouata-Yamvos, so wie Pinocchio das Kind des Meisters Gepetto ist. Zwei wesentliche Unterschiede zwischen Pinocchio und BBB müssen festgehalten werden: BBB ist keine Marionette, kein Spielzeug, sondern ein Idol, eine Gottheit. „Tu es dieu" (10), apostrophiert Mouata-Yamvo sein Geschöpf. Außerdem kann sich BBB nicht aus eigener Kraft fortbewegen, ihn bewegen Menschen oder Tiere, nur mit ihrer Hilfe kann er die große Reise machen, die im Mittelpunkt des Romans steht.

Thematisch läßt sich der Roman drei Bereichen zuordnen:
a) die Belebung toter Materie, ähnlich wie im *Pinocchio,*
b) die Darstellung primitiver Skulpturen, über deren Bedeutung und Funktion Ethnologen, Anthropologen, Kunstkritiker und Künstler nachgedacht haben, die in Gedichten von Blaise Cendrars und anderen besungen wurden. Hellens selbst besaß so eine Skulptur, die ihn zu diesem Roman angeregt hat.[7]
c) die Reise, hier eine Reise im umgekehrten Sinn: nicht nach Afrika, sondern nach Europa; ein Thema, das in dieser Zeit auch von anderen Autoren aufgegriffen wurde, so von Hans Paasche in *Die Reise des Afrikaners Lukanga Mukara ins Innerste Deutschlands* (1912).[8]

Hinzu kommt noch ein viertes, gewissermaßen philosophisch-cartesianisches Thema: Hellens stellt in seinem BBB ein Wesen dar, das ohne jede Vor-Bildung die Dinge der Welt nach und nach entdeckt und einzuordnen versucht. Das wird auch sprachlich zum Ausdruck gebracht, immer dann, wenn

---

7 Er berichtet darüber in seiner Autobiographie *Documents secrets:* Hellens 1958, 107.

8 Erstmals erschienen in der Zeitschrift *Die Vorhut* (Jg. 1912, in Fortsetzungen). Das Werk enthält die von Paasche verfaßten Briefe des fiktiven Afrikaners Lukanga Mukara über seine Reise nach Deutschland; es gehört heute zu den Bestsellern der Jugendkultur.

BBB auf für ihn neue Dinge und Gegebenheiten stößt. Man könnte fast den Eindruck haben, Hellens wollte weniger einen Afrikaroman schreiben, sondern einen exotistischen Roman im Sinne Victor Segalens:[9] die außerhalb des Erkenntnishorizontes des Protagonisten befindlichen Dinge (‚exo') werden sprachlich nicht auf die übliche Art und Weise benannt, sondern nach und nach gewissermaßen sprachlich eingefangen, umschrieben und erst dann mit dem üblichen Begriff belegt. Diese Technik wird gleich zu Beginn mit einem Kristallstöpsel vorgeführt:

> *„Comme Bass-Bassina-Boulou jetait les cercles de ses yeux sur l'objet brillant placé devant lui, il appercut dedans une chose toute proche, compliquée, de formes curieuses". (10)*

Der Begriff ‚bouchon de carafe' taucht erst sehr viel später auf. Hellens hat an diesen Stellen die Suche seiner Zeitgenossen nach der unverbildeten Reinheit der Primitiven wörtlich genommen. Er stellt ein Wesen vor, das alle Dinge und Phänomene in ihrem ‚reinen' Urzustand, vor ihrer sprachlichen Kodifizierung wahrnimmt. Dadurch erreicht Hellens auch eine groteske Komik, insbesondere dann, wenn BBB in Kontakt mit den Dingen der abendländischen Welt tritt. So zum Beispiel in der ersten Beschreibung der Großstadt Paris mit ihren Häusern und Autos aus der Sicht des Fetischs:

> *„Des pierres énormes, aussi hautes que les rochers de l'île, sont dressées autour du maître de l'univers [BBB]. Mais elles sont faites autrement, toutes plates et couvertes de trous sur la surface. Bass-Bassina-Boulou n'en a jamais vu de semblables, ni en si grand nombre. Il y a aussi une quantité d'hommes blancs qui marchent et se remuent, sans se regarder, des deux côtés d'un chemin; et, au milieu, courent de gros animaux de différents couleurs, qui avancent avec de curieuses pattes, font du bruit et vomissent de la fumée". (181)*

Der Roman ist voll von solchen Beschreibungen, und man mag darin einen Diskurs sehen, wie wir ihn aus Montesquieus *Lettres persanes* kennen: ein Fremder nimmt die uns vertraute Welt wahr, und alles, was uns als ‚normal' erscheint, wird in

9 Vgl. Segalen 1986. Segalens unvollendeter Essay ist erst lange nach seinem Tod (1919) erschienen.

seinen Augen seltsam und grotesk. Doch Hellens' Roman ist mehr als eine Neuauflage der *Lettres persanes,* denn Hellens schreibt nicht nur über unsere Welt aus der Sicht eines Fremden, sondern auch über die Welt Afrikas, wie sie ein Mensch im Zeitalter des Kolonialismus und der Afrika- und Negermode sehen mußte. Der Roman besteht aus zwei großen Teilen:

a) BBB in Afrika,
c) BBB in Europa (Paris).

Die Handlung des ersten Teils läßt sich schnell zusammenfassen, sie wird gespeist mit Elementen des Abenteuer- und Kolonialromans. Mouata-Yamvo erhebt BBB zur Gottheit in seinem Dorf. Mouata-Yamvo ist ein noch halbwegs seriöser ‚Medizinmann', der es nicht darauf anlegt, seine Mitmenschen durch Zaubertricks und Priesterschwindel zu übertölpeln. Anders ist dagegen sein Schüler Koko-Tua, der nach des Meisters Tod BBB an sich nimmt, um ihn in einem Schlangentempel verehren zu lassen. Für ihn ist dies jedoch ein Schwindel, er will nur auf Kosten der furchtsamen und abergläubischen Bevölkerung leben. Mittlerweile hat sich aber BBB mit dem Hund Makito und Bouchon-de-carafe angefreundet. Sie fliehen gemeinsam aus dem Schlangentempel, fahren mit Bandja und anderen Jägern auf dem Kongo entlang und werden dann als Gastgeschenk Zoulou-Lala übergeben, einem grausamen, Negerfürsten, wie man ihn in trivialen Afrikaromanen des öfteren findet; aber auch in Raymond Roussels *Impressions d'Afrique.* Im Palast des Königs findet BBB neue Freunde: die weibliche Elfenbeinfigur Saka und Marouka, die Lieblingsfrau des Herrschers. Es zeigt sich BBBs besondere Neigung zu Frauen, hier Saka und Maraouka, in Paris kommt das kleine Mädchen Marthe hinzu, das in sich das weibliche und das kindhafte Element vereint. Dahinter steht wohl die Vorstellung, daß neben Kindern es insbesondere auch die Frauen sind, die einer reinen Poesie näherstehen als die Männer. In diesem Zusammenhang ist darauf hinzuweisen, daß Hellens seinen Roman eben dieser Marouka, der wichtigsten weiblichen Figur des Romans, gewidmet hat. Marouka singt und tanzt für BBB und fällt deswegen beim König in Ungnade. Dann aber wird das Negerdorf von Sklavenhändlern überfallen und alle werden in die Gefangenschaft geführt. BBB und Saka sind dabei, gefolgt von Makito, dem Hund. Marouka findet die Gunst eines der Sklavenhändler, der mit ihr flieht.

Auch die Neger können entkommen und reisen mit BBB und dem Hund auf einem Floß zum Meer. Sie landen auf einer einsamen, vegetationslosen Insel, wo sie alle verhungern. BBB bleibt allein zurück, einsam in einer Höhle. Soweit der afrikanische Teil des Romans, den Hellens mit Einzelheiten aus dem Afrikabild seiner Zeit ausschmückt: Menschenopfer, Kannibalismus, Vielweiberei, seltsame Riten, all dies konnte man in Afrikaromanen eines H. R. Haggard finden. An einigen Stellen kann man auch Joseph Conrads *Heart of Darkness* als Vorbild vermuten.

Hellens will jedoch mehr, er will die Lebenswelt und die Mentalität der Primitiven auf eine andere Weise darstellen. Aber es ist eine Mentalität, wie sie sich ein Europäer seiner Zeit vorstellt, mit Hilfe von Kenntnissen aus den Büchern von Lévy-Bruhl, Frazer und anderen. Besonders aufschlußreich ist in diesem Zusammenhang das Credo des alten Mouata-Yamvo, das er kurz vor seinem Tod dem Fetisch BBB verkündet. Hier ist von einer doppelten Seele die Rede, einer starken und einer schwachen. Die schwache Seele stirbt mit dem Tod des Menschen, die starke Seele entkommt und irrt eine Zeitlang in der Welt umher, bis sie einen neuen Körper findet, in dem sie sich niederläßt (44-46). Hellens kombiniert Elemente asiatischer Reinkarnationstheorien, des Spiritismus und europäische Vorstellungen von einer primitiven Mentalität zu einem Mentalitätskonglomerat, wie es wohl in europäischen Köpfen bestanden hat. Hellens, mit seinem Faible für die phantastische Literatur, entwickelt ein phantastisches Afrikabild, aber er ist Realist genug, um dieses Bild sogleich wieder zu ironisieren. Gleich nach Mouata-Yamvos Credo entrüstet sich Bouchon-de-Carafe, der gewissermaßen im Afrikateil des Romans den europäischen Skeptizismus vertritt:

> *„Ah! ah! ah! crie Bouchon-de-Carafe pendu au cou de Bass-Bassina-Boulou, ah! ah! ah! viens donc vieux radoteur, que je t'en bouche un coin!" (46)*

Naiv ist allein BBB, der an das Credo seines Meisters glaubt und auch die Machenschaften des falschen Medizinmanns Koko-Tua nicht durchschaut. Er sieht sich als „maître de l'univers", als „dieu noir" und „dieu des serpents" und versteht nicht, wenn ihn Bouchon-de-Carafe als „sacré nègre" und „vieux noir" beschimpft. Hellens hat in den Gedanken des Fetischs, der sich als einzige ‚Person' in diesem Roman in einem ‚petit nègre' artikuliert, die Vorstellungen jener Europäer zum Ausdruck gebracht, die mit bewundernder Naivität die Objekte der ‚Negerkunst' anbeten und nicht merken, daß sie längst einem Moderummel zum Opfer gefallen sind.

Um diese Negermode geht es im zweiten, europäischen Teil des Romans. BBB wird in seiner Höhle auf der Insel von zwei französischen Fliegern gefunden, die ihn als Maskottchen auf ihrer Maschine mit nach Paris nehmen. „La mascotte", so wird er nun auch häufig genannt (183, 211, 213. . .). Im übrigen könnte man die Bezeichnungen, mit denen er in Paris belegt wird, in zwei Gruppen teilen: zum einen von Menschen, die mit ihm nichts anzufangen wissen und ihn mit rassistischen Bezeichnungen, die sie auch gegenüber Schwarzen verwenden, benennen; zum anderen von Menschen, die sich für die primitive Kunst begeistern:

Gruppe 1
vilain bête (184), affreuse figure (204), horrible bête (204), moricaud (193), singe (196, 198, 227), affreux animal (198), Bamboula (201), magot (206), trogne de nigaud (207), rude coco (215), animal (216), ce bois-là (223), suppôt du diable (230), affreuse idole (231), vilain nègre (253).

Gruppe 2
divinité (nègre) (183, 203, 210), fétiche (noir) (191, 197, 245), dieu nègre (204, 207, 216, 218, 222), chef d'oeuvre de naiveté (204), être primitif (202, 204, 215).

Es fällt auf, daß die negativen Begriffe weitaus häufiger sind, zumal bei den Begriffen der Gruppe 2 rassistische Töne mitschwingen. Hellens zeigt damit, daß die Begeisterung und das Interesse für die primitive Kunst viel weniger verbreitet waren, als man heute annehmen möchte. Aus der Sicht der meisten seiner Zeitgenossen handelte es sich nur um ein paar Spinner und verrückte Künstler und vielleicht um ein paar Journalisten auf der Suche nach neuen Sensationen in der an Moden nicht armen Weltstadt Paris; ein paar dubiose Gestalten der Schickeria, die ihren ‚goût' für die primitive Kunst zur Schau trugen. Einer von ihnen ist Boutonnière, ein Müßiggänger und Glücksspieler, in dessen Besitz BBB nach seinem Aufenthalt beim Tabakdosen-Fetischist Boîte-à-Sardines gelangt. Aufschlußreich ist, wie Boutonnière mit BBB spricht und wie er ihn seinen Freunden im Club vorstellt:

– *„Vois-tu, Bamboula, murmurait Boutonnière à son oreille, il faut t'habituer aux hommes et aux choses d'ici. Tu es un être primitif et ignorant, tu viens sans doute tout droit du Congo. Sache donc que Paris n'est pas le Congo". (202)*

– *„Bamboula, mon petit singe, dit-il, je vais te présenter à ces messieurs. Ce sont les membres d'un club chic de Paris. Messieurs, je vous présente Bamboula, dieu nègre. Je l'ai acheté un louis dans une vente publique, entre une commode et une vieille marmite. Sans moi, ce chef d'oeuvre de naiveté eût passé inaperçu. Je l'ai tiré de l'obscurité. J'ignore son histoire, mais elle est simple sans doute comme son visage. Eh bien! messieurs, c'est de cette simple image que nous vient toute vérité. J'aime les êtres primitifs. Je sais les comprendre. Ainsi, le barman du Novelty, c'est un nègre. Eh bien!" (204)*

Hier fallen drei der wichtigsten Attribute, mit denen man die Negerkunst gepriesen hat: naiv, einfach, wahrhaftig. Während diese Begriffe aber im Munde eines Carl Einstein oder Guillaume Apollinaire auratischen Glanz gewinnen, wirken sie hier eher lächerlich. Die Reaktion der Zuhörer ist darum auch eindeutig: „Ferme ça, Boutonnière, on ne nous la fait pas" (204). BBB muß am Ende seiner Reise in Paris seinen Niedergang erleben. Er, der sich als „maître de l'univers" sieht, wird degradiert zum Glücksbringer für Boutonnière, findet kein Interesse beim schwarzen Barmann Bernard, wandert von einem Trödler zum anderen, landet schließlich im Rinnstein, dann auf der Müllkippe und wird am Ende zusammen mit einem Riesenhaufen Müll verbrannt. Scheinbar ganz anders als Pinocchio, der am Ende seiner Reise ein Mensch wird. Doch wenn wir Giorgio Manganelli folgen, unterscheiden sich BBB und Pinocchio gar nicht so sehr:

„Chi fa un viaggio rischia di arrivare; è accaduto ad Ulisse, accade anche a Pinocchio. Dopo fatiche e metamorfosi, egli è ammesso alla definitiva iniziazione alla condizione humana. Ma appunto allora, con assoluta, lancinante chiarezza, avvertiamo che Pinocchio ha subito l'iniziazione sbagliata. Il suo itinerario è stato insieme un viaggio verso, ed una fuga". (Manganelli 1986, 312)

Pinocchio muß sterben, er stirbt, indem er Mensch wird, oder wie Manganelli abschließend sagt:

„Per consumare la sua iniziazione, Pinocchio ha dovuto scegliere la sola morte che gli fosse consentita: ha dovuto suicidarsi“.

Auch BBB muß sterben, es wird ihm kein Zugang zur Menschheit gewährt, nicht einmal als Paradigma der afrikanischen Kunst findet er Anerkennung. Im dreiundreißigsten und vierunddreißigsten Kapitel kann der Leser noch auf eine positive Wendung hoffen, als Marthe, die kleine Tochter des Trödlers, ihn lieb zu gewinnen scheint. (Hier könnte man ein Märchenmotiv sehen: „La belle et la bête“ – Die Erlösung des Ungeheuers durch die Liebe einer Jungfrau). Man könnte erwarten, daß wenigstens das Kind nach der verkündeten Analogie zwischen Kindern und Primitiven – den schwarzen Fetisch verstehen müßte. Doch dann ist es gerade das Kind, das die übliche Gegenüberstellung von Weiß und Schwarz = Gut und Böse zum Ausdruck bringt. BBB wird zu einer Puppe, die sich nicht weiß waschen läßt: „Tu n'es pas propre, tu es méchant“ (253), lautet die Schlußfolgerung des Mädchens. Sie schlägt ihn, doch BBB wehrt sich nicht, im Gegenteil:

„Bass-Bassina-Boulou est au comble du bonheur. Jamais, ni dans le monde de Paris ni dans les autres mondes, il n'a reçu une pareille prière, même parmi les objets malheureux. Marthe ne peut exprimer autrement son adoration“. (253)

Dadurch bringt Hellens seine deprimierendste Absage an die Negerbegeisterung seiner Zeit zum Ausdruck: es ist nicht einmal das Kind, das – wie so viele behaupten – Sympathie für den Schwarzen zu empfinden vermag. Gerade das Kind vertritt den banalsten Rassismus. Man kann hier auch einen Angriff Hellens' gegen die Afrikaner in Paris erkennen, der bereits bei der Darstellung des Negers Bernard angeklungen ist: die Afrikaner verstehen ihre eigene Kunst nicht mehr, sie lassen sich willig in die Negermode einspannen, sie verraten ihre Kultur, sie empfinden es sogar als angenehm, wenn man ihre Kultur mißdeutet oder mit Füßen tritt. Ein Angriff gegen die Schwarzen, aber vielleicht noch mehr eine Anklage gegen die Europäer, die mit Kolonialismus und Negermode diese Haltung der Schwarzen herbeigeführt haben.

b) Fassungen für Kinder

Die Analyse des Romans für Erwachsene hat gezeigt, daß sich eine Umarbeitung für Kinder geradezu anbietet. Da sind die Parallelen zu *Pinocchio,* da sind Ankläge an den Abenteuerroman, da sind Stellen, wo BBB nicht als Fetisch in Erscheinung tritt, sondern als Kind, als schwarzes Kind, das sich auf eine Weltreise begibt (wie der weiße Mucki von Europa aus[10]). Und in der Tat hat Hellens gleich zwei Kinderfassungen vorgelegt:

Histoire de Bass-Bassina-Boulou racontée pour les enfants. (A)

Bamboula le petit homme noir. (B)

Vom heutigen Standpunkt aus muß man bei der Lektüre dieser beiden Kinderbücher leider die Feststellung machen, daß ein vielversprechender Roman zu simplen Kindergeschichten degeneriert wurde. Die erste Fassung ist noch recht brauchbar, da sich Hellens bemüht, auch den jungen Lesern die andere Kultur verständlich zu machen. So zum Beispiel, wenn er die Rolle Mouata-Yamvos als Zauberer und Medizinmann erklärt:

> *„Dans la case, Mouata-Yamvo enseignait à ses élèves l'art de guérir les maladies, de prédire le temps et d'expliquer les rêves. Les affaires du sorcier étaient florissantes, quantité de gens venaient le consulter et Mouata-Yamvo remerciait chaque jour Bass-Bassina-Boulou, car il ne doutait pas que tout ce bien venait du compagnon qu'il s'était fait, l'ayant tiré du rien et lui ayant donné les formes de la vie". (9f.)*

Mouata-Yamvo wird hier nicht als finsterer schwarzer Hexenmeister vorgestellt, sondern zum einen eher als traditioneller Arzt, der wie die Ärzte in Europa regen Zulauf hat, zum anderen als ein mit Wunderkräften begabter Mensch, der eine Holzfigur zum Leben erwecken kann, eine Person, wie Kinder sie aus anderen Geschichten und Märchen kennen. Der Anfang dieser Fassung erinnert auch an viele Märchenanfänge:

> *„Il y a bien longtemps, vivait en Afrique un vieux sorcier nègre qui passait le meilleur de son temps à sculpter des fétiches dans le bois du manguier. Il s'appelait Mouata-Yamvo".*

---

10 Vgl. Schmidhammer Arpad: Mucki. Eine wunderliche Weltreise. Für unsere Kleinen gereimt und gezeichnet. Mainz: Scholz, o.J. (1905).

Das ähnelt dem Anfang des *Pinocchio:* wir haben einen Holzschnitzer, der Figuren anfertigt. Die Handlung wird von Anfang an auf die tragenden Personen reduziert, wohingegen die Originalfassung mit dem philosophischen Thema des Romans – die Welt mit neuen, reinen Augen sehen – beginnt:

„Quelque chose s'étira à la surface de la tête de Bass-Bassina-Boulou. Des cercles jaunes et bleus s'éloignaient en flottant. Il éprouvait une douleur aiguë un peu plus bas que l'endroit qui venait de s'ouvrir de deux côtés à la fois, et il commenca à voir et à sentir. Il appercut un homme qui tenait dans la main une chose dont l'aspect lui fit peur".

Dieses Thema des Romans fällt schon in der ersten Kinderfassung fast vollkommen weg. Ein wenig klingt es noch an, zum Beispiel wenn BBB nach Paris kommt:

„Bass-Bassina-Boulou ouvrit les yeux énormes en apercevant les maisons de la ville, plus hauts que les plus hauts palmiers qui existaient en Afrique; il y avait aussi quantité d'hommes blancs qui marchaient, sans se regarder, des deux côtés des rues; au milieu, couraient de gros animaux de différentes couleurs, qui avancaient avec des pattes rodes, en faisant du bruit et vomissant de la fumée". (51f.)

Im Vergleich mit der analogen (oben zitierten) Stelle der Originalfassung werden in der Kinderfassung die Häuser gleich als Häuser benannt, zudem mit Palmen verglichen; die Autos dagegen werden mit der gleichen Umschreibung eingeführt. Aus heutiger Sicht erscheint nicht ganz einleuchtend, warum Hellens dieses Thema des Romans nicht auch in der Kinderfassung beibehalten hat. Es wäre doch vorstellbar, daß gerade Kinder an dieser verrätselnden Redeweise Gefallen finden könnten. Aber es ging Hellens wohl mehr, vielleicht auch auf Drängen des Verlegers, um Vereinfachung, wie man sie bei vielen Bearbeitungen von Romanen, die ursprünglich für Erwachsene bestimmt waren, findet. Immerhin wird in der ersten Fassung noch die gesamte Reise des Fetischs vom Kongo bis nach Paris geschildert, die wesentlichen Etappen der Handlung bleiben erhalten. Außer der philosophischen Tendenz fallen nur noch einige Handlungselemente weg, außerdem solche Stellen, die in einem Kinderbuch zu grausam oder anstößig hätten wirken können (Menschenopfer, Kannibalismus, Polygamie u.a.).

Aufschlußreich ist der Schluß im Vergleich zur Originalfassung. Im Original verbrennt BBB, und seine einzelnen Teile treten eine gewissermaßen spirituelle Rückreise an:

„Ce sont des milliers de mains brûlantes qui le prennent par les yeux, le nez, la bouche, les oreilles, les épaules, le ventre et tout son corps, l'emportent, le secouent, le dispersent, vers Marthe et Saka, l'île déserte, Makito, le roi très terrible et Bangoulo, vers toutes les bêtes, tous les objets, dans l'espace et le vent, dans tous les mondes à la fois, comme Mouata-Yamvo le lui a prédit". (266)

Es ist also nicht nur eine Rückreise, sondern eine Verstreuung von BBBs Teilen, seiner Seele, in der ganzen Welt. Dies ist in der ersten Kinderfassung auf den ersten Blick ähnlich, dann aber ganz anders:

„Bientôt les flammes arrivèrent jusqu'à lui, l'entrainaient dans leur danse et Bass-Bassina-Boulou se sentit emporté avec le feu dans l'espace. Ses cendres se rassemblérent en un petit nuage noir qui s'envola dans le ciel, poussé par le vent, avança tout le jour au-dessus de la terre et de la mer, et arriva enfin en Afrique. Là, le vent s'arrêta et le petit nuage noir descendit lentement vers le sol". (76)

Auf dem ersten Blick ähnlich wie in der Originalfassung aber – und das ist von Bedeutung – viel konkreter. Im Original ist nicht von Flammen die Rede, sondern von Händen; auch wird nicht konkret beschrieben, daß die Asche vom Wind verweht wird, und es wird auch nicht konkret gesagt, daß BBB nach Afrika zurückkehrt. Und schließlich endet die Originalfassung mit dieser Stelle, während in der ersten Kinderfassung noch ein Kapitel folgt, in dem konkret geschildert wird, wie BBB im afrikanischen Urwald wieder sein Leben aufnimmt. Diese Änderungen sind sehr aufschlußreich und lassen sich auf doppelte Weise deuten.

In der Originalfassung gelangt BBBs Geist in die ganze Welt. Man könnte hier die Auffassung sehen, die Neger, der primitive Geist, sollten die ganze Welt erobern. In der ersten Kinderfassung kehrt BBB zurück, der Kreis wird geschlossen, am Ende geht es wieder nachhause. Das entspricht dem Muster vieler Kinderbücher und -lieder, die eine Reise zum Inhalt haben, von *Hänschen Klein* bis zu *Muckis Weltreise,* oder auch

Charles Dickens' *Oliver Twist* oder Hector Malots *Sans famille,* wo der Held am Ende zu seiner wirklichen Familie zurückfindet; hinzuweisen ist hier auch auf die Reiseerzählungen von Jules Verne. Zum anderen muß festgehalten werden, daß BBB in der Kinderfassung Europa wieder verlassen muß, nichts bleibt von ihm zurück, er hat hier nichts zu suchen. Während in der Originalfassung noch angedeutet wird, daß die Begegnung zweier Kulturen gewissermaßen spirituell erhalten bleibt, wird sie in der Kinderfassung ganz zurückgenommen.

In der zweiten Kinderfassung findet eine Begegnung erst gar nicht statt. Diese Fassung endet mit der Flucht aus den Händen der Sklavenjäger, die geflüchteten Neger treiben mit BBB auf ihrem Floß nicht hin zum Meer, sondern sie rudern zurück in die Heimat. Der Hund (er heißt hier Wa-Wa) folgt dem Floß am Ufer entlang, „jusqu'à ce que tout le monde revînt dans sons pays" (42). Als Fazit kann man daraus lesen: jeder sollte in seinem Heimatland bleiben. Man kann also in dieser zweiten Fassung eine weitergehende Simplifizierung sehen, die vielleicht nur entstanden ist, weil sich die erste Fassung gut verkauft hat. Simplifizierung schon im Titel: *Bamboula le petit homme noir.* Diesen Namen bekommt BBB, neben vielen anderen, schon in der Originalfassung, und zwar von Boutonnière, der folgendermaßen zu BBB spricht:

> *„Je ne sais pas ton nom, dit-il. C'est dommage. Je t'appellerai donc Bamboula, ca ferait de l'effet".*

Für *Bamboula* werden im *Nouveau petit Larousse illustré* von 1928 zwei Bedeutungen angegeben: „Tambour primitif des nègres. Danse qu'ils exécutent au son de ce tambour". Im *Petit Robert* (1967) findet man außerdem die Herkunft des Wortes (ein Bantu-Wort, das schon im 17. Jahrhundert in Frankreich auftaucht) und eine weitere populäre Bedeutung aus dem Militärjargon: „Faire la bamboula, faire la noce". Als Variante wird *bamboche* angegeben, dieses Wort kommt vom italienischen *bamboccio,* das den Hampelmann oder eine große Marionette bezeichnet. BBB ist also auf dem Niveau des Pinocchio angelangt. (Von *bamboche* abgeleitet gibt es *bambochade,* womit Aloysius Bertrand seine Prosagedichte bezeichnet hat, in Anlehnung an die burlesken und grotesken Bilder des 17. Jahrhunderts, die so bezeichnet wurden. Auf

Umwegen kommt so der Neger wieder in den Bereich des Grotesken).

An dieser Stelle sind einige Überlegungen zum Originalnamen Bass-Bassina-Boulou notwendig. Festzuhalten wäre zunächst, daß Hellens für die Originalfassung einen eigenen Namen kreiert, den er auch in der ersten Kinderfassung beibehält. Dann macht er es sich einfach und nimmt den weit verbreiteten Namen Bamboula, mit dem üblicherweise auch die schwarzen Puppen der Mädchen benannt werden. Im Namen BBB können verschiedene Wurzeln gesehen werden. Darin steckt zum einen das Adjektiv *bas, basse,* womit der Fetisch als ein Produkt einer niederen Kultur eingeführt wird. *Bassina* erinnert an *bassiner,* wozu der *Petit Robert* als erste Bedeutung *humecter doucement* und als Beispielsatz „Ma mère me bassina doucement" von Rousseau angibt. Eine kindhafte Bedeutung schwingt also auch hier schon mit, außerdem eine negative, wenn man die populäre Bedeutung dieses Verbs berücksichtigt; der *Petit Robert* gibt dazu einen Beispielsatz von Alphone Daudet: „Tu me bassine avec ton amour". *Boulou* darf wohl von *boule* abgeleitet werden, und zwar in der populären Bedeutung von *Kopf,* mit dem Suffix *-ou,* mit dem häufig Vornamen in Kosenamen umgeformt werden. So wird BBB zu einem scharzen Kopf zum Liebhaben aus einer niederen Kultur, doch nur auf der Ebene der Konnotation, während in *Bamboula* diese Verniedlichung und diese niedere Bedeutungsebene denotativ vorliegen.

Der Begriff *Bamboula* wird in der Orginalfassung von einem Mode-Primitivisten verwendet, womit die satirische Tendenz des Romans, eben gegen diesen Mode-Primitivismus, unterstrichen wird. In der zweiten Kinderfassung sind wir ohne Satire von Anfang an auf dem Niveau der Verniedlichung, des Kindischen, ist man versucht zu sagen. Auf diesem Niveau beginnt auch diese Fassung:

> *„Il était une fois un petit homme noir qui s'appelait Bamboula. Il appartenait à un vieux maître d'école nègre qui l'avait sculpté dans le bois avec amour et tendresse. Bamboula était beau comme aucun négrillon ne l'avait jamais été". (2)*

Im Vergleich mit den beiden Anfängen der anderen Fassungen kann man hier weitere Reduktionen und Simplifizierungen feststellen. Da ist zunächst die Formel „il était une fois", womit die ganze Geschichte noch eindeutiger in den Bereich des Märchens gestellt wird. BBB wird zum „petit homme noir“, zum „négrillon“, zum „Bamboula“ – zum Negerlein, wie es auf Schokolade- und Kakaopackungen und als Missionsfigürchen zu sehen war und ist. Mouata-Yamvo wird zum Negerschulmeister, einen Namen bekommt er erst gar nicht. In dieser Fassung werden außerdem alle Afrikanismen vermieden. Noch in der ersten Kinderfassung macht Mouata-Yamvo Musik auf seiner „nanga“ (a, 8), in der zweiten Kinderfassung (auf vierzig Seiten reduziert) ist nur noch von ‚seinem Instrument‘, die Rede. Der Fetisch wird auch nicht mehr aus Mangoholz geschnitzt, sondern einfach aus Holz. Mit der Negerschule, mit den Vereinfachungen und Reduzierungen wird dem europäischen Kind inhaltlich und stilistisch die Szenerie vertraut gemacht, es sieht hier die eigene Schulsituation oder allenfalls die zehn kleinen Negerlein, die die Schulbank drükken.

Solche Vereinfachungen müssen nicht von vornherein negativ bewertet werden, bisweilen enthalten die einfachsten Kindergeschichten tiefe Wahrheiten. Hier aber handelt es sich um eine rassistische Simplifizierung, die zumindest den Text auf das Niveau billigster Kinderliteratur aus dem Land der kleinen Negerlein stellt. Die Illustrationen von Elisabeth Ivanovsky, die für beide Kinderfassungen verwendet wurden, heben sich davon jedoch bemerkenswert positiv ab. Die Künstlerin hat versucht, den Primitivismus in der europäischen Malerei dieser Zeit auch in das Kinderbuch zu übernehmen. Der Pariser Verleger hat offensichtlich die Illustrationen übernommen und den Autor gebeten (genötigt?), eine noch mehr vereinfachte Fassung zu liefern, die mit dem Originalroman kaum noch etwas gemein hat.

Die Originalfassung ist immerhin ein Dokument, es ist der „Roman eines Negergötzen“ (Stefan Zweig).[11] Er dokumentiert die magische Ausstrahlung, die die ‚Negerplastik, auf Hellens und seine Zeitgenossen ausübte. Er ist sogleich eine Satire auf die Primitivismus-Mode, und er ist auch der Versuch eines neuartigen Erzählens aus der Perspektive des reinen Primitiven, der für viele Dinge dieser Welt keine Begriffe

11 Zit. nach Hellens 1986, 6.

hat und sie umschreibend darstellen muß. Vielleicht ist Hellens durch Blaise Cendrars, den er 1910 kennengelernt hat, und dessen Fetisch-Gedichte zu diesem Roman angeregt worden. Doch Hellens scheint sich darüber nicht allzu viele Gedanken gemacht zu haben. In seinen Erinnerungen schreibt er, daß er diesen Roman ‚ohne den Schatten eines Plans' geschrieben habe. Er habe damals wie ein Wilder in Villefranche-sur-Mer gelebt, und diese „existence primitive" habe sich positiv auf die Arbeit am Roman ausgewirkt.[12] Man darf natürlich solche Äußerungen nicht allzu wörtlich nehmen. Eine Reihe von Kenntnissen über das Leben im Belgisch-Kongo, über primitive Kunst, über die Negermode in Paris und in anderen Metropolen Europas dürfte sich Hellens schon beschafft haben. Vieles ist ihm wohl aber auch durch die Vermittlung von Zeitungs- und Zeitschriftenartikel ‚zugeflogen'. Tatsache ist jedoch, daß dieser Roman allein im Werk Hellens' steht. Er hat ihm wohl kaum Bedeutung beigemessen, nach seinen Erinnerungen zu urteilen, in denen er die Kinderfassungen überhaupt nicht erwähnt.

12 Hellens 1958, 109.

Literatur

Blachère, Jean-Claude: Le modéle nègre. Aspects littéraires du mythe primitiviste au XXe siècle chez Apollinaire, Cendrars, Tzara. Dakar, Abidjan, Lomé 1981.

Camilly, Jérôme: Enquête sur un homme à la main coupée: Blaise Cendrars. Paris 1986.

Cendrars, Blaise: Anthologie nègre. Paris 1969a (= Oeuvres complètes, tome 3).

Cendrars, Blaise: Petits contes nègres. Paris 1969b (= Oeuvres complètes, tome 5).

Cendrars, Blaise: Le lotissement du ciel. Paris 1971 (= Oeuvres complètes, tome 12).

Frazer, James George: Der goldene Zweig (The Golden Bough). Das geheimnis von Glauben und Sitten der Völker. Abgekürzte Ausgabe. Leipzig 1928.

Freud, Sigmund: Animismus, Magie und Allmacht der Gedanken. In: Ders.: Totem und Tabu. Einige Übereinstimmungen im Seelenleben der Wilden und der Neurotiker. Frankfurt am Main 1987, 81-104.

Hellens, Franz: Histoire de Bass-Bassina-Boulou. Dessins d'Elisabeth Ivanovsky. Bruxelles o.J.

Hellens, Franz: Bamboula, le petit homme noir. Illustré par Elisabeth Ivanovsky. Paris o.J.

Hellens, Franz: Documents secrets (1905-1956). Histoire sentimentale de mes livres et de quelques amitiés. Paris 1958.

Hellens, Franz: Bass-Bassina-Bulu. Mindelheim 1986.

Leiris, Michel: L'oeil de l'ethnographe. In: Europe 714 (1988), 25-31.

Manganelli, Giorgio: Carlo Colodi: Pinocchio. In: Ders.: Laboriose inezie. Milano 1986, 309-312.

Marino, Adrian/Cluj-Napoca: Le retour aux sources. In: Jean Weissgerber (Hg.): Les avant-gardes littéraires au XXe siécle. Vol. 2. Budapest 1984, 760-768.

Segalen, Victor: Essai sur l'exotisme. Une esthétique du divers et Textes sur Gauguin et l'Océanie. Paris 1986.

Steins, Martin: Blaise Cendrars. Bilans nègres. Paris 1977 (= Archives des lettres modernes, 169).

Hans Ritte

Der „Durchbruch der Moderne" in Schweden – ohne Spuren in der Kinderliteratur?

Der unbefangene Rezipient ist geneigt, die Frage, ob die Begriffe „literarische Moderne" und „Kinderliteratur" denn überhaupt kommensurabel seien, erst einmal zu verneinen. Es ist vor allem der Signalcharakter von Begriffen wie „Moderne" und „Avantgarde", der uns spontan an Erwachsenenliteratur denken läßt, während wir mit Kinderliteratur eher Begriffe wie „didaktisch" (d.h. aber auch: an der Erfahrung orientiert!), „vom Kinde aus", „kindgerecht" usw. verbinden. Um Kinderliteratur und Erwachsenenliteratur in bezug auf ihre Modernität vergleichen zu können, müßte man sich erst einmal die verschiedenen Implikationen des Begriffes „Moderne" bewußt machen, was hier nicht versucht werden soll.

Es erschien mir methodisch unverfänglicher zu sein, die Beispiele auf kinderliterarische Erzeugnisse von Vertretern der Erwachsenenliteratur zu beschränken, die der literarischen Moderne zugerechnet werden, da „mehrdimensionale" Befunde dieser Art m.E. höher einzuschätzen sind als Befunde, deren Verbindung mit der literarischen Moderne lediglich auf induktivem Wege erschlossen werden kann. Soweit möglich soll dabei auch auf die vermittelnde Rolle von Kinderbuchkritik und kinderbuchbezogener Literaturgeschichtsschreibung eingegangen werden.

Unser Untersuchungsgebiet ist zunächst ein ca. hundert Jahre zurückliegender Zeitraum, der nicht nur dadurch geprägt ist, daß neuzeitliche („moderne") Inhalte und Formelemente in der Erwachsenenliteratur gehäuft auftreten, sondern auch durch die Bewußtmachung dieser Veränderungen unter Verwendung des Signalwortes „Moderne". Die dem Begriff innewohnende Dynamik wird veranschaulicht, indem vom „Durchbruch der Moderne" (Det moderna genombrottet)[1] die Rede ist. Die Forderungen des Bannerträgers dieser literarischen Bewegung, Georg Brandes, nach einer literarischen Erneuerung gipfelten damals in der Maxime, daß es die Aufgabe der Literatur sein müsse, „Probleme zur Debatte zu stellen". Er nannte die Förderer der „modernen literarischen Bewegung" „Det moderne Gennembruds Maend" (Essaysammlung von 1883). In Schweden sind Victoria Benedictsson, Gustaf af Geijerstam, Ola Hansson und August Strindberg wohl die bekanntesten Vertreter dieses „Durchbruchs", der zeitlich etwa auf die 80er Jahre des vorigen Jahrhunderts begrenzt ist und deshalb auch die Bezeichnung „Åttiotal" – im Gegensatz zum neoromantisch geprägten „Nittiotal" trägt. Wie nicht anders zu erwarten, richtet sich der Appell, Probleme, d.h. gesellschaftliche Probleme zur Debatte zu stellen (vgl. oben) an Erwachsenenbuch- und nicht an Kinderbuchautoren. Erwachsenenbuchautoren treten aber auch oft als Kinderbuchautoren in Erscheinung, und es liegt eigentlich nahe, nach dem Verhältnis ihrer erwachsenenbezogenen und ihrer kindbezogenen literarischen Produktion zu fragen. Ich werde dies vor allem am Beispiel Gustaf af Geijerstams und August Strindbergs tun.

Ein Durchschlagen der modernistischen Züge in der kindbezogenen Produktion des gleichen Autors setzt allerdings keineswegs voraus, daß der Autor beabsichtigt, den Durchbruch der Moderne auch auf diesem Gebiet zu versuchen; wir müssen im Gegenteil damit rechnen, daß er für seine Kinderbücher thematisch weit vom Erwachsenen-Schrifttum entfernte Gegenstände wählt oder seine Urheberschaft sogar leugnet, wie sich das am Beispiel Strindbergs zeigen läßt.

Von den programmatischen Zielsetzungen der Autoren des modernen Durchbruchs einmal abgesehen, hat dieser „Durchbruch" eine Reihe von formalen Neuerungen gebracht, die sich zum großen Teil folgerichtig aus dem neuerwachten Realitätssinn ergeben. Ein Schriftsteller, der sich nicht scheute, die gesellschaftlichen, vor allem aber auch die

1 Eine wichtige Arbeit zu diesem Themenkomplex ist: Ahlström 1947. Vgl. auch Butt 1982.

sozialen Probleme seiner Zeit anzugehen und rückhaltlos auszuloten, konnte dies nicht mit den überlieferten Mitteln tun. Der Realismus und seine Extremform Naturalismus sind für ihn die formale Konsequenz des Bestrebens, ein ungeschminktes, wahrheitsgetreues Bild der gesellschaftlichen Wirklichkeit zu liefern.

Realistische Züge lassen sich zwar schon früher in der schwedischen Kinderliteratur feststellen, gerade auch im Bereich des älteren moralischen Kinderschrifttums: Die Kinder mußten die Realität kennenlernen, an die sie sich anzupassen hatten. Diesen zweckdienlichen Realismus vom Realismus der 80er Jahre zu unterscheiden dürfte jedoch nicht allzu schwer sein. Die Wirklichkeitsausschnitte werden hier nicht von den Bedürfnissen der Erwachsenen bestimmt wie in den zahlreichen Trotzkopfgeschichten, was man z.B. gut an Geijerstams Erfolgsbuch *Meine Jungen* (Mina pojkar 1896) beobachten kann, das seinerzeit auch ins Deutsche übersetzt wurde.

Der Naturalismus beschränkte sich, gerade auch in Skandinavien, nicht auf die minutiöse Abbildung der Wirklichkeit, des „Milieus", sondern zielte auch darauf ab, die *innere* Realität des Psychischen aufzuzeigen. Strindberg hat im Vorwort zu *Fräulein Julie* (Fröken Julie) die Absicht bekundet, die „Fäden" zu zeigen, an denen er seine Figuren aufgehängt sehen wollte. Beides, die exakte Milieuschilderung und die psychologisch wahre Menschendarstellung, war prinzipiell übertragbar auf die Kinderliteratur. Auch in dem *didaktischen Bestreben,* dem Leser den Wert des einfachen, naturverbundenen Lebens nahezubringen, waren sich Kinderliteratur und Erwachsenenliteratur nicht wesensfremd. In Victoria Benedictssons Roman *Frau Marianne* (Fru Mariann 1887) wird die weibliche Hauptfigur von der Scheinwelt des Romans weg- und zur Realität des bäuerlichen Lebens hingeführt, wobei genauso Elemente des Sachkundeunterrichts einfließen wie in dem Kinderbuch *Die Abenteuer zweier Ameisen* von Nanny Hammarström oder im Lesebuch für die Volksschule vom Anfang des Jahrhunderts (vgl. unten).

Der Realismus der 80er Jahre hatte auch eine *soziale* Komponente; man begann sich für das Schicksal der unteren Schichten zu interessieren, was sich teils in sozialem Pathos, teils in einfühlender Schilderung der ärmeren Schichten niederschlug. Von diesem neuerwachten Interesse hat zweifellos auch die spätere Kinderliteratur profitiert. Laura Fitinghoff z.B. trat im Vorwort ihres Kinderbuches *Sieben Heimatlose* (Barnen ifrån Frostmofjället, 1907) dafür ein, die Angehörigen der ärmeren Schichten zu Kinderbuchhelden zu machen, anstatt sie immer nur als Figuren vorzuführen, an denen sich die Barmherzigkeit der wohlhabenden Kinder erweisen könne.

Vivi Edström vergleicht folgende Stelle des Buches mit Strindbergs Prosa und spricht in diesem Zusammenhang vom „Erbe der 80er Jahre", das in Laura Fitinghoffs „realistischer Art, sich einem Milieu zu nähern" eingegangen sei.

> *„Walderdbeeren und Brombeeren schwellten hochrot an den Feldrainen. Drinnen auf den durch Brandrodung entstandenen Lichtungen reiften die Himbeeren und die meilenweiten Moore standen voll mit den noch unreifen Sumpfbrombeeren, die bernsteingelb oder rosenfarben noch im Schutz des viergeteilten, blaugrünen, harten Blütenkelchs verblieben". (Edström 1980, 143; die Übersetzung stammt vom Verf.)*

Der in *Sieben Heimatlose* ebenfalls zu beobachtende Sozialrealismus prägt auch die Geschichte vom *Gänsemädchen Asa* und dem kleinen Mats (Åsa gåsapiga och lille Mats), die eine Episode in *Nils Holgerssons wunderbare Reise durch Schweden* (1906) bildet. Die eigentliche Heldin der Geschichte, Åsa Gåsapiga entstammt wie ihr Bruder ärmsten Verhältnissen. Nachdem die Eltern an Tuberkulose gestorben sind und die Hütte aus Hygienegründen verbrannt worden ist, machen sie sich auf den Weg, um die meist unwissenden Bauern über die Krankheit aufzuklären. Als Mats stirbt, verschafft ihm seine Schwester ein ehrenhaftes Begräbnis – gegen den Widerstand der Gesellschaft. Die Autorin Selma Lagerlöf – als Märchenerzählerin verkannt – ist eine namhafte Vertreterin der schwedischen Erwachsenenliteratur, die sich auf so umstrittene Themen wie „Sozialismus", „Krieg als Verbrechen", „Alkoholismus" und „Emanzipation der Frau" eingelassen und jahrelang um die Anerkennung ihres Werkes durch Georg Brandes gekämpft hat. Hier treffen offenbar moderne Tendenzen der Kinder- und der Erwachsenenliteratur in ein und derselben Person zusammen.

Um Verwechslungen mit parteipolitischen Schlagworten zu vermeiden, ist festzuhalten, daß der Sozialrealismus in der

Kinderliteratur weit über die Jahrhundertwende hinaus genau so wenig von den sozialpolitischen Programmen der erstarkenden Sozialdemokratie geprägt war, wie der Sozialrealismus in der Erwachsenenliteratur der 80er Jahre.

Die Forderungen nach einer sozialistischen Kinderliteratur, die auf jedem Parteitag der deutschen Sozialdemokraten erhoben wurden, verklangen weitgehend ungehört.[2] Auch in Schweden kam es zu keiner ideologisch orientierten Kinderliteratur, obwohl der sozialdemokratische Jugendverband die Bedeutung einer sozialistischen Erziehung besonders hervorhob.[3] Die Lesebuch-Programme der oft recht progressiven Vertreter des schwedischen Volksschullehrer-Korps (die Wolgast-Rezeption ging hier teilweise noch weiter als in Deutschland selbst) machten im Lesebuch für die untersten Klassen zwar Zugeständnisse an den Alltagsrealismus, idealisierten aber gleichzeitig das Landleben. Der ländliche Arbeitsplatz geriet so zur ländlichen Idylle.[4] Die *Kinderbuchkritik* in der *Presse* der 1880er Jahre zeigt sich insofern beeindruckt vom „Durchbruch der Moderne", als man den Realismus als *positives* Beurteilungskriterium verwendet. „Der Realismus – im Sinne von Streben nach Wahrheit, Naturtreue und Gesundheit – fängt glücklicherweise immer mehr an, die buchmäßigen Anrichtungen auf dem Tisch der Jugend zu durchdringen und zu würzen" (Kåreland 1977, 36) schreibt der Rezensent A. V. Södergren 1883 in Göteborgs Handels- och Sjöfartstidning. In Dagens Nyheter werden realistische Kinderbücher solchen Kinderbüchern gegenübergestellt, die „phantastische Motive" verwenden und die Dichtung zu einem „Tummelplatz für unberechenbare und ungehemmte Phantasiespiele" (Kåreland 1977, 36) machen.

Auch die Wolgast-Verehrerin Gurli Linder, die über 30 Jahre als Kinderbuchrezensentin für vor allem Dagen Nyheter gearbeitet hat (seit 1900) ist dem Realismus gegenüber positiv eingestellt und erinnert an die Aufbruchstimmung ihrer Jugend,

---

2 Vgl. Schröder 1910.

3 Siehe Kåreland 1977, 237, Anm. 69.

4 Im Rahmen eines neuen Lesebuchprogramms, dem auch die Entstehung von Selma Lagerlöfs *Nils Hilgersson* zu verdanken ist, erschien 1913 *Sörgården,* das Lesebuch von Anna Maria Roos, das an diese Tradition anknüpft.

die sie in Verbindung mit Ibsens Dramen und anderen Modernisten bringt: Strindberg, Drachmann, Bang, Brandes, Björnson, Kielland, Garborg und Hamsun.[5] In Fitinghoffs *Sieben Heimatlose* sieht sie ein Beispiel der neuen realistischen Strömungen in der Kinderliteratur.[6] Diese von eigenen Leseerlebnissen geprägte freundliche, aufgeschlossene Einstellung zur literarischen Moderne hinterläßt auch deutliche Spuren in den zahlreichen Rezensionen, die Gurli Linder während der 30jährigen Tätigkeit als Kinderrezensentin in der schwedischen Tagespresse geschrieben hat. Andererseits sperrt sich Gurli Linder gegenüber bestimmten literarischen Neuerungen, die ihr vom moralischen Standpunkt als ungeeignet für die Jugend erscheinen. Geijerstams *Förbrytare* und *Nils Tufveson och hans moder* finden im Gegensatz zu Geijerstams *Meine Jungen* nicht ihre Billigung, ebensowenig Hjalmar Söderbergs *Doktor Glas,* ein Werk der Fin-de-siècle-Literatur, das wir heute ohne zu zögern der Moderne zuordnen. Diese Bücher sind nach Gurli Linder „absolut zu verwerfen als Kinderlektüre und höchst ungeeignet für Jugendliche überhaupt". (Kåreland 1977, 251, Anm. 44) An Pallins *Klasropojkarnas jullov* hat sie auszusetzen, daß der Antagonismus zwischen den Sägewerksjungen und den Jungen der Herrschaft einen ziemlich „schroffen Charakter" (Kåreland 1977, 188) habe. Das „soziale Pathos" (Kåreland) vieler ihrer Rezensionen schließt ideologisch interpretierbare Kinderliteratur nicht ein. Realismus muß nach ihrer Auffassung von den kindlichen Lesern als Teil ihrer Umwelt wiederzuerkennen sein, darum ist auch Geijerstams *Meine Jungen* in ihren Augen „wirkliche Literatur", die man den Kindern ohne Bedenken in die Hand geben kann. – Die literarische Moderne hat, so könnte man zusammenfassend sagen, den Blick gerade auch des Kinderbuchrezensenten geschärft für soziale Probleme, für realistische und psychologische Menschenschilderung. Das gilt zum Teil auch für die Literaturgeschichtsschreibung. Ich erwähnte bereits ein Urteil aus unserer Zeit (Vivi Edström über *Sieben Heimatlose).* Eva von Zweigbergk nennt *Meine Jungen* in ihrem reich illustrierten und sehr umfangreichen Werk *Barnboken i Sverige* „die erste moderne elternpsychologische Sammlung

---

5 Vgl. Kåreland 1977, 51.
6 Vgl. ebd., 79.

Geschichten über Kinder" und betont, daß hier zum ersten Mal, „das Sommervergnügen in Stockholms Schärengürtel mit den Augen eines Kindes geschildert" (Zweigbergk 1965, 300f.) werde.

Meine Jungen kann insofern besonderes Interesse beanspruchen, als wir es hier mit einem Jugendbuchautor zu tun haben, der als Vertreter der literarischen Moderne bekannt ist.

Folgende Episode soll zeigen, daß der Realismus der Beobachtung, in der Erwachsenenliteratur der Zeit bereits eine Selbstverständlichkeit, offenbar auch in das Jugendbuch Eingang gefunden hat.

> *„Dann beugten sie sich über den Rand des Bootes und guckten in die Wogen hinab, die das Boot in eilender Fahrt durchschnitt. Dunk, dunk und platsch, platsch klang es, wenn das große Boot sich auf den Wellen erhob und über ihre Kämme kletterte, die in weißem Schaum zu beiden Seiten des Bootes zerperlten. Wenn man so dalag und ins Wasser sah, entdeckte man viele merkwürdige Dinge. Der Schaum sprühte einem gerade ins Gesicht und glitzerte und leuchtete in allen möglichen Farben. Er stieg und fiel. Bald ging er so hoch hinauf, daß er beinahe den Bootsrand benetzte, bald sank er tief hinab und ließ einen ganzen Streifen des Bugspriets völlig trocken. Das quirlte und schäumte und perlte und sang. Nie wurde man müde, in dieses Wasser hinabzusehen, das stets vorbeieilte und stets gleich neu und spannend blieb".*
> *(zitiert nach der Übersetzung von Marie Franzos aus dem Jahr 1927, 74f.)*

Die Beobachtung bestimmt hier nicht nur die Erzählweise, sondern wird selbst thematisiert: „Wenn man so dalag und ins Wasser sah, entdeckte man viele merkwürdige Dinge". Die visuellen Eindrücke sind räumlich exakt eingeordnet: (...), daß er beinahe den Bootsrand benetzte (...) und ließ einen ganzen Streifen des Bugspriets völlig trocken". – Auf den psychologischen Realismus des Buches wurde bereits oben hingewiesen.

Der Name Strindberg wurde bereits erwähnt. Strindbergs erste literarische Versuche, die in die Zeit des bahnbrechenden naturalistischen Romans *Das rote Zimmer* (Röda rummet, 1879) fallen, sind geprägt von der Furcht, als Kinderbuchautor zu gelten und damit seinen Feinden in die Hände zu spielen.

Zu einem Bilderbuch *Für unsere Kinder* (För våra barn), das bereits 1876 herauskam – die Illustrationen waren von keinem Geringeren als Ludwig Richter –, hatte er „alte und neue Verse" geliefert und sich dabei auch nicht gescheut, dies unter seinem Namen zu tun. Später, als er sich die Rolle des „Vaters des Naturalismus in Schweden" zuschrieb, verleugnete er seine Mitwirkung und schrieb dem Verlag, daß seine damalige Frau Siri von Essen diese Arbeit „allein ausgeführt" habe. Die Verwendung seines Namens sei ein Zugeständnis gewesen, zu dem er vom Verlag gezwungen worden sei. Der Autor befürchtete – angesichts der zusammengeschusterten Verse wohl mit Recht – sein Renommé als Erwachsenenschriftsteller könne durch die Verse, die er kurzerhand Arwidssons Svenska Fornsånger entnahm, zu gefährden. Das nächste Mal, 1879, gab Strindberg von vornherein seine Frau als geistige Urheberin an. Der Brief an den Verleger schließt mit den Worten: „Ich darf aufs wärmste darum bitten, nicht (als Verfasser) auf einer Arbeit zu stehen, die ich nicht gemacht habe". Es gelang ihm auf diese Weise für lange Zeit, die Strindbergforschung irrezuführen.[7]

An Strindbergs Verfasserschaft bestehen heute keine Zweifel mehr. Es handelt sich diesmal um drei englische Kinderbücher, von denen in Schweden zwei anonym, also ohne Nennung Siri von Essens, herauskamen. Die kolorierten Lithographien, ein vornehmes englisches Milieu wiedergebend, waren von Haus aus wenig geeignet, Strindbergs Feder in Bewegung zu setzen. Der undankbaren Aufgabe, die mitgelieferten simplen Verse ins Schwedische zu übertragen, entledigte er sich abermals mit Hilfe von Arwidsson, aber nur zum Teil. Die mangelnde Übereinstimmung von Lithographien und Arwidsson-Anleihen führte teils zu (eigenen) Umdichtungen, teils aber auch zu Neudichtungen. So entstand folgendes Kindergedicht, das Eva von Zeigbergk als „ein wunderbarer Nonsens" erscheint, als „der erste absurde schwedische Kindervers, der vom Einfall des Genies geprägt" war. (Zweigbergk 1965, 394) Die Illustration zeigt ein kleines Mädchen, mit einem Rechen und einem Korb versehen. Das Gedicht lautet:

„Vill ni köpa en flicka
Att se efter trädgårn?

---

7 Vgl. dazu Lamm 1928, 9, 27.

Flicken heter Höjen på Flöjen,
På klingande glasberg.
Därunder gå alla de getter
Och bita ståltråd med
mässingständer.
Det gnittrar och det gnattrar
Som trettiofem trädsaxar,
Vad hette flickan?"
(zitiert nach Barnens Dagblad, 9)

(Wollt ihr ein Mädchen kaufen/um nach dem Garten zu seh'n?/das Mädchen heißt Hohen auf Flohen/auf klingendem Glasberg/Darunter gehen alle die Ziegen/und beißen Stahldraht mit/Messingzähnen./Es gnitzert und gnatzert/wie 35 Baumscheren.)

Die Verszeile „Hohen auf Flohen" ist typischer Nonsens, ohne jeden Bezug zur Bildvorlage. Nicht bildbezogen ist auch „På klingande glasberg", auf klingendem Glasberg, eine magisch-märchenhafte Formel, die zu dem von Lamm als „suggestiv" bezeichneten Stil beiträgt. Mehr als bloßer Nonsens oder gewollte Absurdität scheint sich mir aber in den folgenden Zeilen zu offenbaren. Die Ziegen beißen Stahldraht mit „Messingzähnen" und werden mit „35 Baumscheren" verglichen. Der Vergleich, der dem Leser durch das lautmalende „es gnitzert und gnatzert" suggeriert wird, bedient sich eines Werkzeugs aus der nichtorganischen Welt; vorbereitet wird er durch die „Messingzähne", von denen in der vorhergehenden Verszeile die Rede ist. Strindbergs durch den Naturalismus beeinflußte Personenschilderung läßt sich gerade zu dieser Zeit an seinem Roman *Das Rote Zimmer* sehr gut beobachten. Die Personenbeschreibung bedient sich dort mehrfach des Vergleichs mit Gegenständen; so wird z.B. zur Charakterisierung einer Person gesagt, sie habe ihre „großen, dunklen Augen" „abfeuern" können, „und dann glichen die Pupillen der Mündung eines Revolvers".

Der Vergleich mit einem „Schießwerkzeug" (ich verwende das Wort hier absichtlich) stellt eine Analogie zu dem Vergleich der fressenden Ziegen mit einem Schneidewerkzeug dar. In beiden Fällen erscheint die Eigenschaft eines lebenden Wesens verfremdet, bedrohlich verfremdet.

Wie folgendes Beispiel zeigen soll, blieb die Beziehung von Strindbergs Kinderliteratur zur Moderne auch noch in einer späteren Periode seines Schaffens erhalten, die nicht mehr von den Vorstellungen des ausgehenden 19. Jahrhunderts geprägt war und erst nachträglich mit dem Begriff der Moderne in Verbindung gebracht worden ist.

Als Eugene O'Neill mit den Princetown Players in den 20er Jahren in New York Strindbergs *Gespenstersonate* und *Ein Traumspiel* (Ett drömspel) aufführte, nannte er den Autor „den Vorläufer aller Moderne in unserem gegenwärtigen Theater, so wie Ibsen – der ahnte, daß er der geringere von den beiden war – der Vater der Moderne 20 Jahre früher war". (Gustafsson 1963, 257)

Ein Jahr nur nach dem *Traumspiel,* nämlich 1903, erschienen Strindbergs *Märchen* (Sagor). Man findet in ihnen viele bekannte Märchen- und Sagenmotive, die Strindberg seinen eigenen Zwecken dienstbar gemacht hat, aber auch Motive, die eher an die Legendenüberlieferung denken lassen. Einige der Märchenerzählungen überschreiten auch die Grenze zur Erwachsenenliteratur. Dies ist scheinbar nicht der Fall bei der Erzählung *Die Drangsale des Lotsen* (Lotsens verdermödor), die am Ende in eine Rahmenerzählung überleitet, in deren Mittelpunkt ein kleines Mädchen und dessen Mutter in einer für das Märchen typischen Erzählsituation stehen: Das Kind stellt seiner Mutter Fragen, diese antwortet ihm. Die Binnenerzählung spielt in einem realistischen Küstenmilieu und erinnert zunächst eher an den Eingang einer Kurzgeschichte als an ein Märchen. Aber sehr bald wird der realistische Rahmen gesprengt; der Schauplatz (das Segelschiff, auf das sich der Lotse Viktor begibt) „entgrenzt" sich: Als Viktor eben den Hauptmast umrundet, sieht er „daß er auf einem Parkettboden mit langem Läufer ging (. . .). Er ging und ging, doch der Läufer wollte kein Ende nehmen (. . .)".[8] Plötzlich stehen rechts und links Läden. Viktor betritt einen von ihnen, kommt von da in die Kammer einer „Dame", halb mythisches Wesen; beide gelangen durch eine Hintertür in einen Wald, durchqueren ihn und gehen, bis sie an eine Stierweide kommen, wo Viktor die Dame gegen einen Stier verteidigt. Nachdem sie sich in ein Kaninchen verwandelt hat und verschwunden ist,

8 Zitiert wird nach Scherings Übersetzung. Hervorhebung vom Verf.

kommt Viktor an eine Hütte, die von einer Alten bewohnt wird und besteht eine Reihe von Prüfungen, die von fern an das Märchen von einem der auszog, das Fürchten zu lernen, erinnern.

Man könnte sagen, daß die Verwandlungen und Szenenwechsel der eigentümlichen Logik des Märchens entsprechen; aber wo derlei im Märchen geschieht, geschieht es gewöhnlich unter dem Einfluß magischer Kräfte, d.h. das Märchen verwendet das Verwandlungsmotiv gewöhnlich nicht, ohne das Außerkrafttreten der im Alltag herrschenden Gesetze zu begründen: Märchenwald, Zauberschloß, Hexenhaus – all das sind besondere Orte, an denen Unmögliches möglich wird. In Strindbergs Märchen ist von magischen Einflüssen nirgends die Rede, das Umkippen der Realität des Eingangs in „Surrealität" (ein surrealistischer Zug ist z.B. die taubeneigroße Hornisse, die über Viktors Bett nistet) scheint vielmehr dem Gestaltungsprinzip des Traums zu unterliegen, der solche Übergänge bekanntlich möglich macht. Das kleine Mädchen der Rahmenhandlung stellt ja auch die bezeichnende Frage: „Ja, aber wie kam es, daß der Lotse vom Schiff nach der Passage gehen konnte; und kam er nachher zurück, oder hatte er alles nur *geträumt*?" Träume sind seit eh und je Bestandteil der Volksdichtung, aber der Traum strukturiert dort nicht die ganze Erzählung wie hier; zum Träumen gehört als „Rahmenhandlung" das Einschlafen oder Aufwachen. Anders ausgedrückt: Der Traum ist nicht Subjekt sondern Objekt der Erzählung. In Strindbergs Märchen läßt sich nun zwar ein Erzähler ausmachen, der nicht mit dem Träumenden identisch sein kann (nämlich die Mutter), aber diese weicht erstaunlicherweise aus, anstatt die Frage des Kindes zu beantworten und das Erzählte eindeutig dem Traum zuzuordnen.

Auch von der Binnenerzählung her gesehen entspricht dem „Traum" Viktors weder ein Einschlafen noch ein Aufwachen. Die realistische Eingangsszene ist offenbar Bestandteil des Traums, d.h. aber: der Traum strukturiert die gesamte Erzählung, wie es Strindberg auch in bezug auf *Ein Traumspiel* gesagt hat. Es heißt dort:

> *„Der Verfasser hat in diesem Traumspiel mit Anschluß an sein früheres Traumspiel „Nach Damaskus" versucht, die unzusammenhängende aber scheinbar logische Form des Traumes*

nachzuahmen. Alles kann geschehen, alles ist möglich und wahrscheinlich. Zeit und Raum existieren nicht; auf einem unbedeutenden Wirklichkeitsgrunde spinnt die Einbildung weiter und webt neue Muster: eine Mischung von Erinnerungen, Erlebnissen, freien Einfällen, Ungereimtheiten und Improvisationen.

(. . .) Aber ein Bewußtsein steht über allen, das ist das des Träumers; für das gibt es keine Geheimnisse, keine Inkonsequenz, keine Skrupel, kein Gesetz". (Zit. nach Schering.)

Das Kaninchen und einige andere Dinge verbinden *Die Drangsale des Lotsen* mit *Alice in Wonderland,* aber wer die beiden Erzählungen vergleicht, wird sehen, daß in der englischen Kindererzählung das Moment des Absurden leitendes Prinzip ist, während in Strindbergs *Märchen* die Verwandlung der Dame in ein Kaninchen als Projektion von Viktors innerem Erleben auf die Geschehnisebene interpretierbar ist. Als er nämlich entdeckt, daß sie „des Stieres blutigen Blick" hat, beginnt er zu verstehen, und indem er versteht, verändert sie sich zusehends, bis sie „vor Wut platzte", und entfernt sich schließlich in Gestalt eines schwarzen Kaninchens. Die Subjektivität von Strindbergs Einstellung zur Frau wird hier, wie auch im *Traumspiel,* durch das Medium des Traums vermittelt.

Eva von Zweigbergk nennt die Drangsale des Lotsen ein „surrealistisches Traummärchen" (Zweigbergk 1965, 394), ohne auf die Beziehung des *Märchens* zu Strindbergs Dramatik einzugehen. Für uns war gerade sie von Bedeutung.

Die an sich naheliegende Annahme, daß es Strindberg als dem Hauptvertreter der skandinavischen Moderne hätte schwerfallen sollen, Kinderliteratur zu schreiben, die völlig unbeeinflußt war von seiner übrigen literarischen Produktion, wird durch Textvergleiche nachhaltig unterstützt. Auch im Falle Geijerstams trägt der Textvergleich zu einer Beantwortung der Frage nach dem Verhältnis von literarischer Moderne und Kinderbuch bei.

Es wäre verlockend, von den gewonnenen Positionen aus weiterzufragen nach weiteren Manifestationen der Moderne in der schwedischen bzw. finnlandschwedischen Kinderliteratur. Die expressionistische Lyrik Pär Lagerkvists oder der finnlandschwedischen Modernisten ergäbe zum Beispiel lohnende Ausblicke auf Tove Janssons bekannte Mumintroll-Dichtung. Bei Eva von Zweigbergk lesen wir hierzu, ihre Phantasiewelt sei „sicher beeinflußt von der modernistischen finnlandschwedischen Lyrik – Elmer Diktonius, Rabbe Enckell, Edit Södergran“ (Zweigbergk 1965, 468), und sie verweist dabei besonders auf die „fürchterlich expressiven Illustrationen“ der frühen Comic-Serien *Småtrollen och den stora översvämningen* (1945) und *Kometjakten* (1946).

Literatur

Ahlström, Gunnar: Det moderna genombrottet i Nordens litteratur. Stockholm 1947, neu bearb. Aufl. 1974.

Butt, Wolfgang: Der moderne Durchbruch und die Zeit bis zur Jahrhundertwende. In: Paul, Fritz (Hrsg.): Grundzüge der neueren skandinavischen Literaturen. Darmstadt 1982, 147-214.

Edström, Vivi: Barnbokens form. En studie i konsten att berätta. Avesta 1980.

Gustafsson, Alrik: Den svenska litteraturens historia, I: Före 1900. Stockholm 1963.

Kåreland, Lena: Gurli Linders barnbokskritik. Klippan 1977. (= Skrifter utgivna av svenska barnboksinstitutet nr 4).

Lamm, Martin: August Strindberg som barnboksförfattare. In: Barnens Dagblad 1928, 9.

Schröder, Wilhelm (Bearbeiter): Handbuch der sozialdemokratischen Parteitage von 1863-1907. München 1910.

Strindbergs Schriften, Deutsche Gesamtausgabe, dt. von Emil Schering, München, Leipzig 1901ff.

Zweigbergk, Eva von: Barnboken i Sverige 1750-1850. Stockholm 1965.

Jens Thiele

Wurzelkinder und Honigpumpe

Zum Verhältnis von Kunstmoderne und Bilderbuch

Das Verhältnis von moderner Kunst und Bilderbuch zu definieren, ist ein schwieriges Unterfangen, denn jeder einzelne Partner in diesem Verhältnis ist für sich schon kompliziert genug. Um es zu begreifen, muß man seine Anfänge ins Auge fassen (denn dort haben sich die Probleme entwickelt) und einige Stationen in der Geschichte dieses Verhältnisses nachzeichnen.

Der Titel dieses Beitrages ist bewußt irritierend gewählt: Wurzelkinder und Honigpumpe. Sibylle von Olfers bis heute erfolgreiches, heiß geliebtes Buch von 1906 *Etwas von den Wurzelkindern* werden alle kennen (Abb. 1).

Die *Honigpumpe* von Joseph Beuys kennen vielleicht nur einige, die Installation war auf der 6. dokumenta 1977 zu bestaunen (Abb. 2).

Was hat das eine mit dem anderen zu tun? Nichts, und genau das ist unser Thema: Die Abtrennung der freien, modernen Kunst von dem illustrierten Kinderbuch, das der Gebrauchskunst zuzuordnen ist. Vergleichen wir beide Abbildungen miteinander, so wird auch schnell deutlich, warum sie sowenig miteinander zu tun haben. Die Illustration von 1906 erschließt sich uns auch heute noch aus der Vertrautheit des Zeichenstils, der Anschaulichkeit des Dargestellten und der liebevollen Naivität der Naturauffassung. Das idyllische Vorstellungsbild einer gütigen Mutter Natur, die unter der Erde ihre Kinder auf den Frühling vorbereitet, ist verständlich, begreifbar. Wir verstehen, was wir sehen.

Abb. 1

Beuys' *Honigpumpe,* obwohl Jahrzehnte jünger, macht ratlos. Das Objekt erschließt sich nicht mehr aus der Anschauung, wir können es durch die bloße Wahrnehmung nicht verstehen. Wir spüren, das Kunstwerk bedarf der Erklärung, ist einer bestimmten Auffassung von Kunst verpflichtet, die wir nicht kennen.

Wer weiß schon, daß sich Joseph Beuys im Rahmen seiner plastischen Theorie besonders mit der sogenannten Wärmeskulptur beschäftigt hat. Elektromotoren pumpen das Wärmematerial, den Honig, der ursprünglich aus der Wärme des Bienenkorbes kommt, von oben nach unten und zurück. Mit der

Installation will Beuys die Übertragung seiner Idee auf die Gesellschaft erreichen. – Die Honigpumpe als soziale Wärmeskulptur – Kunst für jedermann.[1]

Abb. 2

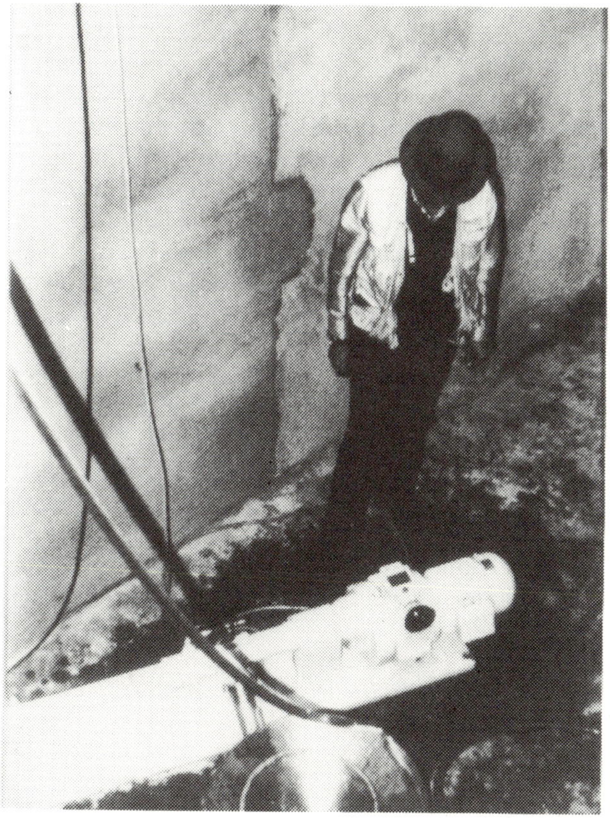

Kurioserweise erkennt der nicht eingeweihte Betrachter diese gesuchte Nähe der Kunst zum Leben gerade nicht. So, wie sie sich darstellt, läßt die Installation gerade keinen Rückschluß auf das Alltagsleben zu.

1 Vgl. Oman 1988.

An diesem sicher gewagten Vergleich einer Bilderbuchillustration und einer Kunstinstallation wird augenfällig: Die Gesetze der Bilderbuchillustration und die der Kunstavantgarde haben offenbar keinen gemeinsamen Nenner, ja nicht einmal Berührungspunkte. War das immer so? Wurde hier – absichtlich – ein falsches Beispiel gewählt? Müssen freie und angewandte Kunst Gegensätze oder gar Gegner sein? Um das eigenartige Mißverhältnis und die tiefgreifenden Trennungen zwischen beiden Kunstformen zu begreifen, muß man sich dem Thema wohl auf mehreren Betrachtungsebenen nähern – dazu gehört ein Blick auf die Kunst selbst und ihre sich wandelnde Erscheinung durch die sogenannte Kunstmoderne. Dazu gehört ein Blick auf den malenden und illustrierenden Künstler und sein Selbstverständnis in dieser Zeit – und schließlich ist *der* ästhetische Bereich genauer zu betrachten, in dem die Kinderbuchillustration angesiedelt war und ist: das Kunstgewerbe, also die dienende Kunst, ein Begriff, für den die Literatur offenbar kein Pendant besitzt. Wer nach Erklärungen für die Schwierigkeiten sucht, die freie Kunst und Gebrauchskunst miteinander hatten und haben, kommt nicht umhin, die geradezu rasante Entwicklung der modernen Kunst zumindest in einer kurzen Abfolge nachzuzeichnen, denn der Schritt zur Ungegenständlichkeit in der Malerei war zugleich ein entscheidender Trennungsschritt weg von der Buchillustration der Familien-, Märchen- und Kinderbücher. Ich möchte meine Überlegungen in 10 Gedankenschritten entwickeln:

1. Schritt: Die Kunstauffassung wandelt sich

Zur Erinnerung: Seit der Mitte des 19. Jahrhunderts entwikkelte sich ein grundlegend neues, anderes Verständnis von Malerei. Bis dahin hatte die Kunst die Aufgabe, die Natur möglichst getreu abzubilden. Die auf handwerklich-technischer Fertigkeit basierende Naturdarstellung wurde aber, wohl nicht zufällig parallel zum Siegeszug der Fotografie mit ihrer unbestechlichen Genauigkeit, zunehmend von einer persönlichen, subjektiveren Naturinterpretation abgelöst. Die künstlerischen Ausdrucksmittel, bis dahin noch im Dienste der Abbildhaftigkeit, wurden nach und nach selbständig, lösten sich schrittweise vom Gegenstand ab und wurden autonom. Nach der immer noch brauchbaren Einführung in die moderne Kunst Georg Schmidts[2] hat sich die linearperspektivische Raumgliederung, die plastisch durchmodellierte Körperauffassung, die illusionistische Oberflächenbehandlung, die Bindung der Farbe an den Gegenstand und die anatomische Genauigkeit durch die Kunstmoderne entscheidend gewandelt. Die Räumlichkeit ist einer betonten Flächigkeit gewichen, der Körper wird nur noch andeutungsweise modelliert, oft anatomisch falsch (wie z.B. bei Vincent van Gogh). Auch die Proportionen geraten durcheinander. Die Farbe, zuvor noch fest an die Gegenstände gebunden, erhält nun Eigenwert und löst sich spürbar ab von den abgebildeten Dingen. Die Farbflächen stehen in ihrer eigenartigen Präsenz für sich allein.

Paul Gaugin geht noch einen Schritt weiter als Vincent van Gogh: Seine farbigen Figuren verlieren ihre Körperlichkeit ganz, wie Schablonen reiht sie der Maler aneinander. Die Gemälde wirken eher wie freie Farbkompositionen, mit spannungsvoller Verteilung von farbigen Flächen auf der Leinwand.

Es war auf diesem begonnenen Wege zur Gegenstandslosigkeit und zur Autonomie der Farbe nur konsequent, daß Wassili Kandinsky 1911 die Bildfläche als Träger eines rhythmischen Gefüges von Linien, Flächen und Farben begriff (Abb. 3).

2 Vgl. Schmidt 1955.

Der Gegenstand des Bildes sind nicht mehr der vage erkennbare Reiter und das Pferd, sondern Linie und Farbe. Die Malerei hatte den Gegenstand überwunden – sie hatte sich selbst entdeckt. Die Natur bot nun allenfalls Anlässe für die Auseinandersetzung mit bildnerischen Fragen. Wenn George Braque ein kubistisches Gemälde von 1913 *Der Tisch des Musikers* nennt, so beschäftigt ihn längst nicht mehr das Stilleben, sondern die Auflösung und Zerlegung der Formen auf der Fläche, ihr rhythmisches Zueinander. Die Formen werden in bildnerischen und nicht in ihren gegenständlichen Kategorien behandelt.

Ich gebe zu, daß dieser Exkurs in die Entwicklung der Kunstmoderne unzulässig kurz und verkürzend war. Worum es mir ging, ist nur dies: aufzuzeigen, welche künstlerisch revolutionären Prozesse zwischen 1850 und 1920 stattgefunden haben; sie haben in ihrer Radikalität zu einer Aufsplittung der Kunst geführt in eine verständliche und eine unverständliche. Die Auseinandersetzung mit der abstrakten Kunst erfolgte bald unter den Avantgardekünstlern und Kunstspezialisten, abgetrennt von Gesellschaft und Leben. Auf der anderen Seite gab es im 19. Jahrhundert ein ständig ansteigendes Bedürfnis nach Bildern, einen Bilderhunger nach verständlichen, erkennbaren, anschaulichen Bildern. Dieses Bedürfnis mußte befriedigt werden. Das geschah nicht mehr durch die Malerei, sondern vor allem durch die im 19. Jahrhundert aufblühende Grafik und den zeichnenden, illustrierenden Künstler.

2. Schritt: Der Künstler wandelt sich

Die Grafik, speziell die Buchgrafik, entwickelte sich vor allem im 19. Jahrhundert (und natürlich schon früher) zu einem Arbeitsbereich für Künstler, der ihnen den Broterwerb sicherte. Der Künstler ließ sich neben seiner Haupttätigkeit als Maler aus wirtschaftlichen Gründen auf die Grafik ein, d.h. insbesondere auf die Illustration von Dichtung, von Allegorien, von Historie, von Märchen und Sagen. In einem Brief vom 30. Oktober 1827 beklagt sich Ludwig Richter: „Übrigens läßt hier niemand etwas malen; es ist das schrecklichste Philistervolk, das man sich denken kann. Die schlimmsten selbst sind die Akademiker, vom ersten Professor bis zum letzten Schüler der Akademie. Kein Kunstsinn und keine Liebe, alles stroh- und hackerlingfressende Tiere". (Staatliche Kunstsammlungen Dresden 1984, 27).

Um zu überleben, mußten die Maler, unter ihnen auch Ludwig Richter, Auftragskunst annehmen, und zwar eine, die sich abhob von dem, was der Künstler selbst als Kunst bezeichnete. Es waren oft die Grafikverleger, die beim Künstler Aufträge bestellten. Solche Auftragsarbeiten waren für die zeitgenössische Öffentlichkeit, das Kleinbürgertum des Biedermeier, bestimmt. Der Künstler war gezwungen, sich in den Entwürfen und Zeichnungen auf den Geschmack des Publikums einzustellen, wenn er weiterhin mit Aufträgen bedacht werden wollte. Von Ludwig Richter wissen wir, daß seine Zeichnungen für Verleger und Öffentlichkeit handwerklich zuverlässig, genau in allen Einzelheiten und sorgsam durchgearbeitet waren, während er die Zeichnungen zum eigenen Gebrauch offener, unfertiger und freier ließ. Richter hatte also die unterschiedlichen ästhetischen Gesetzmäßigkeiten, die Bildsprache mit zweierlei Maß, verinnerlicht. Die bürgerlichen Erwartungen an die Zeichnungen zielten vor allem auf Vollendung, Perfektion, also auf den Nachweis handwerklichen Könnens. Auf solche Zwänge ließ sich Richter, der sich doch noch ganz als Künstler empfand (wie aus seinem zitierten Brief hervorgeht), der im künstlerischen Urteil auf die Kunstunverständigen herabblickte, aber ganz ein. An ihm wie an seinen Zeitgenossen Adolf Menzel oder Schnorr von Carolsfeld zeigte sich die Ambivalenz des freien und gebundenen Künstlers, des Malers und Gebrauchsgrafikers in einer Person.[3]

An seinem bekannten Holzschnitt von 1845 *Der Bildermann,* hier in Entwurf und Ausführung zu sehen, können wir die Konzessionen des Künstlers an den Geschmack der Zeit gut nachvollziehen (Abb. 4a/4b).

Jede Figur hat etwas verhalten Überzeichnetes, leicht Karikiertes: die puppenhaften Mädchen mit niedlichem Habitus, die stürmenden Knaben, der mit Pantoffeln und Pudelmütze ausgestattete Bildermann. Richter gibt die Deutungsmuster vor. Der Zeichenstil, im Bleistiftentwurf noch offen, locker, z.T. verspielt, eher die zentrische Komposition notierend, legt

3 Vgl. Hoffmann 1986.

Abb. 4a

nun im Holzschnitt die Figuren und Details fest als gleichwertige, klar abgegrenzte, konturierte Bildelemente. Nichts bleibt mehr Andeutung, alles hat seine Eindeutigkeit. In dieser Festlegung aufs Unmißverständliche, rasch Erkennbare ist fraglos eine Konzession an den Bildgeschmack der Zeit zu sehen. Auch wenn das Bild sicher ein Spiegel des mit der einsetzenden Schulpflicht real vorhandenen Lernbedürfnisses ist, so ist es aber in erster Linie Ausdruck gesellschaftlicher Wunschbilder von zufriedenen Kindern, ihrer bürgerlichen Erziehung und ihrer „Welt im Kleinen". Der Hang Richters zum Anek-

Abb. 4b

dotischen wird bildnerisch noch durch die Liebe zum Detail und Dekor verstärkt: Das Spielzeug-Schaf am Boden, Schwamm und Tafel am Arm des Jungen oder die aufgereihten Vögel am oberen Bildrand sind pittoreske, anrührende Zugaben zur Szene. Quasi als formales Gerüst der gesamten Bildkomposition setzt Richter die Stäbe, an denen die Anschauungstafeln befestigt sind. Daran läßt er zu beiden Seiten Blattwerk ranken. Auch der Sockel des Bildes wird mit vertrauten dekorativen Elementen geziert, ja er ist selbst durch und durch Dekor. Man wird allerdings bei der Beurteilung des Bildstils nicht die Technik und den Herstellungsprozeß unbeachtet lassen können. Der Holzschnitt war nach seiner Blüte im 15. und 16. Jahrhundert im frühen 19. Jahrhundert wieder (neben der Radierung) *das* Reproduktionsmedium. Er erforderte eine sorgfältige zeichnerische Vorbereitung und eine genaue Kenntnis des Umsetzungs- und Druckverfahrens. Die freien Entwürfe, in denen wir auch eine Freiheit in der Bildauffassung beobachten, hatten also bereits eine dienende Funktion hinsichtlich des geplanten Endprodukts. Und es war bei der klassischen Auffassung des Richter'schen Holzschnitts gar nicht zu vermeiden, daß die verschiedenen Arbeitsphasen den Skizzen Schritt für Schritt Spontaneität und Offenheit, Großzügigkeit der Linienführung und Freiheit der Formen raubten.

Richter kultivierte jenen populären Bildstil, der ihn zu Lebzeiten so geachtet werden ließ. Sein erzählerischer, detailreicher Bildstil machte ihn – auch in der Einschätzung der Nachwelt und Fachwelt – zum „Bildermann" und nicht zum Maler. Er ging in die Kunstgeschichte als Bilderzähler ein, nicht als geachteter Landschaftsmaler, der er war – und litt an dieser Doppelrolle, wie wir gehört hatten.

3. Schritt: Die Bedeutung des illustrierten Buches

Ein weiterer trennender Faktor zwischen freier und gebundener Kunst ist *das* Medium, das bis heute für den Begriff „Kinderliteratur" steht: das Buch. Das Buch, im Mittelalter eine Rarität mit religiöser, magischer oder kultischer Aura, in der auch das Bild seinen festen Platz hatte, geriet im Verlauf der Zeit immer mehr in den Bereich der Gebrauchskunst. Die zunehmende Säkularisierung bewirkte eine gesteigerte Nachfrage nach dem gedruckten Wort und führte zu einem veränderten Buchgebrauch. Arbeitsteilige Herstellungsverfahren wie der Holzschnitt und die Erfindung des Buchdruckes beschleunigten den Vormarsch des Buches als Massenmedium.

Im 19. Jahrhundert war das illustrierte Buch vorwiegend ein Arbeits- und Betätigungsfeld für den nun auf Illustration spezialisierten Gebrauchskünstler, aber auch notgedrungen für den malenden Künstler, wie wir gesehen haben. Das Medium, nun zweckgebunden für das Heim, die Familie, die größer gewordene Schar der lesefähigen Bürger, wurde ein Gegenstand des Kunstgewerbes. Wer für Bücher (Volkssagen, Märchen, Dichtung) illustrierte, wußte (wie Richter) um die bildnerischen Erwartungen und Gesetzmäßigkeiten, die den expandierenden Buchmarkt bestimmten. Das Buch wurde zum Massenmedium – der illustrierende Künstler zeichnete für die Masse – er findet für sie eine gebrauchsgrafische Sprache. Die Funktion des Buches (zu belehren, zu unterhalten) zwingt die Illustratoren in eine dienende Rolle und entfernt sie von der autonomen Kunstszene. Versuche, die Buchqualität (in Text und Bild) zu heben, das Buch als Bildungs- und Kunstgut zu begreifen, wie sie um 1900 im Zuge der Reformbewegung gemacht wurden, konnten die Abtrennung von Buch und Kunst nicht dauerhaft überwinden. Wenn sich einige freie Künstler der Kunstmoderne dem Buch zuwandten (etwa Kokoschka, Kandinsky, Braque, Max Ernst oder Miró), so geschah dies unter Außerachtlassung der eigentlichen Funktion des Buches, eher als künstlerisches Experiment oder aus Spiellaune.[4] Darauf wird noch genauer einzugehen sein.

4. Schritt: Annäherung von Kunst und Kunstgewerbe: Der Jugendstil

Das illustrierte Buch war zum Massenprodukt geworden – ebenso wie zahlreiche andere Sparten des Kunstgewerbes. Als Konsequenz aus dem gesteigerten Bedürfnis nach Lesen und Sehen entstand der Beruf des Kunstgewerbezeichners, der in der arbeitsteiligen Produktionsweise der Industriegesellschaft seinen Platz fand und als Spezialist gehandelt wurde. In den 70er Jahren des 19. Jahrhunderts gründeten sich Kunstgewerbeschulen und Kunstgewerbemuseen, teils um dem neuen Bedarf an Zeichnungen (für Bücher, Möbel oder Textil) gerecht zu werden, teils um die schon damals beklagte Trennung zwischen hoher und niederer Kunst zu überwinden. Ihre Grundidee bestand darin, durch gezielte Ausbildung und Pflege des Kunstgewerbes das Leben (wieder) der Kunst anzunähern. Dahinter verbarg sich natürlich die Kritik am qualitätslosen, abgewirtschafteten Design und die Erkenntnis, daß sich Kunst und Kunstgewerbe immer weiter voneinander ent-

---

4 Vgl. Haenlein 1989.

fernt hatten. Vorbild der Kunstgewerbeschulen war die englische Arts- and Craftsbewegung um William Morris.

Überhaupt setzte im ausgehenden 19. Jahrhundert, wo wir auch die Wurzeln des Bilderbuches zu sehen haben, eine breite Diskussion über Qualität und Nichtqualität, über Geschmack und Geschmacksbildung ein.

Die Suche nach neuen ästhetischen Richtlinien war eng verknüpft mit der Suche nach Sinn und Wert des Lebens. Die industrielle Revolution hatte längst festgefügte Wertvorstellungen durcheinandergebracht, ebenso soziale Gefüge, Besitz und berufliche Stellungen. Sigmund Freud sah die „Nervosität" der Kulturmenschen als Symptom der weitreichenden gesellschaftlichen Veränderungen. Der Ruf nach einer neuen ästhetischen Orientierung (nach dem Stildurcheinander des Historismus) war somit Ausdruck einer tiefgreifenden Verunsicherung. Hermann Pfeifer beklagte 1905: „Ganz entgegengesetzte Strömungen des Geschmacks wirbeln durcheinander" (Hermann Pfeifer 1926, 272).

Als Reaktion auf den Verlust von Werten und Stil versuchte bekanntlich der Jugendstil, Kunst und Leben zusammenzubringen und den Qualitätsniedergang im ästhetischen Bereich (wohlgemerkt: nicht im Bereich der Kunstavantgarde – diese war ja längst abgetrennt von der Diskussion) aufzufangen. Geschehen sollte dies durch Rekus auf mittelalterliche Produktionsformen, auf das Handwerk, auf die Handarbeit. Die Idee war klar formuliert: „Den eigentlichen Gebrauchsgegenstand zu einem künstlerischen zu machen, die Kunst auf das Leben anzuwenden, die Kunst mit dem Leben zu versöhnen". (Heinrich Pudor 1906, 40)

Es scheint bezeichnend, daß sich die Ästhetisierung des Lebens aber eher auf die äußere Form, den schönen Schein beschränkte, und nicht in der Lage war, eine inhaltliche Neubestimmung zu erzielen.

Das Verbindende wurde das Ornament in seinen verschlungenen, vegetativen und floralen Ausprägungen. In einer kurzen, aber euphorischen Phase wurde die Jugendstil-Ornamentik gefeiert. Es konnte aber nicht ausbleiben, daß die Industrie mit ihren potenten Vervielfältigungsverfahren diesen Formbestand aufgriff und ihn nicht der originalen Handarbeit überließ. Im Jahre 1903 bereits konstatiert Hermann Muthesius: „Die Fabriken stanzen heute (. . .) diese Jugendornamente (. . .), und hundert Geschäfte, die mit dem nutzlosesten Krimskrams (. . .) angefüllt sind, blühen und gedeihen durch die Verbreitung dieses Unfugs". (Muthesius 1903, 63) Das traf zu: Die expandierende Kultur-Industrie druckte und stanzte die Ornamente inflationär in allen denkbaren Formen. Bücherseiten, Gegenstände und Möbel wurden mit Längs- und Querleisten der Jugendstilornamentik gepflastert, die in regelrechten Musterbüchern bereitgestellt wurden. Die Ornamentsucht ging über auf die Vignettengestaltung, die Initialen oder den Satzzierrat. Das Ornament, das Ausdruck einer neuen Lebensästhetik sein sollte, wurde zum billigen Massenartikel, zu einer entleerten Kunsthülle für alle. Die Folge war Adolf Loos' Aufsatz *Ornament und Verbrechen* von 1908 (Loos 1978) und die damit erhobene Forderung nach Funktionalität der Form.

5. Schritt: Merkmale des neuen Bilderbuchs

Ich möchte an dieser Stelle ein Titelblatt aus einer der ersten deutschen Bilderbuch-Reihen, der des Scholz-Verlags in Mainz, näher betrachten (Abb. 5).

Die Reihe, ab 1904 mit der *Serie A: Märchen* begonnen, wollte die Idee des Jugendstils und der Kunsterzieherbewegung in die Tat umsetzen und Kindern frühzeitig künstlerisch qualitätsvolle Literatur in die Hand geben. Mit der Aufmachung der Bücher (leichtes Querformat, wenige ganzseitige Farbillustrationen, denen bis auf die beiden Seiten der Buchmitte jeweils eine Textseite gegenübersteht) war der moderne Typus des Bilderbuchs in Deutschland geschaffen, bei dem der Text zurückgenommen und das Bild in den Vordergrund gerückt wird. Hans Ries weist zu Recht auf die englischen Vorbilder Walter Cranes hin.[5]

Interessant ist nun auch hier, im Kinderbuch, der Widerspruch zwischen Intention und Realisation. Wir entdecken auf dem Cover des Buches, das nach 1912 in dieser Form erschien, genau jene banalisierten und entleerten Ornamentleisten, wie sie über die Musterbücher zum Kunstgewerbe so massenhaft Verbreitung fanden: die geschlungene Linie, die als rankender Blumenstil gemeint ist, die leicht geöffnete Blütenform und die aus den Initialgestaltungen bekannten, in die lose Biegung eingeschlossene Figur – alles etwas gröber und weniger geschmeidig als zur eigentlichen Jugendstilzeit. Der Formbestand war hier – nach 1912 – ja bereits Zitat, das bis in die späten 20er Jahre und darüber hinaus weiterverwendet wurde.

Dieser trivialen, rein dekorativen Buchgestaltung standen nun aber ganz andere Ansprüche der Pädagogen vor und nach der Jahrhundertwende gegenüber. Heinrich Wolgast, führender Hamburger Literaturpädagoge und Redakteur der *Jugendschriften-Warte,* setzte sich konsequent für eine Kunst für Kinder ein, auch im Bilderbuch. Sein Ansatz war ein kunstpädagogischer, indem er eine Geschmacksbildung durch qualitätsvolle, künstlerische Bilder forderte. Ganz modern erkannte er, „daß die Eindrücke der ersten sechs Lebensjahre von grundlegender Bedeutung für die geistige Entwicklung" seien und „daß die Bildung der Sinne, vorzüglich des Auges, in hervorragendstem Maße eine Sache der Übung d.i. der wiederholten Betätigung" sei (Wolgast 1906, 129). Folgerichtig lehnte Wolgast „minderwertige Bilderbücher und illustrierte Werke"

5 Vgl. Ries 1980.

(Ebda., 125) strikt ab. Der künstlerische Wert war die oberste Maxime.

Bot die Bilderbuchseite aus dem Josef Scholz Verlag nun *das* an bildnerischer Qualität, was Wolgast forderte? Von welcher Kunst sprach Wolgast 1906? Meinte er die der Expressionisten, die gerade in Paris Furore machten? Sicher nicht, denn die kunstpädagogisch geführte Diskussion hatte mit der damaligen Kunstavantgarde wenig im Sinn. Der Kunstbegriff, wie er in der Geschmacksdebatte um 1900 geführt wurde, bezog sich auf die große, zeitlose klassische Kunst Dürers oder Rembrandts oder auf heimatliche Künstler. Die Bemühungen um eine Qualitätssteigerung des Bilderbuches, um seinen künstlerischen Wert, erfolgte also bereits ohne Blick auf die Avantgarde, weil diese ja selbst den Kunsterziehern fremd und suspekt geworden war.

Seinen Aufsatz *über Bilderbuch und Illustration* hatte Heinrich Wolgast bereits 1894 veröffentlicht. In der überarbeiteten Fassung von 1906, auf die ich mich hier beziehe, gibt es nun eine interessante Fußnote. Wolgast zeigt sich nun nämlich befriedigt über die qualitative Verbesserung der Bilderbuchkunst. Er betont, „wie kahl und wüst vor 10 Jahren der Boden aussah, auf dem jetzt ein eigenartig deutscher Bilderbuchfarbendruck so reich erblüht ist. Namhafte Künstler nehmen sich jetzt der Sache an“ (Wolgast 1906, 121). Daraus läßt sich doch mit einiger Vorsicht ableiten, daß die in den ersten Jahren des neuen Jahrhunderts publizierten Bilderbücher, insbesondere die des Scholz-Verlags, den künstlerischen Vorstellungen der Reformer entsprachen.

Blicken wir noch einmal auf Eugen Oßwalds Illustration. Wolgasts Zufriedenheit bezieht sich sicher zunächst einmal auf die drucktechnische Verbesserung der Algraphie (Lithographie auf Aluplatten), die im Vergleich zu den unseligen Öldrucken vor der Jahrhundertwende die Farben klar, leuchtend und satt druckte. Auch aus einem weiteren Grunde dürfte Wolgast mit dieser Art der Illustration zufrieden gewesen sein: Sie verkörperte genau jenen Bildtypus für Kinder, wie er durch die Kunsterziehungsbewegung favorisiert wurde: ein zum Anekdotischen neigender Stil, der die Motive durch Konturierung klar voneinander abgrenzt, liebevoll im Detail ist (Kaffeemühle, Kochtopf, Pferdchen, Puppe) und aufgrund der additiven Bildauffassung einfach und schnell zu erkennen ist. Das Einfache, ‚Naive' als bildnerische und pädagogische Kategorie erhält durch die leicht karikaturhafte Darstellung noch eine sympatische Wendung. Daß die Bilder für Kinder einfach und naiv waren, war kein Zufall. Die Entwicklungspsychologie und in der Folge die Kunsterziehung richteten ihr Augenmerk auf das Ursprüngliche, Reine, Einfache im Kind, das es zu pflegen galt. Daß dann auch die Bilder rein und einfach sein sollten, lag nur auf der Hand.

Die Künstler der Scholz'schen Buchreihe waren versierte Zeichner, die meist Akademielehrer waren und für die zahlreichen Zeitschriften Karikaturen zeichneten. Eugen Oßwald gehörte zu den erfolgreichsten Illustratoren der Bilderbuchreihe aus Mainz. Sie zeichneten einerseits im Bewußtsein, für Kinder tätig zu sein, andererseits setzten sie Stil und Tradition der Kunstgewerbezeichner des späten 19. Jahrhunderts fort. Das neue Künstler-Bilderbuch nach 1900 war also nichts anderes als die Fortführung der alten Gebrauchsgrafik mit einer nunmehr besonderen und durch die Reformbewegung legitimierten Ausrichtung auf das Kind.

Vereinzelte engagierte Versuche, im Bilderbuch konsequent den Formbestand des Jugendstils anzuwenden wie bei den Wiener Jugendstilkünstlern Heinrich Lefler und Joseph Urban, die 1905 das erste Buch in der Scholz'schen Bilderbuchreihe illustrierten, blieben letztlich von den Ideen der Kunstmoderne unberührt und reduzierten sich auf ein Schwelgen im Ornamentalen.

6. Schritt: Künstler illustrieren Bücher — auch Kinderbücher

Es wird nun aber Zeit, erneut auf die andere Seite der Kunst, auf die der Kunstavantgardisten einzugehen, auf die der Expressionisten, Futuristen, Kubisten und Abstrakten und von ihrer elitären Position und Rolle her auf die zweite Kunst, die Gebrauchskunst zu schauen. Haben denn die Avantgardisten in ihrem künstlerischen Elfenbeinturm jeglichen Kontakt zur Gebrauchsgrafik verloren? Keineswegs, wie wir wissen. Angeregt durch recht unterschiedliche Impulse wenden sich die Abstrakten, um diesen Sammel- und Hilfsbegriff hier einmal zu verwenden, immer wieder der Grafik im angewandten Bereich zu, vor allem der Druckgrafik in Plakaten, Zeitschriften- und Buchillustration. 1908 erschien im Verlag der Wiener Werkstätten, der eng mit der Bewegung der Kunstgewerbeschulen verbunden war, ein Album mit 8 farbigen Lithographien: *Die träumenden Knaben* von Oskar Kokoschka. Der Leinenüberzug des Einbandes war mit Goldfäden durchwirkt; die Auflage betrug 500 Stück (Abb. 6).

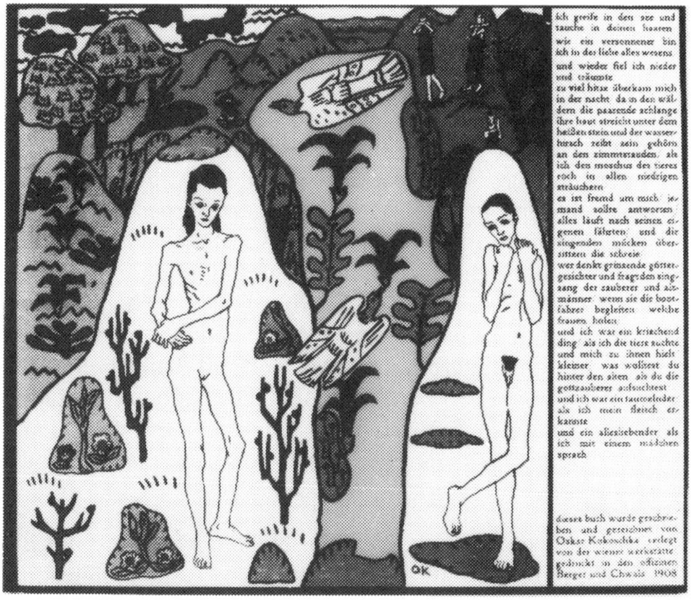

Seiner kostbaren Aufmachung und der niedrigen Auflagenhöhe nach ist das Buch ein künstlerisches Produkt, ein Künstlerbuch, kein Bilderbuch. Zwar hatte es ursprünglich im Verlag die Idee gegeben, ein *Kinderbuch* mit Illustrationen von Kokoschka zu publizieren, doch mögen die Ergebnisse oder auch bereits Probedrucke den Verlag davon abgebracht haben. In seiner Biographie von 1972 erwähnt Kokoschka, daß er nur bei diesem ersten Blatt, das wir hier sehen, noch an die ursprüngliche Aufgabenstellung, ein Buch für Kinder zu entwerfen, gedacht habe. „Die anderen Blätter entstanden dann mit meinen Versen als freie Bilddichtung". (Kokoschka 1972, 52) Schon aus diesen wenigen Worten können wir einige interessante Beobachtungen zur Rolle des freien Künstlers der Moderne treffen, der sich der dienenden Kunst zuwendet.

Frei von jedem pädagogischen Ballast und frei von einem besonderen Blick aufs Kind, macht sich Kokoschka, 20jährig daran, ein symbolgeladenes, den eigenen Seelenzustand spiegelndes Märchen in Bild und Wort zu erzählen. Dabei geriet ihm die Aufgabe, an Kinder zu denken, bald aus den Augen – die bildnerische Motivation, die Lust am Bild waren ihm wichtiger. In seiner Bildfolge kommen mehrere stilistische Einflüsse der Zeit zusammen: die kraftvollen, holzschnittartigen Formen des Expressionismus, auch dessen leuchtende Farbigkeit und betonte Flächigkeit, auch die dekorativen Einflüsse des Wiener Jugendstils (Kokoschka befand sich ja zu dieser Zeit in der Ausbildung an der Wiener Kunstgewerbeschule), aber auch ein Hang zum Symbolismus durchzieht seine Bildfolge. Nach Bildauffassung und Themenstellung – Kokoschka glorifiziert den Eros in einer exotischen Traumlandschaft – waren die „träumenden Knaben" von den Konventionen und Erwartungen an ein Bilderbuch so weit entfernt, daß sie eher ein künstlerisches Experiment darstellen. Die Art der Publikation und die limitierte Auflage bestätigen, daß auch die Wiener Werkstätten nicht an einen größeren Absatz des Buches dachten.

Kokoschka näherte sich also dem Gebrauchsgegenstand Bilderbuch, ohne sich auf die bestehenden Gesetzmäßigkeiten der Gebrauchskunst einzulassen – ihn faszinierte diese wie vermutlich jede andere bildnerische Aufgabe vor allem als künstlerische Herausforderung.

Auch Kandinsky, Braque, Picasso, Matisse oder Miró, also führende Repräsentanten der ungegenständlichen Kunst, haben Bücher illustriert, Künstler- oder Malerbücher, wie sie genannt wurden. Das Buchmedium, jenes potentielle Verbindungsglied zwischen Künstler und Kind, war also ein Gegenstand künstlerischen Interessens geworden, aber nur sehr selten noch kam dabei das Kind ins Blickfeld wie im Falle des jungen Kokoschka. Das Buch bot den freien Künstlern die Möglichkeit, neben der Leinwandmalerei ihren grafischen Ambitionen nachzugehen. Eine spezielle Buchsprache entfalteten sie dabei nicht, da das Medium, das sie benutzten, ohnehin nur für Galeristen und Kunstkenner bestimmt war. Die aufwendig gedruckten Exemplare waren handsigniert, erhielten somit den Charakter eines Originals, und ausgesprochen teuer. Das Künstlerbuch hatte wie die Grafikmappe Sammlerwert.

7. Schritt: Die Kunstavantgarde hinterläßt ihre Spuren im Bilderbuch – aber man sieht sie kaum

Nach 1900, mit der Entstehung der Moderne, war das Buch somit nicht mehr ausschließlich wie noch 50 Jahre zuvor ein Medium, das den Künstler zu spürbaren Konzessionen im Bildstil zwang. Im Gewand des Künstlerbuches hatte es sich vom kommerziellen Buchmarkt emanzipiert, ebenso wie die freie Kunst vom Kunstgewerbe. Das Buch als Massenware blieb dem Berufsillustrator überlassen. Und in seinem Berufsstand erfolgte dann abermals eine Spezialisierung auf das Kinderbuch mit einer abermals eigenen Bildsprache für Kinder. Wir sehen, wie weit etwa ein Kandinsky mit seinen *Klängen* entfernt war von den Büchern der Elsa Beskow, Sybille von Olfers oder Ernst Kreidolfs, obwohl sie alle im gleichen Medium arbeiteten.

Wenn im Bilderbuch der ersten beiden Jahrzehnte dieses Jahrhunderts erkennbare Bezüge zu den sich rasch abwechselnden Stilrichtungen der modernen Kunst überhaupt erschienen, so waren es immer bildnerische Kompromisse, die die Regeln des erzählenden Bilderbuchs einhielten, aber doch den künstlerischen Freiraum nutzten, der ihnen durch die autonome Kunst so verheißungsvoll erschien. So fallen einige Bilderbücher um 1910 auf, fallen aus dem Rahmen. In Wien, im Verlag der Wiener Werkstätten, erscheint zwei Jahre nach Kokoschkas eigenartigem Zwitter *Die träumenden Knaben* ein Buch von Richard Teschner mit dem programmatischen Titel *Tobias Immerschneller* (Abb. 7).

Die Hauptperson zeigt sich fasziniert von allen technischen Fortbewegungsmitteln, sie ist von einem ständigen Bewegungsdrang getrieben. Beschleunigungs- und Geschwindigkeitsrausch durchziehen das gesamte Bilderbuch. Ein Jahr zu-

Abb. 7

vor war in Italien Marinettis *Futuristisches Manifest* erschienen mit der kühnen, aber nicht unsympatischen Behauptung, ein Rennwagen sei schöner als die Nike von Samothrake. Die Futuristen, die 1912 in Paris ihre erste große Ausstellung hatten, wollten die Bewegung selbst im Bild ausdrücken, d.h. die Bewegungsphasen eines Körpers auf der Fläche entwickeln, ihn in seiner bewegten Auflösung auf die Leinwand bannen. Bildnerisch mußten sie dabei unumgänglich zur Abstraktion gelangen, zur Dynamisierung der Bildfläche durch freie, vom Gegenstand abgelöste Farb- und Formauffassung. Einen solchen radikalen Schritt konnte Richard Teschner im Bilderbuch selbstverständlich nicht vollziehen. Der Junge auf dem Fahrrad hat ein traditionell gezeichnetes Gesicht mit einer ordentlichen, durchgehenden Konturlinie – wir erkennen auch das Fahrrad, die Straße, die Landschaft. Man könnte das Bild also noch als gegenständlich genug einschätzen, um im Kinderbuch bestehen zu können. Aber Bewegtheit und Dynamisierung im Bild sind unübersehbar. Alles schwingt, scheint in Bewegung. Selbst wenn diese Bewegtheit noch zum Teil dem Jugendstil zugeschrieben werden kann, so sind doch die Auflösung der Figur durch die Querstreifen, die Andeutung von Geschwindigkeit am Fahrrad (bis hin zur Ungegenständlichkeit) und die lockere, fast abstrakte Gestaltung des Hügels Indizien für futuristische Einflüsse. Ein Hauch von der Faszination an der Dynamik des brausenden Lebens dringt in diese Illustration ein.

Im selben Jahr illustriert Konrad Ferdinand Edmund von Freyhold im Berliner Cassiserverlag, der sich u.a. durch die Verpflichtung von George Grosz und Max Slevogt hervortat, sein *Osterbuch* (Abb. 8), zu dem Christian Morgenstern die Verse schrieb.

Nicht die Motive wie Hasen und Ostereier sind hier interessant, sondern eher die fast unmerkliche Veränderung von Körper- und Raumauffassung, wie sie m.E. nur durch die grundlegenden Umwälzungen der Gestaltungsprinzipien in der modernen Malerei ermöglicht wurden. Freyhold verzichtet nämlich auf vertraute Proportionen und Räumlichkeiten.

Seine Kinderfigur gliedert er eher beinahe kubisch: Der viel zu große Kopf, Arme und Beine werden zu gliedernden Elementen; auch der Eierkorb, der Kirchturm und die rechts ins Bild ragenden Blumen sind eher akzentsetzende Kompositionselemente als erlebbare Motive. Das gleiche gilt für Wolken und Schmetterlinge. Noch merkwürdiger erscheint die Raumdarstellung. Wie auf einer hochgeklappten Drehbühne arrangiert Freyhold seine Motive. Es gibt keinen erkennbaren Raum. Woher der Kirchturm oder die angeschnittenen Blüten kommen, bleibt ebenso unklar wie die Richtung der Schattenwürfe. Die eigenwillige Komposition, in der die Dinge wie in einem ungegenständlichen Bild auf der Fläche angeordnet sind und sich nicht mehr wie etwa im Falle der *Wurzelkinder* aus der Naturvorstellung erschließen, weist darauf hin, daß Einflüsse der Avantgarde im Bilderbuch trotz der Dominanz „kindgerechter" Inhalte möglich waren, nicht rein und ungebrochen, aber indirekt und auf den zweiten Blick sichtbar. In diesem Kontext stehen auch die kühl und distanziert wirkenden Bilder Tom Seidmann-Freuds aus der *Fischreise* von 1923 (Abb. 9).

Dieses Buch widmete die Illustratorin ihrem ein Jahr zuvor verstorbenen Bruder Theo.

Die gestürzten Linien der Häuser, die Geometrisierung der Form und die Reduzierung auf wenige Grundformen sind ohne die Entwicklung des Expressionismus und des Kubismus undenkbar. Die dynamisierten und reduzierten Bildmittel führen zu einer der dargestellten Traumsituation äußerst adäquaten Sprache der Bilder. Noch dem Spätexpressionismus verhaftet, erscheinen die Häuser wie im *Cabinett des Dr. Caligari* (Robert Wiene 1919) als eine Seelenlandschaft, die die psychische Situation des Jungen kommentiert.

Die Reihe solcher Analogien zwischen Kunstavantgarde und Bilderbuch ließe sich fortsetzen, etwa im Vergleich von George Grosz' *Passanten* (1921) und Adolf Uzarskis Bilderbuch *Bunt durcheinander* von 1928, der in Anklängen den Realismus der 20er Jahre aufgreift und z.B. Grosz' Neigung zu diagonal gesetzten Figuren fortführt, nun freilich vor einer Windmühlenkulisse.

8. Schritt: Kongruenz von Kunst und Bilderbuch in den 20er Jahren

All diese Beispiele belegen immer erneut, daß Gebrauchskunst nie isoliert von der freien Kunst existiert hat, daß aber die Grenzziehungen zwischen beiden dadurch nicht aufgehoben worden sind.

Und doch hat es solche Fälle gegeben, wo die Avantgarde den direkten Zugriff aufs Bilderbuch suchte und ohne Kompromisse ihre Kunstauffassung ins Kinderbuch umzusetzen versuchte. Das wohl immer noch eindrucksvollste Beispiel ist El Lissitzkys *Suprematische Erzählungen von zwei Quadraten in sechs Konstruktionen* von 1922 (Abb. 10).

„In dieser Mär von zwei Quadraten", schrieb Lissitzky, „habe ich mir die Aufgabe gestellt, eine elementare Idee mit den elementaren Mitteln so zu gestalten, daß es für Kinder eine Anregung zu aktivem Spiel und für Erwachsene ein Schauspiel sein soll. Die Handlung läuft filmartig ab. Die Worte bewegen sich in den Kraftfeldern der handelnden Figuren: – Quadrat". (Lissitzky 1967, o.s. Text zu Abb. 80-81).

Abb. 10

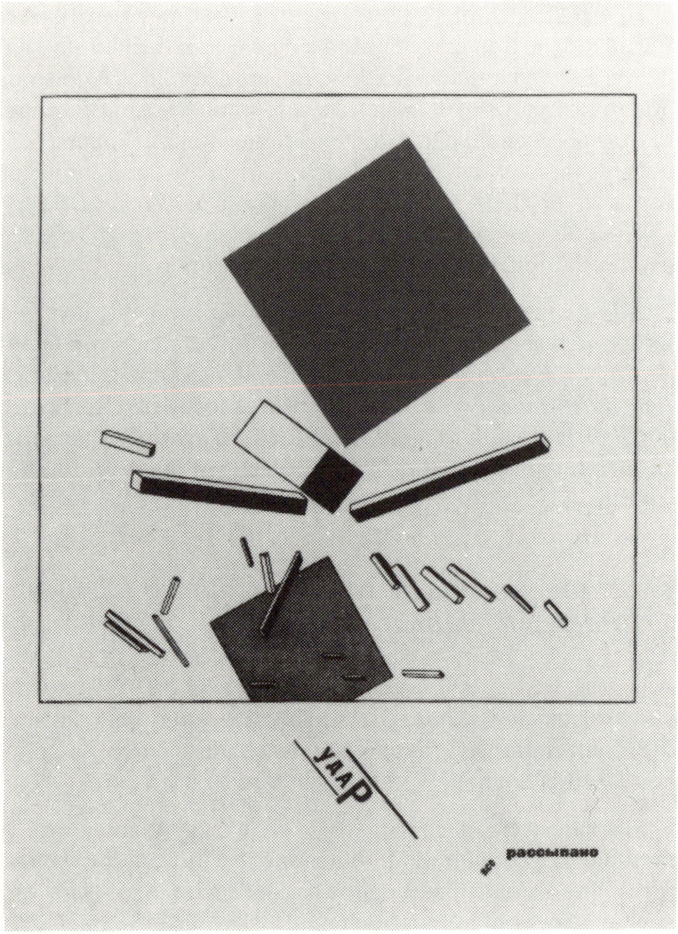

Schon die Bild-Geschichte, die der Autor mit wenigen, knappen Sätzen versieht, verweist auf den politischen Anspruch des Buches: Die beiden Quadrate treffen auf der Erde zusammen. Das rote Quadrat zerschlägt das schwarze Chaos und baut eine neue, rote Ordnung auf; das schwarze Quadrat dagegen entfernt sich wieder. Wie kam es zu einem solchen künstlerisch radikalen Bilderbuch im Deutschland der 20er Jahre? Der Berliner Skythen-Verlag hatte es sich zum Ziel gemacht, die russische Kultur in Deutschland zu fördern. Überhaupt war ja diese Zeit von einem intensiven und fruchtbaren Austausch an Kunst und Kultur zwischen Rußland und Westeuropa geprägt. Lissitzky und Malewitsch trugen die Idee des russischen Konstruktivismus nach Paris und Berlin.

Der Konstruktivismus hatte das erklärte Ziel, den Subjektivismus in der Kunst, wie er vor allem von den Surrealisten propagiert wurde, auszuschalten und eine normative, universelle Kunst dagegenzusetzen. Die aufs Äußerste reduzierten bildnerischen Mittel wie die geometrische Form und die reine Farbe sollten über Abbilder der sichtbaren Welt dominieren. Malewitsch, der die sogenannte suprematische Malerei vertrat, sucht eine neue Bildordnung durch die Gliederung der Fläche und des Raumes durch Dreiecke, Rechtecke, Quadrate und Trapeze.

Noch kompromißloser wollte El Lissitzky eine neue revolutionäre Kunst, die direkt ins Leben hineinwirken sollte. Sein Interesse am Kind, am Kinderbuch wie an den anderen Formen der Gebrauchsgrafik war also konzeptioneller Art und lag in seiner missionarischen Idee von einer Kunst für alle begründet. Ein teures Künstlerbuch mit der Aura eines Kunstwerks hätte Lissitzky abgelehnt. Er wollte die Kinder direkt erreichen und ihre eigene Kreativität in Gang setzen. „Lest nicht, nehmt Papier, Stäbchen, Klötzchen, legt hin, malt an, baut auf", ist zu Beginn der *Suprematischen Erzählungen* zu lesen.

Doch zwischen seinem Enthusiasmus und der Realität des deutschen Buchmarktes klafften Welten: Sein Buch erschien nur in einer kleinen Auflage und kam wohl vorwiegend in die Hände der Kunstsammler und nicht der Kinder.

Lissitzkys radikaler künstlerischer Versuch, die ungeschriebenen Gesetze des Bilderbuchmarktes zu ignorieren und frei vom kunstgewerblichen und pädagogischen Ballast eine neue, gegenstandslose Bildsprache einzuführen, mußte scheitern. Der Abstand zwischen dem künstlerischen Revolutionär und den Kinderstuben war zu groß, die Hindernisse und Barrieren, die dazwischen lagen, zu zahlreich. Der Appel an die Kinder „Legt hin, malt an, baut auf!" erreichte diese nicht, weil ihre Kontakte zum Bilderbuch ganz anders abliefen. Eingebettet in einen sozialen, pädagogischen und moralischen Rahmen durch Elternhaus, pädagogische Setzungen und restaurativen

„Zeitgeist“ der 20er Jahre, konnten sie Lissitzkys Botschaft nicht hören, und für die Vermittler zwischen Kind und Kunst, für Pädagogen und Eltern, war Lissitzkys Bildsprache ohnehin unverständlich und fernab ihrer Vorstellungen von Kunst und vom künstlerischen Bilderbuch. Statt in einem imaginären Bildraum aufeinanderprallende Quadrate zu betrachten, blickten sie mit sehr viel mehr Wohlwollen und Freude auf sittsam geordnete Hasenkinder. Diese Bilder und Werte reichten sie an Kinder weiter. Keine Chance für den „Quereinsteiger“ Lissitzky.

Ähnlich erging es z.B. Käthe Steinitz und Kurt Schwitters mit ihren abstrakten, stark typografisch bestimmten Bildfolgen *Hahnepeter* (1924) und *Die Scheuche* (1925).

So läßt sich der Weg des deutschen Bilderbuchs ab 1900 durchaus als eine dauerhafte und erfolgreiche Abwehr moderner Kunsteinflüsse begreifen, mit zahlreichen Schwachstellen, durch die die neuen Bildauffassungen der Expressionisten, Kubisten und Abstrakten gelegentlich gefiltert hindurchdrangen, aber doch erfolgreich in der Behauptung des einfachen, anschaulichen und anekdotischen Stils. Wie sollte denn auch die der Gesellschaft nicht mehr verständliche abstrakte Kunst es schaffen, gerade die Kinder als das schwächste Glied der Gesellschaft zu erreichen?

Erst 36 Jahre nach Lissitzkys Versuch, mit geometrischen Mitteln ein Bilderbuch zu gestalten, erscheint in Amerika und drei Jahre später auch bei uns Leo Lionnis ebenfalls völlig gegenstandsloses Bilderbuch *Das kleine Blau und das kleine Gelb*. Gerissene Farbpapiere stehen für Figuren: kleine für Kinder, große für Erwachsene, ein Rechteck etwa für die Schule. Was visuell vieldeutig gestaltet ist, wird durch den Text freilich in ein kindertümelndes Korsett gesteckt: „Sie singen viel und tanzen viel das Ringel-Rangel-Rosenspiel“. Der Text erklärt also die Ungegenständlichkeit durch eine betonte Gegenständlichkeit. Dieser Kompromiß nimmt dem Buch viel von seiner gestalterischen Freiheit, sicherte ihm aber vermutlich den großen Verkaufserfolg, den es insgesamt erzielte. Lionnis Form- und Farbenspiel ist nicht nur durch den Text weniger radikal als Lissitzkys Experiment. Auch der Zeitpunkt des Erscheinens, Ende der 50er Jahre, nimmt ihm viel von seiner Sprengkraft, denn letztlich zitiert Lionni im gebrauchsgrafischen Bereich einen Stil, der in der freien Kunstszene Amerikas schon im Auslaufen begriffen war und im Europa der 50er Jahre dominierte: den Taschismus, die ungegenständliche Malerei der Nachkriegszeit, die in ihren Wurzeln wiederum zu den frühen Abstrakten zurückreichte. Die zeichenhafte, reduzierte Malerei mit archaischen Formen entdecken wir z.B. zehn Jahre vor Lionnis Buch in einem Künstlerbuch Joan Mirós zu Gedichten des rumänisch-französischen Dichters Tristan Tzara (Tzara 1948-50). Lionnis Spiel mit den bildnerischen Mitteln war also trotz der kontroversen Diskussion im Lager der Kinderbuchexperten künstlerisch und kunsthistorisch nur ein Nachklapp.

9. Schritt: Popart: Die Mediensprache zieht ins Bilderbuch ein

Zehn Jahre später, als nach der ungegenständlichen Malerei wieder eine Neuorientierung am Gegenstand, und zwar am alltäglichen, banalen Gegenstand einsetzt, gibt es noch einmal eine Annäherung zwischen Kunst und Alltag und damit auch zwischen Kunst und Bilderbuch. Die Popart der 60er Jahre mit ihrer Entdeckung des Konsumalltags, von Mickeymouse bis zur Suppendose, vom Comic bis zum Aschenbecher, schien noch einmal die Schranken zwischen Kunst und Leben zu überwinden. „All is pretty", verkündete Andy Warhol, der sich gerade von der glatten Oberfläche der Konsumwelt fasziniert zeigte und quasi jeden beliebigen Gegenstand in eine betont unpersönliche, entleerte Form zwängte. Die Popart beinhaltete Faszination und Kritik an der Medien- und Konsumwelt gleichermaßen: Sie griff Motive und Ästhetik des Alltags auf, vervielfältigte sie, reihte sie, ganz im Sinne serieller Fabrikationsweisen, beliebig aneinander – darin zeigte sich ihre Begeisterung für die banale Alltagsästhetik. Indem sie dem Publikum sein eigenes Alltagsdesign so übergroß und isoliert vor Augen führte, entwickelte sie ein kritisches Moment.

Die Popularisierung der Kunst, die der Gesellschaft ihren Spiegel vorhielt, wurde nun – im Gegenzug – von den Trivialmedien aufgegriffen und vermarktet. Die Posterkultur der 70er Jahre etwa war eine Reaktion der Alltagswelt auf die Trivialisierung der Kunst. Das Kunstgewerbe, nunmehr als Design bezeichnet, benutzte in seinen eigenen Darstellungsformen die der Kunst abgeguckten Bildmittel wie Collage, Flächigkeit, Reihung oder Rasterung. Auch in der Spezialabteilung Bilderbuch tauchten mit leicher Zeitverzögerung Bildergeschichten auf, die sichtbar Motive und Ästhetik der Popart, die inzwischen mit einem Allroundstil die gesamte Pop-Kultur erfaßt hatte, aufgriffen. 1970 erscheint von Heinz Edelmann, der durch die Zeichnungen des Beatle-Films *Yellow Submarine* (1967/68) zum führenden Designer Europas avanciert war, das Bilderbuch „Maicki Astromaus", eine witzige Verballhornung der damaligen Welttraumeuphorie unter Verwendung aller möglichen Versatzstücke der Medien- und Konsumwelt (Abb. 11).

Edelmann spielt hier mit den Bildelementen und -gegensätzen, auf die die Kunst die Werbung erst hingewiesen hat: ein wenig Mickey-Mouse in ihrer perfekt gedruckten Glätte, ein wenig Plakatkunst der 20er Jahre; riesige Schriftelemente zitierten die Werbung, und der monochromen Rotfläche werden betont malerische Elemente entgegengesetzt. Der Spaß am (nicht ganz ernstgemeinten) Zitat der Alltagskultur wird auch im Text deutlich. Auch in *Andromedar SR 1* vom selben Jahr montiert Edelmann mit viel respektloser Lust die Elemente der Comics, des Märchens, der Werbung und des Films und ironisiert den technischen Fortschrittsglauben.

Edelmanns Experimente, als solche muß man seine Bücher wohl bezeichnen, verdeutlichen aber überraschenderweise nicht nur die Nähe des Bilderbuchs zur Kunstrichtung *Popart,* sondern zeigten zum ersten Male die völlige Distanz der traditionellen Bilderbuchsprache zu den Gestaltungsmitteln der Medienkultur, denn Edelmanns Medienzitate waren ja bislang nie ins Bilderbuchmedium eingegangen – im Gegenteil: sie wurden dort mit indirekt moralischem Zeigefinger geradezu abgewehrt. Erst über den Umweg der Bildenden Kunst drangen also Elemente der Medien in das Bilderbuch ein. Welch merkwürdiger Vorgang! Erst die Bildende Kunst führt dem Bilderbuchmarkt vor Augen, wie abgeschieden seine Produkte von *den* Bildmedien sind, die die Kinder ja täglich umgeben. Das scheint mir der eigentliche Gewinn der Poparteinflüsse gewesen zu sein.

Abb. 11

10. Schritt: Der Blick zurück: Das Bilderbuch zitiert die Kunstgeschichte

Wenn ich es richtig sehe, hat sich nach der Popart eine Dekkungsgleichheit zwischen Kunstavantgarde und Bilderbuchkunst nicht mehr ergeben. Vielmehr ist eine Neigung zu beobachten, gelegentlich auf mittlerweile historisch gewordene Kunststile zurückzugreifen. Die unmittelbare, zeitgleiche Auseinandersetzung mit aktuellen Kunststilen, wie wir es in besonders reiner Form bei Lissitzky feststellen konnten, ist Geschichte geworden. Nun zitieren Illustratoren die Romantik, die Abstraktion oder den Surrealismus.

Dazwischen liegen Zeit und Abstand, die jeweils zitierten Kunststile haben längst ihre ursprüngliche Bedeutung und Sprengkraft verloren und sind oft, bevor sie dann im Bilderbuch erscheinen, schon in anderen Medien popularisiert worden.

1981 greift Maurice Sendak den sehnsuchtsvollen Blick der Romantik in die Ferne im Bilderbuch auf (Abb. 12).

Mag dieses Kunstzitat in der Bilderbuchszene auch mit Bewunderung und Anerkennung aufgenommen worden sein, so war das romantische Bild als Muster aber doch längst – mehr oder weniger verstanden – zum Allgemeingut geworden und konnte, übrigens im selben Jahr, ohne weiteres Aufsehen in einer Werbung für Fensterjalousien erscheinen.

Es ist somit die längst vergangene und mehrfach gebrochene, gefilterte Kunst, die das Bilderbuch ab und zu erreicht, und die dann des Kunsthistorikers bedarf, der eine Zu- und Einordnung vorzunehmen hat. 1984 zitiert Anthony Browne die Absurditäten und Verrücktheiten der Surrealisten,[6] nachdem Werbung, Schallplattencover und Videokunst die Idee der Surrealisten bis zum Überdruß banalisiert hatten. Im Bilderbuchmedium freilich war dies noch immer eine ungewöhnliche Tat; sogleich wurde die Sorge geäußert, daß Kinder die Surrealisten doch nicht verstehen könnten. Sicher auch deswegen war die Verleihung des deutschen Jugendliteraturpreises an Anthony Browne 1985 umstritten. Was vom Standpunkt der aktuellen Kunst nur ein müdes Lächeln hervorrief, geriet in der Bilderbuchszene zum Diskussionspunkt.

Schließlich, um die Beispiele abzuschließen, sehen wir in Chris van Allsburgs Schwarz-Weiß-Zeichnungen zu *Dschumanji* (Abb. 13) den Rückgriff auf den magischen Realismus,

6 Vgl. Browne 1983.

der über die genaue fotografische Abbildung der Dinge hinausgeht und eine traumhaft erstarrte Realität schafft, in der die Personen und Dinge eine gleichwertige Aussage erlangen, da sie alle wie in Standbildern festgefroren erscheinen. Van Allsburgs Bildauffassung ist ohne die Entwicklung des Realismus in der modernen Kunst seit der Neuen Sachlichkeit der 20er Jahre nicht denkbar, und in den Bildern Edward Hoppers beispielsweise sehen wir vergleichbare Auffassungen von Figurenbannung, Licht- und Schattenwurf.

11. Schritt: Gegenseitige Annäherung von Kunst und Bilderbuch: Eine Utopie?

Ich komme zum Schluß. Das Fazit, das aus diesem Exkurs in die Geschichte der Kunst und des Bilderbuches zu ziehen ist, ergibt sich wohl unumgänglich aus dieser Bestandsaufnahme: In dem Maße, in dem die Avantgardekunst, ob die der Neuen Wilden, der Konzeptkunst oder mythologischer Färbung, nur noch über ihren kunsthistorischen Kontext erfahrbar wird, über Schriften, Formeln und Symbole, entzieht sie sich der Gesellschaft und damit, noch einmal verschärft, dem Kind und seiner Kultur. Die *Honigpumpe* von Joseph Beuys mag hier als ein extremes Beispiel der Entfremdung von Kunst und Gesellschaft stehen, für ein Kunstprodukt, das sich nicht mehr aus der Anschauung erschließt. Das Bilderbuch als Kulturprodukt für Kinder setzt dagegen auf Anschaulichkeit, Gegenständlichkeit und Einfachheit – damit bleibt es der Gebrauchskunst verhaftet.

Wäre es denn angesichts der Entfernung der Kunst vom Leben, von uns selbst also, überhaupt erstrebenswert, eine Annäherung von Kunst und Bilderbuch zu fordern?

Die ungewöhnlichen, aus der Tradition des Bilderbuches herausfallenden Beispiele haben vielleicht bewußtmachen können, daß der Gewinn, der Impuls, den die „Störenfriede" der biederen Bilderbuchszene gaben, beachtlich war, auch wenn solche Impulse kommerziell nicht erfolgreich waren. Immer wurden die engen, viel zu engen Grenzen der Bildsprache für Kinder durch experimentelle oder provokative Versuche deutlich. Neue, erweiterte Vorstellungen vom Bild und Bilderbuch für Kinder sind daher notwendig und fruchtbar. Die

Annäherung zwischen Kunst und Bilderbuch hätte aber von *beiden* Seiten zu erfolgen. Die freien Künstler hätten (endlich) den Nachweis zu bringen, ob sie Kindern etwas mitzuteilen haben und wenn ja, was es ist. Die Behauptung, Kunst sei für alle da und bedürfe somit keiner Spezialisierung für Kinder, klingt zwar überzeugend, ist aber in der Realität nicht eingelöst worden. Die Bildende Kunst hat Kinder längst aus dem Blick verloren, und die Kunstpädagogik hat ihre ursprüngliche Vermittlerrolle nicht bewältigt.

Die Annäherung hätte auch von Seiten der auf Bilderbücher spezialisierten Verlage und Illustratoren zu erfolgen. Indem der Bilderbuchmarkt seine von Kunst und Medien abgeschiedenen Eigengesetze der Illustration so hartnäckig festschreibt, blockiert er sich selbst für eine offenere Auffassung von Bild und Buch. Den Diskussionsprozeß über Kinder zwischen freiem Künstler, Berufsillustrator, Galerie und Verlag in Gang zu setzen, scheint mir eine vorrangige Aufgabe zu sein. Vielleicht würde dann endlich auch zur Kenntnis genommen, daß Kindheit heute nicht mehr die vor 100 Jahren ist.

Abbildungsnachweis

Abb. 1 Olfers, Sybille von: Etwas von den Wurzelkindern. Eßlingen 1906.
Abb. 2 Beuys, Joseph: Honigpumpe am Arbeitsplatz, Installation 1974-77.
Abb. 3 Kandinsky, Wassily: Lyrisches, 1911.
Abb. 4 (a und b): Richter, Ludwig: Der Bildermann, Zeichnung und Holzstich, 1845.
Abb. 5 Oßwald, Eugen: Der Wolf und die sieben Geißlein. Mainz 1910 (= Serie A: Märchen).
Abb. 6 Kokoschka, Oskar: Die träumenden Knaben. Wien 1908, Blatt 1.
Abb. 7 Teschner, Richard: Tobias Immerschneller. Wien 1910.
Abb. 8 Freyhold, Konrad Ferdinand Edmund von: Osterbuch. Berlin 1910.
Abb. 9 Seidmann-Freud, Tom: Die Fischreise. Berlin 1923.
Abb. 10 Lissitzky, El: Suprematische Erzählungen von zwei Quadraten in sechs Konstruktionen. Berlin 1922.
Abb. 11 Edelmann, Heinz: Maicki Astromaus. Köln 1970.
Abb. 12 Sendak, Maurice: Als Papa fort war. Zürich 1984.
Abb. 13 Allsburg, Chris van: Dschumanji. Das Dschungelabenteuerspiel. Ravensburg 1988.

Literatur

Browne, Anthony: Mein Papi, nur meiner oder Besucher, die zum Bleiben kommen. Frankfurt/M. 1983.

Haenlein, Carl (Hrsg.): Das Buch des Künstlers. Die schönsten Malerbücher aus der Sammlung der Herzog August Bibliothek Wolfenbüttel. Ausstellungskatalog Kestner-Gesellschaft Hannover. Hannover 1989.

Hoffmann, Detlef/Thiele, Jens (Hrsg.): Künstler illustrieren Bilderbücher. Ausstellungskatalog Stadtmuseum Oldenburg. Oldenburg 1986.

Kokoschka, Oskar: Mein Leben. München 1972.

Lissitzky, El: Maler, Architekt, Typograf. Erinnerungen, Briefe, Schriften. Übergeben von Sophie Lissitzky-Küppers. Dresden 1967.

Loos, Adolf: Sämtliche Schriften I. Ins Leere gesprochen (1897-1900). Wien/München 1978.

Muthesius, Hermann: Stilkunst und Baukunst. Mühlheim/Ruhr 1903.

Oman, Hiltrud: Die Kunst auf dem Weg zum Leben. Joseph Beuys. Mit einem Essay von Lukas Beckmann. Weinheim/Berlin 1988.

Pfeifer, Hermann: Die Formenlehre des Ornaments. In: Handbuch der Architektur. Teil I: Allgemeine Hochbaukunde, 3. Leipzig 1926.

Pudor, Heinrich: Erziehung zum Kunstgewerbe. Berlin 1906.

Ries, Hans: Das Deutsche Bilderbuch. Eine Märchenbuch-Reihe des Josef-Scholz-Verlags 1904ff. In: Schiefertafel 3 (Dez. 1980), 126-140.

Schmidt, Georg: Kleine Geschichte der modernen Malerei. Basel 1955.

Staatliche Kunstsammlungen Dresden/Gemäldegalerie Neue Meister/Kupferstich-Kabinett (Hrsg.): Ludwig Richter und sein Kreis. Leipzig 1984.

Tzara, Tristan: Parler seul. Poème. Mit Lithographien von Joan Miró. Paris 1948-50.

Wolgast, Heinrich: Über Bilderbuch und Illustration. Hamburg 1906.

Gertrud Lehnert

Moderne und postmoderne Elemente in der „phantastischen" Kinderliteratur des 20. Jahrhunderts.

„Au fond, voyez-vous, (. . .) le monde est fait pour aboutir à un beau livre". (Mallarmé 1974, 872) Dieser berühmte Satz Stéphane Mallarmés enthält in nuce das Programm der literarischen Moderne: Der Kunst, zumal der Sprachkunst, wird bei aller scheinbar noch vorhandenen Referenz auf die ‚Welt' eine Bedeutung zugemessen, die weit über die Bedeutung der außerliterarischen Realität hinausgeht. Nicht mehr die Realität an und für sich oder die Realität als Referenzobjekt für das Schaffen von Literatur, die die Realität abzubilden hätte (wie es das Bestreben des Realismus war – vgl. Stendhals bekannte Spielgelmetapher), ist mehr von Relevanz. Es zählt nur mehr das künstlerische Werk, das die als unbefriedigend und trivial verurteilte Welt transzendiert und eine Gegenwelt darstellt, die ihren Wert und ihre Geschlossenheit ganz in sich selbst trägt. Die Konsequenzen liegen auf der Hand: Es entsteht eine ‚hermetische' Literatur, die nur mehr ihren eigenen Gesetzen folgt, der Kommunikationsaspekt zwischen AutorIn bzw. Werk einerseits und den LeserInnen andererseits tritt in den Hintergrund zugunsten einer scheinbar elitären Selbstgenügsamkeit des Werkes, dessen LeserInnen nur mehr die sein können, die sich ganz auf diese Gegenwelt einlassen. Im Hinblick auf die Phantastik führt das zwangsläufig zu einer Verlagerung von der ‚klassischen' Phantastik à la E.T.A. Hoffmann oder Edgar Allen Poe, in der Literaturwissenschaft übereinstimmend definiert[1] als das Einbrechen übernatürlicher Ereignisse in eine Alltagswelt, hin zu einer Phantastik, die „zu einer Herausforderung an die Vernunft selbst gesteigert" wird, die

1 Vgl. Todorov 1970; Caillois 1974.

„die Welt als undurchsichtig, als der Vernunft prinzipiell unzugänglich" darstellt. Diese Definition Lars Gustafssons[2] trifft sehr genau auf die Phantastik beispielsweise Kafkas zu. In Anbetracht der charakteristischen Phasenverschiebung, mit der Normen aus dem allgemeinen literarischen System im Subsystem der Kinderliteratur übernommen werden,[3] in Anbetracht aber auch der Erwartungen, die an Kinderliteratur als Teil der Erziehung gestellt werden und die nicht zuletzt eine bestimmte Struktur der Texte zur Folge haben, die von Maria Lypp als „Einfachheit" definiert wird,[4] scheint es mehr als zweifelhaft, ob diese spezifisch moderne Form der Phantastik auch Eingang in die KJL gefunden hat. Die phantastische Kinderliteratur weist eine eindeutige und durchgängige Tendenz zur Polarisierung der alltäglichen, nach außerliterarischen Maßstäben zu beurteilenden, realistisch beschriebenen Welt und einem deutlich davon abgesetzten Bereich phantastischer Ereignisse auf. Entweder wird die phantastische Welt in der Tradition des Märchens von vornherein als eine andere Welt gekennzeichnet, oder die phantastischen Ereignisse werden der ‚normalen' Welt kontrastiert. Von deren Eigenständigkeit sind sowohl die jeweiligen Protagonistinnen und Protagonisten als auch aufgrund deutlicher Signale die Leserinnen und Leser überzeugt. Sehr häufig ist der Auslöser der phantastischen Ereignisse ein Gegenstand. So findet die Protagonistin in Marianne Storrs *Marianne träumt* (1958, dt. Übers. 1986) während einer nicht näher spezifizierten Krankheit, die sie wochenlang ans Bett fesselt, einen alten Bleistift, mit dem sie Dinge zu zeichnen beginnt, die sie dann in ihren Träumen vorfindet und die ein ganz eigenes Leben annehmen, auf das Marianne in ihren Träumen keinen Einfluß mehr hat. So kann sie ihren Zeichnungen zwar stets Neues hinzufügen, und sie gibt dem Haus, mit dem sie begonnen hat, nicht nur einen Bewohner – einen Jungen, den es auch in der täglichen Realität gibt, den Marianne aber nur aus den Erzählungen ihrer Privatlehrerin kennt und der ihre Phantasie sehr anregt –, sondern sie füllt es auch mehr und mehr mit Gegenständen des täglichen Bedarfs. Sie kann indessen nichts, was sie mit dem Zauberbleistift einmal gezeichnet hat, wieder rückgängig

2 Vgl. Gustafsson 1985.
3 Vgl. Shavit 1986.
4 Vgl. Lypp 1984.

machen, und so werden die einäugigen und steinernen Wächter, die sie in einem Anfall von Zorn um das Haus gruppiert hat, zu einer sehr lebendigen Bedrohung für die beiden Kinder im Haus. Eine Rettung ist nun nicht mehr mithilfe neuer Zeichnungen möglich, sondern nur mehr aufgrund des Erfindungsreichtums, des Mutes und der Kooperation der beiden Kinder, wenngleich Marianne die Dinge erleichtert dadurch, daß sie zeichnend die Mittel schafft, mit denen die beiden fliehen können, Fahrräder z.B. Dennoch bleibt der Mut, die Fahrräder auch im rechten Augenblick zu benutzen, den Kindern im Traum selbst überlassen. Wenn auch die Realität außerhalb des Traums Einflüsse auf die Zeichnungen Mariannes und somit auf das Traumgeschehen haben und umgekehrt das Traumgeschehen zurückwirkt auf die Realität, nämlich auf die Gesundung der beiden bettlägerigen Kinder und auch auf einen gewissen seelischen Reifeprozeß, so bleiben die beiden Bereiche doch stets deutlich voneinander getrennt; sie überlappen sich nie wirklich. Dies läßt sich verallgemeinern: Wenn phantastische Ereignisse in der Kinderliteratur einen Einfluß auf die Realität haben, dann meistens in dem Sinne, daß entweder psychische oder intellektuelle Prozesse bei den Protagonistinnen und Protagonisten in Gang gesetzt werden (so lernen die Kinder von Arden mittels ihrer Zeitreisen, das Wesentliche vom Unwesentlichen zu unterscheiden). In der Regel ist dies ein Reifungsprozeß, mit dessen Beendigung die Kinder auch ihre Fähigkeit zum Erleben phantastischer Ereignisse verlieren. Dies hat Malte Dahrendorf Zwei-Welten-Theorie genannt und kritisiert.[5] Und selbst in Texten, in denen eine punktuelle Überlappung stattfindet, vermögen die phantastischen Ereignisse zwar scheinbar für eine gewisse Zeit die Realität zu bedrohen – d.h. in der Regel: den Protagonisten oder die Protagonistin in ihrer Realität.[6] Eine veränder-

5 Vgl. Dahrendorf 1980.

6 Dies geschieht beispielsweise in Tom Ingrams *Reitende Schatten,* in dem ein Armband die Protagonistin immer wieder in eine andere Existenz in der Vergangenheit versetzt, und die Ereignisse dieser Vergangenheit scheinen auf die Gegenwart überzugreifen. Letztlich aber stellt sich heraus – auch dies ein typischer Zug, der nicht von ungefähr an die rationalen Auflösungen alles Übernatürlichen in der „gothic novel" erinnert – daß nicht eigentlich die phantastische Vergangenheit auf die alltägliche Welt wirkt. Die Gefährdung geht vielmehr vom Neid und der Habsucht ganz normaler Menschen der Gegenwart aus.

te Wahrnehmung der Realität findet indessen nicht statt: Diese wird eben höchstens von außen bedroht, aber sie wird nicht als in sich selbst bedrohlich oder auch nur als undurchschaubar empfunden. Im Gegenteil: Meistens ist die Realität – bei aller Sehnsucht nach dem anderen – letztendlich ein positiver, zuweilen sogar Schutz versprechender Bezugspunkt, es sei denn, sie sei zugunsten der anderen Welt gänzlich aufgegeben worden, wie dies beispielsweise in Astrid Lindgrens *Mio mein Mio* oder *Die Brüder Löwenherz* geschieht. Hier kann man den Übergang indessen als den Übergang vom Leben über den Tod zu einem Jenseits verstehen, und das Jenseits ist nach durchaus durchschaubaren (und denen des Diesseits entsprechenden) Regeln konstruiert, so daß also auch in diesem Fall keine neue und verfremdete Realitätswahrnehmung oder -umdeutung stattfindet, wie dies in der modernen Phantastik à la Kafka oder Borges geschieht. Zumal der letztere bietet mit seinen phantastischen Texten immer wieder eine philosophisch-metaphorische Deutung der Welt; die reale Alltagswelt hat in diesen außerordentlich intellektuellen und abstrakten Erzählungen im allgemeinen keinen Platz mehr. Eine solche Phantastik ist in der Kinderliteratur schwer vorstellbar; wenngleich Peter Bichsels *Kindergeschichten* (1969) – ohne eigentlich phantastisch zu sein – ein ansatzweise ähnliches Konzept verfolgen, indem sie die institutionalisierte Alltags- und Realitätswahrnehmung mit mehr oder weniger intellektuellen Mitteln in Frage stellen und – sehr bemerkenswert – zumeist kein Happy End haben. Wenn beispielsweise der alte Mann in *Ein Tisch ist ein Tisch* aus seiner totalen Einsamkeit heraus die durch Konvention festgelegte Bedeutung von Wörtern und Namen anzweifelt und sie verändert, um dann schließlich in noch unwiderruflicherer Einsamkeit als zuvor zu enden, weil er nun nicht einmal mehr die Möglichkeit hat, mit seiner Umwelt zu kommunizieren, da es keine gemeinsame Sprache mehr gibt – so ist dies eine radikale Verunsicherung aller herkömmlichen und letztlich beschwichtigenden Wahrnehmungsweisen von Realität und Menschen, wie sie in der Kinderliteratur in aller Regel vorexerziert werden.

Auch Joke van Leeuwens *Deesje macht das schon* (1985, dt. Übers. 1987) ist kein eigentlich phantastisches Buch, aber die Wahrnehmung der Welt aus der Sicht des Kindes gewinnt hier eine geradezu phantastische Qualität. Kein allwissender

Erzähler ist mehr spürbar, der aus seiner überlegenen Sicht die Ereignisse beurteilen und damit in ihrer absoluten Bedeutung relativieren würde. Deesjc ist nicht nur den Beschlüssen der Erwachsenen, sondern auch der labyrinthartigen Großstadt, in die sie hineingerät, völlig allein ausgeliefert. Es widerfahren ihr Dinge von außen (sie muß zur Tante fahren, sie trifft die Tante auf dem Bahnsteig nicht, sie verläuft sich im Straßengewirr, sie bekommt den Mund verboten), aber auch von innen. So ist sie manchmal nicht imstande, rechtzeitig die Wahrheit zu sagen, weil sie wie gelähmt ist. Leitmotivisch zieht sich dieses Versäumnis durch den ganzen Text:

> *„Eigentlich hätte sie sofort sagen müssen, daß sie nicht wollte. Daß sie lieber in ihrem Zimmer blieb, mit dem Wer-weiß-was-wo-und-wie-Buch und dem Sachenheft. Eigentlich hätte sie das ihrem Vater sagen müssen. Aber sie hatte es nicht gesagt". (21)*

Aus dieser fatalen Kombination von äußerem und innerem Druck und etlichen, positiven wie negativen, Zufällen ergibt sich für Deesje eine Situation, die sie weder beherrscht noch durchschaut, die sie aber mit der gleichen sachlichen, um nicht zu sagen: hoffnungslos-ergebenen Selbstverständlichkeit hinnimmt wie Kafkasche Helden. Zwar handelt sie zuweilen, indem sie beispielsweise fortläuft, aber die Motivation ihres Handelns ist spontan, entspringt einem augenblicklichen Impuls und ist nicht in einem größeren rationalen Zusammenhang durchdacht, so daß sich daraus immer wieder nur neue Schwierigkeiten ergeben. Der innere Sinnzusammenhang der Welt scheint in Frage gestellt, und wenn zwar letztlich alles scheinbar gut ausgeht, weil Deesje doch noch zur Tante kommt und sogar von ihrer gefürchteten Kusine akzeptiert wird, weil diese Deesje sozusagen inkognito kennen- und mögengelernt und so erfahren hat, daß ihr vorgefaßtes Bild nicht zutrifft (auch das eine ganz zentrale Erfahrung) – so setzt doch Deesjes abschließendes Telefonat mit ihrem Vater deutliche Signale dahingehend, daß die Welt, die letztlich die Welt der Erwachsenen ist, für das kleine Mädchen noch immer unzugänglich, d.h. undurchschaubar ist – oder umgekehrt: daß ihre Erlebens- und Erfahrenswelt den Erwachsenen nicht begreiflich ist. Das wird sinnfällig an den offensichtlich aus Desinteresse resultierenden Mißverständnissen des Vaters, der so in seiner eigenen Gedankenwelt befangen ist, daß er gar nicht begreift, was seine Tochter ihm zu sagen versucht, und der schließlich den Hörer auflegt, bevor Deesje auch nur die Möglichkeit gehabt hat, die Irrtümer aufzuklären. Wieder einmal wird Deesje zur Sprachlosigkeit verurteilt: Blieb ihr zu Beginn jedes Wort im Halse stecken, wenn sie Vater und Brüder endlich dazu gezwungen hatte, ihr zuzuhören; wurde ihr später ausdrücklich der Mund verboten; wurde sie vor der Fernsehkamera brutal aus ihrer Geschichte gerissen – so kann sie zum Schluß der Erzählung nichts mehr sagen, weil sie gerade ein großes Stück Schokolade im Mund hat. So zufällig dieses letzte Schweigen motiviert scheint, so gewinnt es doch im Gesamtkontext und aufgrund des insistierenden letzten Satzes der ganzen Erzählung eine viel umfassendere Bedeutung:

> *„So etwas wollte sie sagen.*
> *So etwas versuchte sie zu sagen.*
> *Aber sie hatte gerade ein großes Stück vom Drachen abgebissen.*
> *Deshalb sagte sie nur: „Wobbobbobbob".*
> *Sonst nichts". (135; Hervorhebung von mir)*

Noch einmal zurück zu dem eingangs zitierten Satz von Mallarmé. Von ihm (und allen seinen Implikationen) ist es ein logischer Schritt zu Äußerungen wie der folgenden. Jorge Luis Borges beginnt seine Erzählung *Die Bibliothek von Babel* mit den Worten:

> *„Das Universum (das andere die Bibliothek nennen) setzt sich aus einer unbegrenzten und vielleicht unendlichen Zahl sechseckiger Galerien zusammen (. . .) Wie alle Menschen der Bibliothek bin ich in meiner Jugend gereist; ich habe die Fahrt nach einem Buch angetreten, vielleicht dem Katalog der Kataloge; jetzt, da meine Augen kaum mehr entziffern können, was ich schreibe, bin ich im Begriff, nur ein paar Meilen von dem Sechseck, wo ich geboren ward, zu sterben". (Borges 1981a, 145f.)*

Die Welt existiert gar nicht mehr außerhalb der Literatur, beide sind in eins gefallen, verschmolzen, es gibt nur noch Texte. Diese Einstellung ist kennzeichnend für den Bewußtseinszustand nicht mehr der Moderne, sondern der Postmoderne, in der die Referenz auf Außerliterarisches zugunsten einer Referenz auf die kulturelle Überlieferung, d.h. auf Texte, Bilder, Stile, literarische Verfahren, in den Hintergrund tritt. Frederic Jameson beschreibt die postmoderne Kulturproduktion so:

„Denn seit dem Zusammenbruch jener Ideologie der Moderne, die den Stil für ebenso einmalig und unverwechselbar hielt wie die eigenen Fingerabdrücke, für so einzigartig wie den eigenen Körper, können sich die Kulturproduzenten nur noch der vollendeten Vergangenheit zuwenden: der Imitation toter Stile, der Rede durch all die Masken und Stimmen, die im imaginären Museum einer neuen weltweiten Kultur lagern". (Jameson 1986, 62)

Und wenig später spricht Jameson von der

„historisch neuartige(n) Konsumgier auf eine Welt, die aus nichts als Abbildern ihrer selbst besteht und versessen ist auf Pseudoereignisse und „Spektakel" jeglicher Art (. . .) Für diese Erscheinungen bietet sich Platons Begriff des „Simulakrum" an: die identische Kopie von etwas, dessen Original nie existiert hat". (Jameson 1986, 63)

Zweifellos ist die Postmoderne damit noch nicht erschöpfend beschrieben. So konstatiert beispielsweise Hanns-Josef Ortheil, postmodernes Verhalten lese die Zeichen der Lebenswirklichkeit ebenso als Signale wie die des literarischen Entwurfs.[7] Er betont den Spielcharakter postmoderner Literatur und die eminent wichtige Rolle des Lesers als eines „intellektuellen Komplizen" des Autors. Anders als Jameson, der den politischen Aspekt in den Vordergrund rückt, legt Ortheil also den Schwerpunkt seiner Situationsbeschreibung auf den semiotischen Aspekt. Ungeachtet der divergierenden Positionen in der vehement geführten Diskussion um das Phänomen bzw. den Begriff Postmoderne lassen sich jedoch einige (vorläufige) Konstituenten postmoderner Literatur ausmachen. Dazu gehören neben der bereits erwähnten Betonung des Kommunikationsaktes das Infragestellen der Erzählerautorität bzw. eine Pluralität der Erzählerstimmen, beides zusammen ermöglicht eine größere Individualität und Heterogenität der Lektüre. Dazu gehört ferner das häufige Thematisieren des Lesens/Schreibens; eine Fragmentierung des dargestellten Geschehens sowie der Charaktere, die Mischung der Erzählformen und eben – last but not least – die Intertextualität, d.h. das beständige Rekurrieren auf und Zitieren von vorgegebenen Texten oder allgemeiner: kulturellen Überlieferungen.[8]

---

7 Vgl. Ortheil 1986.

8 Vgl. hierzu u.a. Paterson 1986. Zur Postmoderne als allgemeines kulturelles (und nicht nur literarisches) Phänomen vgl. u.a. Welsch 1987.

In bezug auf die KJL möchte ich nun die These aufstellen, daß sich in ihr eher gewisse, oft vereinzelt auftretende postmoderne Züge ausmachen lassen als moderne. Die entsprechenden Texte gehören zudem ausnahmslos zu den von Zohar Shavit als „ambivalent" charakterisierten Texten, solchen also, die zu mindestens zwei literarischen Systemen gehören und von mindestens zwei Lesergruppen rezipiert werden, d.h. die mittels ihrer Erzählstruktur imstande sind, sowohl der einen (kindlichen) als auch der anderen (erwachsenen) intendierten Lesergruppe deutliche Signale zu geben. Dies, so Shavit, geschehe strukturell durch das Verwenden zweier unterschiedlicher Erzählmodelle, eines etablierten, das die kindlichen, und eines weniger etablierten, das die erwachsenen Leserinnen und Leser anspreche. Aber:

> *„It is only the adult reader who is meant to realize the two coexisting models. What makes this double reading possible is the mutual exclusivity of the models structuring the text; it is as if one of the models, the more conventional, permits full realization without taking the other model into account, simply because the other model exludes it. In fact, the child reader is indeed supposed to ignore the less conventional model, while the interplay of the two models, the more and the less established, can be realized by adults only". (Shavit 1986, 69)*

Es ist also gerade die Tatsache, daß ambivalente Texte sich in keines der literarischen Systeme nahtlos einfügen, die es ermöglicht, daß sie letztlich von beiden akzeptiert werden. Historisch gesehen, so argumentiert Shavit weiter, tendierten ambivalente Texte dazu, von der Erwachsenenliteratur bereits als überlebt zurückgewiesene, aber in der Kinderliteratur noch nicht akzeptierte Modelle zu übernehmen.

Ein typisches Beispiel für einen ambivalenten Text ist Michael Endes *Unendliche Geschichte* (1979), die ja geradezu zum Kultbuch für viele erwachsene Leserinnen und Leser geworden ist. Als (erwachsene) Leserin kann man sich während der Lektüre des beständigen Eindrucks nicht erwehren, daß man das alles doch schon irgendwie kenne, daß hier nicht nur Erzählweisen, sondern Handlungsverläufe, Themen, Motive und Bilder eingesetzt werden, die anderswo bereits präfiguriert sind. Und in der Tat verwendet Ende nebeneinander typische Märchenmuster (die kranke Prinzessin, der die Ärzte nicht helfen können,[9] die Suche nach dem Wasser des Lebens, um dem – in anderer Art kranken – Vater zu helfen), typische Strukturen des Abenteuer- sowie des Bildungsromans, psychoanalytische und anthropologische Modelle der Selbstfindung einerseits und der Initiation andererseits.[10] Darüber hinaus aber wimmelt der Roman geradezu von versteckten Anspielungen auf Malerei und Literatur, die oft nur assoziativ erschlossen werden können. So sind beispielsweise die gläsernen Träume, die der blinde Bergmann zutage fördert, nicht einfach willkürliche Erfindungen Endes. Vielmehr handelt es sich teilweise um die „Beschreibung" real existierender Bilder von Dalí („Uhren, die wie weicher Käse zerflossen"), de Chirico („Gliederpuppen, die auf grell beleuchteten, menschenleeren Plätzen standen"), Manet („Frauen, die auf einem Balkon saßen") und Magritte (ein „Mann, dessen Brust ein Vogelkäfig war, in dem zwei Tauben saßen"), oder es wird auf einen literarischen Text angespielt (so auf Gogols Erzählung *Die Nase,* wenn auf einem der Traumbilder eine Nase zu sehen ist, „die herumspazierte und von allen Vorübergehenden gegrüßt wurde". Ende 1979, 400/402.) Der Elfenbeinturm, das Herz Phantásiens, wird wie folgt beschrieben: „Der Elfenbeinturm war groß wie eine ganze Stadt. Er sah von fern aus wie ein spitzer, hoher Bergkegel, der in sich wie ein Schneckenhaus gedreht war und dessen höchster Punkt in den Wolken lag" (27) – welch überaus frappante Ähnlichkeit mit Pieter Brueghels „Turmbau zu Babel" im Kunsthistorischen Museum Wien! Die hohlen Ritter der bösen Xaíde (geradezu der Prototyp der dämonischen Verführerin!)[11] erinnern sicher nicht von ungefähr an den *Cavaliere inesistente* aus Italo Calvinos gleichnamigem Kurzroman, und das Beliebigkeitsspiel, das die erinnerungslosen Menschen in der Alten Kaiser Stadt spielen, indem sie Buchstaben würfeln, erinnert gewiß nicht zufällig an eine Stelle aus der *Bibliothek von Babel.* In der *Unendlichen Geschichte* erklärt der Affe Bastian das Spiel:

„Aber wenn man es sehr lang spielt, jahrelang, dann ergeben sich manchmal durch Zufall Wörter. Keine besonders geistrei-

---

9 Vgl. hierzu Prondczynsky 1983.

10 Ausführliche und kritische Analysen der *Unendlichen Geschichte* u.a. unter diesen Gesichtspunkten bei Kaminski 1982a, 1982b; Kirchhoff 1984.

11 Vgl. hierzu Frenzel 1988, 774-788.

chen Wörter, aber wenigstens Wörter. (...) Wenn man es aber hundert Jahre, tausend Jahre, hunderttausend Jahre immer weiter spielt, dann muß nach aller Wahrscheinlichkeit dabei durch Zufall auch einmal ein Gedicht herauskommen. Und wenn man es ewig spielt, dann müssen dabei alle Gedichte, alle Geschichten, die überhaupt möglich sind, entstehen, dazu auch alle Geschichten der Geschichten und sogar diese Geschichte, in der wir beide uns gerade unterhalten". (368)

In der *Bibliothek von Babel* heißt es:

„Die Gewißheit, daß irgendein Regal in irgendeinem Sechseck kostbare Bücher barg, daß aber diese Bücher unzugänglich waren, erschien nahezu unerträglich. Eine Lästersekte schlug vor, man solle die Suche einstellen, alle Menschen sollten Buchstaben und Zeichen so lange durcheinander würfeln, bis sie auf Grund eines unwahrscheinlichen Zufalls diese kanonischen Bücher zusammenbrächten". (151)

Und die Beschreibung der Alten Kaiser Stadt liest sich nicht nur wie die Beschreibung von Bildern Piranesis oder M.C. Eschers, sondern evoziert darüber hinaus durch fast wörtliche Anklänge (bis hin zu der Bemerkung: „Kurz, diese ganze Stadt vermittelte den Eindruck des Wahnsinns" (363)) einen Text von Jorge Luis Borges:

„Immer wieder stieß ich auf blinde Gänge, auf unerreichbar hoch angebrachte Fenster, auf prunkvolle Türen vor einer Zelle oder einem Brunnen, auf unglaubliche Treppen, die mit Stufen und Geländer umgedreht nach unten hingen. Andere, die seitlich vor einer Riesenmauer in der Luft schwebten, endeten, ohne irgendwohin zu führen, nach zwei, drei Windungen im oberen Schatten der Kuppeln". (Borges 1981b, 14)

Und der Betrachter schließt, daß die Götter, die diese nicht für Menschen bestimmte Stadt gebaut haben, wahnsinnig gewesen sein müßten. Dies ist um so interessanter, als Borges' Text zweifellos eine literarische Umsetzung der Bilder Piranesis ist, jener berühmten *Carceri,* die wiederum auch Gustafsson in seiner bereits zitierten Bestimmung des Phantastischen zum Ausgangspunkt macht.

Daß derartige Anspielungen innerhalb der *Unendlichen Geschichte* nur Erwachsene ansprechen können, liegt auf der Hand: Hier wird über die Köpfe der kindlichen Leserinnen und Leser hinweg eine Komplizenschaft zwischen dem Erzähler/Autor und den erwachsenen Leserinnen und Lesern begründet, die nicht nur in der Wiedererkennbarkeit einzelner Bilder wurzelt, sondern im künstlerischen Verfahren der Intertextualität selbst. Gerade in der Beliebigkeit der Anspielung auf einen eminent modernen phantastischen Text wird übrigens deutlich, wie wenig Ende daran gelegen ist, eine Umsetzung moderner Elemente in die Kinderliteratur vorzunehmen. Man wird sich nämlich schwer damit tun, eine tiefere Bedeutung hinter all diesen Anspielungen zu finden – ganz offensichtlich handelt es sich um ein rein spielerisches Rekurrieren auf Prätexte und Präbilder, das seinen Sinn in sich selber trägt und gerade deshalb den erwachsenen Leserinnen und Lesern signalisiert, daß sie einen postmodernen Text vor sich haben. Dies schließt indessen keineswegs aus, daß die Bilder und Metaphern für kindliche Leserinnen und Leser (oder für Erwachsene, die den Anspielungscharakter nicht aktualisieren können, da ihnen die Vorinformation fehlt) dennoch ihre volle Wirkung entfalten können, die eben durch das nicht-Wahrnehmen des ‚doppelten Bodens' nicht im geringsten beeinträchtigt wird. Es finden sich sogar vereinzelte Anspielungen, die auf die kindliche Rezeption zugeschnitten zu sein scheinen: So erinnern die verrückten Schlamuffen an Geschöpfe aus Disney-Filmen, und auch der Kampf zwischen dem Recken Hynreck und seinen Gegnern scheint nach dem Vorbild von Zeichentrickfilmen gestaltet zu sein.

Neben dem Zitieren weisen aber auch andere Verfahrensweisen Endes postmoderne Tendenzen auf. So fällt auf, daß beständig das Schreiben und das Lesen thematisiert werden. Das beginnt ganz unauffällig mit der Konstatierung von Bastians Leseleidenschaft und der Diskussion seiner literarischen Vorlieben – hier tut sich übrigens eine interessante Diskrepanz auf zwischen dem, was den Leserinnen und Lesern als Erwartungshaltung suggeriert wird, und dem, was der Roman als ganzes einlöst. Wenn es nämlich heißt:

> *„Er mochte keine Bücher, in denen ihm auf eine schlechtgelaunte und miesepetrige Art die ganz alltäglichen Begebenheiten aus dem ganz alltäglichen Leben irgendwelcher ganz alltäglichen Leute erzählt wurden. Davon hatte er ja schon in Wirklichkeit genug, wozu sollte er auch noch davon lesen? Außerdem haßte er es, wenn er merkte, daß man ihn zu was kriegen*

wollte. Und in dieser Art von Büchern sollte man immer, mehr oder weniger deutlich, zu was gekriegt werden" (26)

– dann impliziert das, daß das Buch, das Bastian und mit ihm die realen Leserinnen und Leser gerade lesen, niemanden „zu was kriegen" will. Dem widerspricht aber in eklatanter Weise die Aussage des gesamten Romans, in dem es um die Selbstfindung eines Individuums geht, die gleichsam mit erhobenem Zeigefinger vorgeführt wird; denn das Motto von Bastians Erlebnissen in Phantásien: „Tu was du willst" (auch dies eine deutliche Referenz auf einen Prätext, nämlich auf die Inschrift über dem Eingang zur Abtei Thélème in Rabelais' *Gargantua*) beinhaltet ja mehr an moralischer Rigidität, als es zunächst scheinen mag.

Das Thematisieren von Lesen/Schreiben (oder besser: Erzählen, Geschichten ausdenken) wird jedoch über diese ersten Bemerkungen hinaus gesteigert. Bastian liest nicht nur eine Geschichte, die genauso ist wie die, die er sich selbst ausdenkt, sondern er gerät unaufhaltsam in die Geschichte hinein – bis zu dem Punkt, an dem er aus seiner Realität heraus – und endgültig in die Fiktion hineinspringt. Spätestens von da an ist er nicht mehr nur ein Leser, der gemäß seinen individuellen Voraussetzungen seine eigene Lektüre realisiert (was steht in einem Buch, so fragt er sich zu Beginn seines Leseabenteuers, wenn es geschlossen ist – damit stellt er die zentrale Frage der Rezeptionsästhetik),[12] sondern er ist selbst zum Schöpfer der Geschichte geworden, die er nun nicht mehr liest, sondern gleichzeitig erlebt und sich ausdenkt. Allerdings hat dies interessanterweise keinerlei Auswirkungen auf die Erzählperspektive, die in allen Teilen des Romans mehr oder weniger identisch bleibt. Ob es um Bastians ‚reale' Geschichte geht, um seine Lektüre bzw. die Ereignisse in dem Buch, das er liest, oder um die Ereignisse, die nurmehr die realen Leserinnen und Leser lesen und die Bastian erlebt – hinter allem ist ein und derselbe auktoriale und allwissende Erzähler spürbar, der seine Allwissenheit nicht zuletzt in Äußerungen kundtut wie: „Bastian wußte noch nicht . . ." oder in dem häufig wiederkehrenden: „Aber das ist eine andere Geschichte und soll ein andermal erzählt werden". Offensichtlich desavouiert der Erzähler

12 Auf diesen rezeptionsästhetischen Aspekt verweist auch Prondczynsky 1983, 35f.

hier mittels seines Verfahrens das, was er eigentlich darstellen möchte. Von spezifisch postmodernem Erzählen kann also nicht die Rede sein. Der Erzähler legt gleichsam ein Lippenbekenntnis zur offenen und heterogenen Lektüre, zur Pluralität der Erzählerstimmen ab (denn zum auktorialen Erzähler von Bastians ‚realer' Geschichte, zu dem des Buchs im Buch und zu Bastian selbst kommt ja außerdem noch der Alte vom Wandernden Berg, der die Geschichte Phantásiens chronikartig im Augenblick des Geschehens aufzeichnet), macht dies aber strukturell nicht fruchtbar. Es ist dies ein Widerspruch, der möglicherweise dadurch zu erklären ist, daß Ende in diesem Fall seine kindlichen Adressatinnen und Adressaten vor Augen hatte und sich nach gewissen institutionalisierten Normen des kinderliterarischen Erzählens richtete. Die Diskrepanz selbst kommt vermutlich wiederum nur erwachsenen Rezipientinnen und Rezipienten zu Bewußtsein, die aufgrund ihrer Leseerfahrungen im Bereich der ‚erwachsenen' Literatur eine strukturelle Umsetzung des Erzählten erwarten.

Der Roman produziert implizit und teilweise auch ganz explizit eine binäre Opposition von Rationalität und Phantasie, die er dann wiederum auflöst durch sein letztlich einseitiges Plädoyer für die Phantasie (ja für reinen Irrationalismus):[13] Woher kommt die Heilung der kranken Realität, wenn nicht durch die Phantasie – oder, anders ausgedrückt: durch die Literatur? So scheint letztlich die Bibliothek von Babel als Grundmuster der *Unendlichen Geschichte* durch. Die Welt wird zu einer Welt aus Büchern, das reale Leben wird substituiert durch Lektüre oder Schreiben, und das Schreiben wiederum rekurriert beständig auf andere Bücher, auf Prätexte und Präbilder. Der neue Mythos, den Ende mit seinem Buch über die Heilung der Welt durch die Phantasie zu schaffen versucht, desavouiert sich selbst, indem er nur vorgegebene Muster neu zu kombinieren vermag. Und darin ist der Roman dann doch wieder sehr postmodern.

---

13 Am Rande sei an die Ironisierung, ja Lächerlichmachung der Wissenschaft in der Schilderung des Wissenschaftlers Engywuck erinnert, der jahrelang das Große Rätsel Tor bewacht, weil er ein Buch darüber schreiben will, aber niemals selbst durch das Tor geht, um zu erfahren, was sich dahinter befindet, sondern stets nur die Reisenden ausfragt: Information, ja Erfahrung aus zweiter Hand!

Bereits der Anfang von Jörn-Peter Dirx' Buch *Alles Rainer Zufall* (1987) verweist mehr oder weniger direkt auf *Alice's Adventures in Wonderland,* das sich im Verlauf der Lektüre mehr und mehr als strukturelles Grundmuster des ganzen Textes erweist. Alices Eintritt ins Wunderland geschieht durch ihren endlosen Fall das Kaninchenloch hinunter. Wenn in Dirx' Erzählung der kleine Junge Rainer Zufall von irgendwoher auf den Marktplatz von Brems an der Wems fällt, so scheint er – in einer Art Umkehreffekt zu Alice – als Wesen aus einer anderen Welt in eine ‚normale' Welt zu kommen; in Wahrheit stellt sich diese sehr schnell als verkehrte Welt dar, in der kleine Jungen in Aufzügen leben und mit bloßem Auge nicht sichtbare kleine Mädchen an der Tagesordnung sind. Aber damit nicht genug: Es gibt von dieser merkwürdigen Welt einen echten Übergang in ein Wunderland, und dieses Wunderland entpuppt sich später als die Geschichte, die der Schriftsteller Roman Dichter gerade schreibt, in die die Kinder einerseits aktiv handelnd hineingeraten und in der sie andererseits das tun (müssen), was Roman Dichter im gleichen Augenblick in seine Schreibmaschine tippt. Es geschieht mithin kein Einbruch des Phantastischen oder besser gesagt: des Irrationalen in eine alltägliche Welt, sondern die Welt ist von vornherein nicht ganz alltäglich, und das Irrationale wird nur mehr potenziert durch den Übergang in die Welt der Geschichte Roman Dichters. Es existieren also zwei oder sogar drei Anfänge der Erzählung: erstens der Fall Rainer Zufalls auf den Marktplatz, zweitens die Verwandlung des Zuges in einen Wald und drittens die Entdeckung Roman Dichters in seinem Leuchtturm und sein Fortschreiben der Geschichte, in die die Kinder ohnehin hineingeraten sind, mit dem Ziel, sie wieder herauszuholen. Diese verschiedenen Anfänge folgen indessen keinem kausallogischen oder auch nur einem immanent logischen Muster, also z.B. einem assoziativ hergestellten sprachlichen Zusammenhang, sondern sie sind völlig willkürlich aneinandergereiht und dienen einer Potenzierung des ‚Unsinns', der aber in sich nicht begründet ist. Dies gilt nicht nur für die Anfänge, sondern für die Struktur des ganzen Buchs, in dem eine absurde Episode nach der anderen geschieht, ohne daß darin eine andere Logik als die der puren Willkür sichtbar würde. Darin unterscheidet sich der Text ganz wesentlich von seinem Prätext *Alice*, ja er verfehlt ihn, wird doch in *Alice* beständig, ungeachtet aller Unsinnigkeit der erzählten Ereignisse, der

Eindruck einer gewissen Kohärenz und Folgerichtigkeit erzeugt, der begründet ist in der Traumlogik einerseits und der Sprachlogik (bzw. Unlogik) andererseits.[14] Könnte man in der Terminologie von Rolf Hildebrandt[15] in bezug auf *Alice* von vorwiegend sprachlich und logisch relevantem Nonsens sprechen, so herrscht in *Alles Rainer Zufall* der additive Nonsens vor. Das ist an und für sich natürlich zunächst einmal nicht schlecht, es irritiert indessen bei einem Buch, das so andauernd den Bezug zum Prätext herstellt: Einerseits durch das Nonsens-Prinzip selbst und durch die unzähligen Wortspiele und -verballhornungen, aber auch, indem Figuren aus *Alice* auftreten, wie die falsche Suppenschildkröte, die Edamer Katze und die Thunfischwärter, die übrigens nicht zuletzt in den Illustrationen – deutlicher noch als im Text selbst – auf *Alice* bzw. die Tennielschen Illustrationen von *Alice* verweisen. Eine andere Illustration von The Tjong Khing (Dirx 1987, 99) läßt sich geradezu als programmatische Aussage über das ganze Buch interpretieren. Sie stellt den Augenblick dar, in dem Hans Halsüberkopf aus dem Maulwurfshügel kriecht, um dem Minister die über dessen politische Zukunft entscheidende Aufgabe zu stellen. Auf der Zeichnung nun sind um Hans und den Minister eine Menge Gestalten versammelt, die im Text größtenteils nicht erwähnt werden. Unter ihnen erkennt man nicht nur Alice, Max und Moritz, den Struwelpeter, den Elefanten Babar, Mary Poppins, Tarzan, Superman, Mickey Mouse, die Bremer Stadtmusikanten und etliche andere bekannte Figuren der Kinderliteratur, sondern auch Don Quijote, Sherlock Holmes, Sigmund Freud und Franz Kafka. Dies ist signifikant für eine Erzählung, die bevölkert ist von Personen aus anderen Texten und nur so wimmelt von Anspielungen auf andere – nicht nur kinderliterarische! – Texte. Es beginnt beim Namen des Mädchens Effi Biest – kindliche Leserinnen und Leser werden über den Namen lachen, weil sie die Bedeutung von Biest kennen; Erwachsene wohl eher, weil sie in dem Biest sofort Briest erkennen. Der Minister heißt Zaches und wird bis hin zu wörtlichen Anklängen an E.T.A. Hoffmanns *Klein Zaches genannt Zinnober* in die Erzählung

14 Es ist ja kein Zufall, daß *Alice* beispielsweise von den Surrealisten als ganz wesentlicher Vorläufertext rezipiert wurde. Vgl. hierzu Tiedemann 1982.

15 Vgl. Hildebrandt 1970.

eingeführt; Hoffmann selbst tritt auch verschiedentlich in Erscheinung, ohne indessen anders als durch seine beschwipsende Freundschaft mit einem Himbeergeist charakterisiert zu werden, und der Minister dirigiert das „Hoffmannsche Sympathieorchester“. Ein Bückling verlangt von Effi Biest, sie möchte ihn küssen, damit er sich in den „wunderschönen verzauberten Frosch“ zurückverwandeln könne, der er eigentlich sei; vom Frosch verwandelt er sich in einen Mops, und von einem Mops in ein Meerschweinchen, alles durch Küsse. Und auf Effis schaudernde Frage, ob es denn keine anderen Möglichkeiten als Küsse gebe, erwidert er: „Keine (. . .) Das war schon immer so. Verzauberte Frösche müssen auch von einem schönen Fräulein geküßt werden, damit sie junge Prinzen werden. Das kannst du überall nachlesen“. (64) Hier wird die Funktion dieser Anspielungen deutlich: Nicht die ursprüngliche Funktion im Prätext wird fruchtbar gemacht, sondern die Anspielungen und Zitate werden – zumeist verfremdet – eingesetzt, um Komik auszulösen: durch den Wiedererkennungseffekt als solchen, aber auch, indem sie in der grotesken Verfremdung eine Art Übersteigerung des Originals darstellen, das so einerseits gewissermaßen übertroffen und andererseits parodiert werden soll. Daß ein Teil dieser Referenzen auf andere Texte nur erwachsenen Leserinnen und Lesern erkennbar ist, liegt auf der Hand: Welches Kind vermag schon mit der Figur Hoffmann etwas anzufangen oder den Ritter von der traurigen Gestalt als bereits außerhalb der Erzählung existierende literarische Figur zu identifizieren (es sei denn, es hätte zufällig eine der Kinderbearbeitungen des *Don Quijote* gelesen)? Die deutliche Parodie auf die Redeweise des gegenwärtigen Bundeskanzlers in der Wahlrede des Laberrinds scheint sich ebenfalls eher an erwachsene Leserinnen und Leser zu richten:

> *„Lieber die Taube auf dem Dach als einen Satz an der Wand, meine Freunde. (. . .) Wie oft haben wir es nicht schon erlebt, und ich sage das ganz offen: Neue Scheren scheren gut! Darum, liebe Freunde, und laßt uns das doch nicht vergessen: Wer fettig ist, der ist nicht leicht zu fassen. (. . .) Das, liebe Freunde draußen im Sande, laßt unseren Walspruch sein“. (114)*

Auch daß das strukturierende Prinzip des Gesamttextes dem von *Alice im Wunderland* folgt oder doch zu folgen versucht, wird Kindern vielleicht weniger unmittelbar einsichtig als Erwachsenen. Dasselbe gilt für das generierende Prinzip der Wortspiele und Wortverballhornungen. Wenn in *Alice* der Greif und die falsche Suppenschildkröte ihre Schulfächer aufzählen, dann verballhornen sie klassische Fächerbezeichnungen, indem sie ähnlichlautende und durchaus sinnvolle Wörter einsetzen. So wird aus Latin and Greek „Laughing and Grief", aus Geography „Seeography" usw.[16] Manche deutsche Übersetzer von *Alice* (man wird davon ausgehen müssen, daß der Autor Dirx sich eher auf eine deutsche Übersetzung als auf den englischen Originaltext bezieht) behalten dieses Prinzip bei; andere erfinden unter Beibehaltung der Vokale der eigentlich gemeinten Fächernamen neue Wörter. So wird dann bei Enzensberger „Schönschweifen" aus Schönschreiben und „Hausversatz" aus Hausaufsatz. Dirx nun mischt die Prinzipien, indem er z.B. die Thunfischwächter alle Äußerungen durch z.T. ähnlichlautende, z.T. aber auch ganz willkürlich ausgewählte Bezeichnungen von Meeresgetier ersetzen läßt:

> *„Unerhörtes Benehmen, das!" sagte nach einer Weile der eine. „Sprottich und ungeSchollt, mit einem Wort: sandAalös. Da stellt man sich höflich mit Namen vor, obwohl wir das, beim Heilbutt, Garnelicht nötig hätten –, und diese Spionin besitzt den Stint, uns ihren höchstwahrscheinlich ganz unmöglichen Namen zu verschweigen". „Kabeljau!" schimpfte der andere. „Nicht zu Brassen! Aber so sind diese Stichlinge von heute!" (52)*

Das Laberrind im Labyrinth verballhornt Sprichwörter:

> *„Auf hundert Narren kommt ein Gelächter, da ist schwer finden", seufzte das Laberrind. „Doch warum in die Sterne greifen, wenn doch das Gute ist so rar. Nein, lieber junger Freund, schreibe im Sande und mehre dich täglich, denn wer andern in der Stube steht, hebt selbst kein Bein. Und auch dies schreibe dir hinter die Ohrläppchen: Regen ist milder, Schneien ist kalt, ja, ich weiß es nur zu gut, ein gutes Rad ist teuer. . ." (88)*

Auf der anderen Seite werden völlig sinnlose Wortverdrehungen eingeführt, wenn z.B. aus einer Lupe eine Lupomotive wird.

Indem Roman Dichter als Figur im Text auftaucht, die die Geschichte dann fortschreibt und zugleich abhängig von dem ist,

16 Vgl. hierzu Lehnert-Rodiek 1988.

was ihre Wesen tun, wird indirekt das Schreiben thematisiert. Das wird noch deutlicher, wenn Roman Dichter über den roten Faden einer Geschichte räsonniert oder wenn nicht etwa er, sondern der Erzähler von *Alles Rainer Zufall* in einer Fußnote erklärt, was ein Pseudonym sei, und damit sich selbst und Roman Dichter dann doch wieder zu einer Person macht:

> *„Weiß jemand, was ein Pseudonym ist? Nein? Ein Pseudonym ist ein Name für den Fall, daß man es nicht gewesen sein will. Wenn also, angenommen, Roman Dichter dieses Buch geschrieben hätte, und er wollte es lieber nicht geschrieben haben, dann könnte er sich zum Beispiel Jörn-Peter Dirx nennen, dann wäre nämlich der's gewesen. Und umgekehrt natürlich genauso". (97)*

Postmodernes Spiel mit der Erzählperspektive also? Ja und nein, denn eigentlich ändert sich die Erzählperspektive hier genausowenig wie im Fall der *Unendlichen Geschichte*, wenn der Erzähler einfach zu einer Figur im Buch wird. Und doch scheint mir das spielerische und im ersten Augenblick verwirrende Thematisieren des Erzählens als solches sowie das Spiel mit vorgegebenen literarischen Referenzobjekten und die Inkohärenz des Erzählten, die indessen vor allem der ehrwürdigen Tradition des literarischen Nonsense verpflichtet ist, eine Tendenz postmodernen Erzählens widerzuspiegeln, wenn auch von einer Pluralität möglicher Lektüren nicht die Rede sein kann.

Eine andere ‚Bearbeitung' von *Alice im Wunderland* sei kurz erwähnt: Bernd Eilerts *Ecila aus dem Wunderland* (1980). Hier gerät in einem tatsächlichen Umkehreffekt Alices Spiegelbild in die wirkliche Welt und erlebt diese als verkehrte Welt. In gewisser Weise schließt dieser Text an die eingangs besprochenen Erzählungen an, in denen die Realitätswahrnehmung in Frage gestellt wird. Indem Ecila alles absurd findet, was den Leserinnen und Lesern doch schon so selbstverständlich ist, werden auch hier Sehgewohnheiten aufgebrochen, allerdings in einer eher oberflächlichen und zum Lachen reizenden als tatsächlich nachdenklich machenden Art.

Knister läßt in *Die Reiter des eisernen Drachen* (1986) das Mädchen Sarah mittels Zauberei in die Welt der Grimmschen Märchen geraten, in der sie vielen Märchenfiguren begegnet, etliche allerdings durchaus anders erlebt, als sie sie aus den

Märchen kennt, und wo sie vor allem auch die Brüder Grimm selbst trifft, die auf einem Motorrad auf der Suche nach neuen Geschichten durchs Märchenland fahren. Auch hier dokumentiert sich ein spielerischer und teilweise parodistischer Umgang mit überliefertem Material und mit der Figur des Erzählers, der zwar nicht explizit thematisiert, aber doch in den Gestalten der Brüder Grimm zum Bestandteil der Geschichte selbst wird.

Es besteht nun leicht die Gefahr, daß man die in der Kinderliteratur ohnehin vorhandene Tendenz zur Selbstperpetuierung,[17] die ja auch im Bearbeiten vorhandener Texte zum Ausdruck kommen kann, verwechselt mit einem Spezifikum postmodernen Erzählens. Andererseits scheint es so zu sein, daß gerade diese Tendenz postmodernem Erzählen entgegenkommt und in diesem Rahmen dann auch wieder eine typisch postmoderne Wendung erhält, die nicht zuletzt in der Beliebigkeit des Zitierens und Anspielens begründet ist. Auch andere Charakteristika der Kinderliteratur kommen dem postmodernen Erzählen entgegen: So die häufige Anwesenheit des Erzählers in kinderliterarischen Texten, die Typisierung der Gestalten, die oft in der Kinderliteratur eher funktional als psychologisch eingesetzt werden, eher „flat" als „round characters" sind, und nicht zuletzt die in der Nonsens-Tradition stehende Inkohärenz und Aufsplitterung des Geschehens. Es läßt sich so der paradoxe Schluß ziehen, daß die Kinderliteratur aufgrund ihrer eigenen Traditionen für postmoderne Verfahren offener ist als für eigentlich moderne. Postmoderne Strukturen scheinen eher mit den Normen der Kinderliteratur in Übereinstimmung zu bringen sein als moderne, die auf eine tiefe Verunsicherung abzielen, die nicht mehr spielerisch aufgelöst werden kann. Daß es sich dabei um konventionell festgesetzte, gesellschaftlich-erzieherische Normen handelt und nicht um das Wesen der Kinderliteratur schlechthin, zeigen die wenigen Beispiele, in denen moderne Züge zu finden sind und die erstaunlicherweise viel weniger „ambivalent" sind als die postmodernen Texte.

17 Vgl. hierzu Shavit 1986, 63.

Literatur

Literarische Texte

Bichsel, Peter: Kindergeschichten. Neuwied/Berlin 1969.

Borges, Jorge Luis: Die Bibliothek von Babel. In: J.L.B.: Gesammelte Werke, 3/I: Erzählungen 1935-1944. Nach der Übersetzung von Karl August Horst bearbeitet von Gisbert Haefs. Nachwort von Lars Gustafsson. München 1981a, 145-154.

Borges, Jorge Luis: Der Unsterbliche. In: J.L.B.: Gesammelte Werke, 3/II: Erzählungen 1949-1970. Nach den Übersetzungen von Karl August Horst und Curt Mexer-Clason bearbeitet von Gisbert Haefs. Mit einem Nachwort von Stanislaw Lem. München 1981b, 7-24.

Carroll, Lewis: Alice's Adventure in Wonderland (The Annotated Alice). Hrsg. v. Martin Gardner. Harmondsworth 1986.

Dirx, Jörn-Peter: Alles Rainer Zufall. Ravensburg 1987.

Eilert, Bernd: Ecila aus dem Wunderland. Aarau/Frankfurt/Salzburg 1980.

Ende, Michael: Die unendliche Geschichte. Stuttgart 1979.

Ingram, Ton: Reitende Schatten (The Night Rider, dt.). Übers. v. Heide Schulte-Fröhlich. Ravensburg 1980.

Knister: Die Reiter des eisernen Drachen. Würzburg 1986.

Leeuwen, Joke van: Deesje macht das schon (Deesje, dt.). Übers. v. Mirjam Pressler. Weinheim/Basel 1987.

Mallarmé, Stéphane: Sur l'évolution littéraire. (Enquête de Jules Huret), 1891. In: Œuvres complètes. Texte établi et annoté par Henri Mondor et G. Jean-Aubry. Paris 1974 (Bibliothèque de la Pléide), 871.

Nesbit, Edith: Die Kinder von Arden (The House of Arden, dt.). Übers. v. Sybil Gräfin Schönfeldt. Hamburg 1980.

Storr, Marianne: Marianne träumt (Marianne dreams, dt.). Übers. v. Christa Mitscha-Märheim. Wien 1986.

Kritische Literatur

Caillois, Roger: Das Bild des Phantastischen. Vom Märchen bis zur Science Fiction. In: Zondergeld, Rein A. (Hrsg.): Phaïcon 1. Almanach der phantastischen Literatur. Frankfurt 1974, 44-83.

Dahrendorf, Malte: Kinder- und Jugendliteratur im bürgerlichen Zeitalter. Königstein 1980.

Frenzel, Elisabeth: Motive der Weltliteratur. Ein Lexikon dichtungsgeschichtlicher Längsschnitte. 3. überarb. u. erw. Aufl. Stuttgart 1986.

Gustafsson, Lars: Über das Phantastische in der Literatur. In: L.G.: Utopien. Essays. Übers. v. Hans Grössel u. Hans Magnus Enzensberger. Frankfurt/Berlin/Wien 1985, 9-26.

Hildebrandt, Rolf: Nonsense-Aspekte der englischen Kinderliteratur. Weinheim/Berlin/Basel 1970 (= Internationale Untersuchungen zur Kinder- und Jugendliteratur, 6).

Jameson, Frederic: Postmoderne – zur Logik der Kultur im Spätkapitalismus. In: Huyssen, Andreas/Scherpe, Klaus R. (Hgg.): Postmoderne. Zeichen eines kulturellen Wandels. Reinbek b. Hamburg 1986, 45-102.

Kaminski, Winfred: Die kastrierte Phantasie. In: Kinder/Bücher/Medien 17 (1982a), 37.

Kaminski, Winfred: Jugendliteratur und Revolte. Frankfurt 1982b (=)

Kirchhoff, Ursula: Michael Ende: „Momo" und „Die unendliche Geschichte". Werkanalyse und Ortsbestimmung, I und II. In: Jugendbuchmagazin 34 (1984), H. 1: 13-20; H. 2: 58-64.

Lehnert-Rodiek, Gertrud: Alice in der Klemme. Deutsche Wonderland-Übersetzungen. In: arcadia 23 (1988), 78-90.

Lypp, Maria: Einfachheit als Kategorie der Kinderliteratur. Frankfurt 1984 (= Jugend und Medien, 9).

Ortheil, Hanns-Josef: Das Lesen – ein Spiel. Postmoderne Literatur? Die Literatur der Zukunft. In: Deutsche Literatur 1986. Jahresüberblick. Stuttgart 1986.

Paterson, Janet M.: Le roman „postmoderne". Mise au point et perspectives. In: Canadian Review of Comparative Literature 13 (1986), 238-255.

Prondczynsky, Andreas von: Die unendliche Sehnsucht nach sich selbst: auf den Spuren eines neuen Mythos. Versuch über eine „unendliche Geschichte". Frankfurt 1983 (= Jugend und Medien, 3).

Shavit, Zohar: Poetics of Children's Literature. Athens/London 1986.

Tiedemann, Rüdiger von: Alice bei den Surrealisten. Zur Rezeption Lewis Carrolls. In: arcadia 17 (1982), 61-80.

Todorov, Tzvetan: Introduction à la littérature fantastique. Paris 1970.

Welsch, Wolfgang: Unsere postmoderne Moderne. Weinheim 1987.

Dagmar Grenz

Jugendliteratur und Adoleszenzroman[1]

I.

Um die Jahrhundertwende entstand in den deutschsprachigen Ländern eine neue Gattung: der Schul- oder Adoleszenzroman, der die Leiden eines Jugendlichen in der Schule oder einem Militärinstitut darstellte.[2] Diese neue Gattung war eine Absage an den Bildungsroman des 18. und 19. Jahrhunderts, als dessen klassischer Repräsentant Goethes *Wilhelm Meister* gilt. Gelingt es hier noch dem Helden, in der Auseinandersetzung mit der Welt zu einer Versöhnung zwischen den Ansprüchen des Ich und der Welt zu gelangen (wenn auch bereits unter utopischer Perspektive),[3] so enden die Adoleszenz-

1 Überarbeitete Fassung eines englischsprachigen Vortrags, den ich unter dem Titel *Literature for Young People and the Novel of Adolescence* auf der 9. Internationalen Konferenz der Internatinalen Forschungsgesellschaft für Kinder- und Jugendliteratur (IRSCL) in Salamanca (Spanien) (4.-8.9.1989) gehalten habe.

2 Strauß, E.: *Freud Hein* (1902), Hesse, H.: *Unterm Rad* (1906), Musil, R.: *Die Verwirrungen des jungen Törleß* (1906), Huch, F.: *Mao* (1907), Walser, R.: *Jakob von Gunten* (1909); ferner Erzählungen wie die von Rilke, R.M.: *Die Turnstunde* (1899) und Mann, H.: *Abdankung* (1906) oder das *Hanno*-Kapitel aus Th. Manns *Buddenbrooks* (1901); wenn man das Drama einbezieht, auch F. Wedekinds *Frühlings Erwachen* (1891). In den Zusammenhang der (weiter zu fassenden) Schulliteratur gehören auch H. Manns *Professor Unrat* (1905), wo der Lehrer zur Hauptfigur wird, ebenso wie die beiden ersten Kapitel von H. Manns *Der Untertan* (1914/18), in denen Schule freilich nur als *ein* Faktor der Sozialisation des Diederich Heßling erscheint; die beiden Anfangskapitel sind als Umkehrung des klassischen Bildungsromans zu verstehen. – Zur Adoleszenz- oder Schulliteratur der Jahrhundertwende vgl. Hermanni 1984 und die dort angeführte Literatur; noch immer wichtig außerdem Minder 1962.

3 Vgl. Jacobs 1972, 87f.

romane der Jahrhundertwende oft mit dem Tod des noch jugendlichen Protagonisten; eine Identitäts- oder Sinnfindung findet nicht statt. Dieser Abbruch der (in der deutschsprachigen Literatur) stark ausgeprägten Tradition des Bildungsromans[4] ist als Ausdruck der Krise der zeitgenössischen bürgerlichen Gesellschaft zu sehen, die eine Identitätsfindung im klassischen Sinne längst nicht mehr zuließ.

Der Adoleszenzroman erreichte in Deutschland eine neue Blüte in den 70er Jahren – jetzt allerdings beeinflußt von einem amerikanischen Roman der frühen 50er Jahre: Salingers *Fänger im Roggen.* Weitere Einflüsse gingen seit Ende der 60er und dem Beginn der 70er Jahre von der Studenten- und der Frauenbewegung aus, so daß z.B. – im Unterschied zum Adoleszenzroman der Jahrhundertwende – neben die männlichen Hauptfiguren auch weibliche Protagonisten getreten sind.[5]

Der Adoleszenzroman ist ein Roman mit jugendlichem Helden, der sich in einer existentiellen Krise befindet.[6] Eine Gattung also, so sollte man annehmen, die sich selbstverständlich auch in der Jugendliteratur findet (darunter verstehe ich Literatur, die für Jugendliche bestimmt ist), vielleicht sogar in ihr zu Hause ist. Das ist aber nicht der Fall. Die Adoleszenzromane der Jahrhundertwende waren Teil der Erwachsenenliteratur, wenn sie auch von Erwachsenen und Jugendlichen gelesen wurden, und hatten keinen (zumindest keinen bisher bekannten) Einfluß auf die Jugendliteratur. Salingers *Fänger im Roggen,* ein von Jugendlichen häufig gelesenes Buch, ist ebenfalls nicht als spezieller jugendliterarischer Roman geschrieben (oder publiziert) worden.[7] Dasselbe gilt für die deutschen Adoleszenzromane der 70er Jahre. Im Unterschied zur Jahrhundertwende hatten diese jedoch nachhaltigen Einfluß auf die zeitgenössische Jugendliteratur; En-

---

4 Dieser Abbruch findet freilich nur in der Hochliteratur statt; die Unterhaltungsliteratur reklirrierte weiterhin auf das Muster des Bildungsromans.

5 Einer der wenigen Romane der Jahrhundertwende mit jugendlicher Protagonistin ist Lou Andreas-Salomés *Ruth* (18959. Vgl. von derselben Autorin auch *Im Zwischenland. Fünf Geschichten aus dem Seelenleben halbwüchsiger Mädchen* (1902).

6 Hier folge ich Ewers 1989, 10f.

7 Zur Rezeption von Salingers *Fänger im Roggen* vgl. Freese 1971, 178ff.

de der 70er Jahre und vor allem in den 80er Jahren wurde die Gattung des Adoleszenzromans ein wichtiger Bestandteil der Jugendliteratur.[8]

Der Ausgangspunkt meiner Untersuchung ist die Frage, inwieweit sich der jugendspezifische Adoleszenzroman (also der, der speziell für ein jugendliches Publikum geschrieben oder verlegt worden ist) von dem Adoleszenzroman der allgemeinen Literatur unterscheidet oder ob sich im Bereich dieser Gattung eine Annäherung der Jugendliteratur an die Gesamtliteratur in der Weise vollzogen hat, daß sich von einer strukturellen Einebnung der Differenzen sprechen ließe.[9] Wenn das so wäre, bedeutete das, daß der jugendspezifische Adoleszenzroman nicht nur im Bereich der Jugendliteratur, sondern auch im Kontext der modernen zeitgenössischen Literatur einen bedeutenden Platz einnehmen würde – neben Salingers *Fänger im Roggen,* Plenzdorfs *Die neuen Leiden des jungen W.,* P. Schneiders *Lenz* usw.

Meine These, die ich der Übersichtlichkeit halber gleich an den Anfang stelle, lautet: Der jugendspezifische Adoleszenzroman erreicht trotz seiner Annäherung an den Adoleszenzroman der Erwachsenenliteratur nicht dessen Polyvalenz und Radikalität (gemessen am zeitgenössischen Kontext). Seine Modernität ist im Vergleich zu jenem immer nur eine gemäßigte.

Im folgenden gehe ich so vor, daß ich meine These anhand des exemplarischen Vergleichs einiger jugendspezifischer Adoleszenzromane mit Adoleszenzromanen der Erwachsenenliteratur darstelle. In einem Schlußteil ziehe ich am Beispiel des zeitgenössischen Adoleszenzromans Schlußfolgerungen für das Verhältnis der Jugendliteratur zur modernen zeitgenössischen Erwachsenenliteratur.

---

8 Zum Adoleszenzroman in der zeitgenössischen Jugendliteratur vgl. Hermanni 1984; Kaminski 1982 und Ewers 1989 (mit informativem Überblick über den Gegenstand, der Erörterung unterschiedlicher Positionen der Forschungsliteratur und Bibliographie).

9 Diese These vertritt Ewers 1989, 10.

II.

U. Plenzdorfs *Die neuen Leiden des jungen W.*, 1973 in der DDR erschienen, und das Jugendbuch von I. Korschunow: *Die Sache mit Christoph* (1978)[10] haben ein gemeinsames Motiv: In beiden Adoleszenzromanen findet der jugendliche Aussteiger bzw. Außenseiter, der von zu Hause ausbricht und am Ende keinen Ausweg mehr aus seinen Problemen sieht, bei einem Unfall den Tod. Der Unfall wird zu einer Form des unbewußt begangenen Selbstmords.

Dieses gemeinsame Motiv wird in auffälliger Weise unterschiedlich gestaltet. Plenzdorf verknüpft durch Zitatmontage und die Parallelisierung der Handlungsabläufe und Figurenkonstellationen die Geschichte Edgars mit Goethes *Die Leiden des jungen Werther.*[11] Dadurch erreicht der Roman eine Ausweitung seines Bedeutungsspielraums: Werthers Kritik an der rationalistischen Grundhaltung und der Arbeitsteiligkeit der bürgerlichen Gesellschaft trifft auch noch auf die sozialistische Gesellschaft der DDR zu, die gerade den Anspruch erhob, mit der Abschaffung des Privateigentums an Produktionsmitteln auch die Entfremdung des Ichs von der Arbeit überwunden zu haben. Und auch Werther, der Liebende, der sich der Unbedingtheit seines Gefühls ganz hingibt, wird allmählich zur Identifikationsfigur für Edgar, der, schnodderig-cool, Werthers Art zu lieben zunächst völlig ablehnt.

Während Plenzdorfs Werk die existentielle Krise eines jungen Menschen darstellt und damit zugleich Gesellschaftskritik übt, wird der Tod Christophs bei I. Korschunow letztlich auf dessen Persönlichkeitsstruktur zurückgeführt und damit die an verschiedenen Stellen ebenfalls geäußerte Gesellschaftskritik wieder zurückgenommen: Christoph erscheint als zu dünnhäutig für diese Welt: „‚Es war alles zu schwierig [für ihn]'"; deswegen ist es „‚gut, daß er tot ist'". (Korschunow 1980, 75, 121)

---

10 U. Plenzdorf: *Die neuen Leiden des jungen W.* Rostock: Hinstorff 1973; Frankfurt/M.: suhrkamp 1973; suhrkamp taschenbuch: Frankfurt 1976; I. Korschunow: *Die Sache mit Christoph.* Würzburg: Arena (Benziger-Edition) 1978; dtv pocket: München 1980.

11 Hierzu und zum Folgenden vgl. Jauss 1978, insbes. 45ff.

Christophs Leiden wird jedoch nicht nur individualisiert, es wird durch die Erzählperspektive – und dies ist der erheblichste Unterschied zu Plenzdorf – auch relativiert. Erzählt wird aus der Perspektive von Christophs Freund Martin, der sich im Laufe der Erzählung immer mehr von Christophs Haltung des Lebensüberdrusses, der Perspektivlosigkeit und der kühlen Reserviertheit anderen Menschen gegenüber distanziert. Christophs Tod wird für ihn zum „heilsamen Bildungserlebnis" (Ewers 1989, 14), zum Auslöser für einen Prozeß des Umdenkens, der ihn von einer vorübergehend skeptisch-zweifelnden Grundhaltung zu einer prinzipiellen Bejahung des Lebens und der Gesellschaft führt. Der Roman Korschunows, so läßt sich zusammenfassen, kritisiert vom Standpunkt des klassischen Bildungsromans den zweifelnden und scheiternden Helden des zeitgenössischen Adoleszenzromans. Als Geschmacklosigkeit schließlich muß der Schluß gelten: Zwischen Martin, dem Freund, und Ulrike, der Freundin Christophs, deutet sich nach dessen Tod die Entwicklung einer Liebesbeziehung; Martin ist sich dabei sicher, daß er liebevoller zu Ulrike sein wird als Christoph.

Auch in Salingers *Fänger im Roggen* (1951; dt. 1954) und Wersbas *Ein nützliches Mitglied der Gesellschaft* (1970; dt. 1972) geht es um jugendliche Protagonisten, die aus ihrer bisherigen Lebenswelt ausbrechen.[12] Am Ende steht hier allerdings nicht der Tod, sondern eine neue Identitätsfindung.

Wersbas *Nützliches Mitglied der Gesellschaft* ist ein gutes, anspruchsvolles Jugendbuch. Es ist spannend und unterhaltsam; die Erzählperspektive umfaßt Erinnertes und Gegenwärtiges; die Auseinandersetzung mit dem Zeitgeschehen Ende der 60er Jahre zeugt von Offenheit gegenüber den Zielen und Lebensformen der damaligen Hippiebewegung; der Vater-Sohn-Konflikt schließlich wird aus der Perspektive des Sohnes ohne Beschönigung dargestellt. Und doch ist das Buch von Wersba,

---

12 J.D. Salinger: *Der Fänger im Roggen. Roman.* Nach der ersten Übersetzung (Zürich 1954) neu durchgesehen und bearbeitet von H. Böll. Reinbek 1986 (Rowohlt Taschenbuch). Originalausgabe: *The Catcher in the Rye.* New York: Little, Brown and Co. 1951; B. Wersba: *Ein nützliches Mitglied der Gesellschaft.* Aus dem Amerikanischen von H.-G. Noack. Ravensburg: Otto Maier 1984 (Ravensburger Taschenbuch). Deutsche Erstausgabe: Baden-Baden: Signal 1972. Originalausgabe: *Run softly, go fast.* New York: Atheneum 1970.

obwohl fast zwanzig Jahre später erschienen, im Vergleich zu Salingers *Fänger im Roggen* sehr viel traditioneller erzählt – mit einem geringeren Bedeutungsspielraum, eindeutigeren psychologischen Erklärungen, zum Teil unglaubwürdigen Figurenkonzeptionen und Handlungsmustern und einem letztlich harmonisierenden Grundtenor.

Die Problematik von Davy, dem jugendlichen Protagonisten, läßt sich klar benennen: Es ist der Konflikt zwischen einem starken Vater, der seinen Sohn nicht freigeben will, und dem Sohn, der um seine Ablösung kämpft. Davys Situation wendet sich in dieser Auseinandersetzung immer zum Guten: In den entscheidenden Situationen seines Lebens trifft er auf ‚Retterfiguren', die wie ein *deus ex machina* auftauchen und ihn auf den richtigen Weg bringen: auf den Freund, der ihm den entscheidenden Anstoß dafür gibt, gegen den Willen des Vaters zu seinen künstlerischen Ambitionen zu stehen und zu Hause auszuziehen; später dann auf Maggie, die ihn aus der Hippie-Drogen-Szene herauslöst, ihn von seiner Einsamkeit und seinen sexuellen Problemen befreit und ihn schließlich an einen Galeristen vermittelt, bei dem er seine erste Ausstellung machen kann; Maggies Verständnis- und Liebesfähigkeit erscheinen dabei nahezu grenzenlos. Durch seine künstlerische Begabung kann Davy außerdem trotz seines *drop-out*-Lebens sehr viel leichter Selbstbewußtsein gegenüber seinem Vater entwickeln, dem typischen Vertreter des amerikanischen *self-made-man,* als der damalige Durchschnittshippie, der in den Künsten allenfalls dilettierte. Wenn Davy etwas Schlimmes erlebt, so bleibt es Episode; und auch dann wird niemals dargestellt, daß er darin versinkt. Das ist allein schon durch die Ich-Erzählperspektive gegeben, die die wichtigsten Ereignisse – von Davys fünftem Lebensjahr bis zum Tod des Vaters – rückblickend darstellt und interpretierend zu einer Lebensgeschichte zusammenfügt, die letztlich einen Sinn hat, nämlich den der Ablösung von dem Vater und die eigene Identitätsfindung. Am Ende hat der 19jährige Davy seine erste bemerkenswerte Anerkennung als Künstler gefunden, er hat ein neues Zuhause mit einer nahezu idealen Freundin, und er kann seinen Vaterkonflikt relativieren, indem er ihn auf die Ebene des sich immer wiederholenden Generationskonflikts hebt, bei dem beide Seiten recht und unrecht haben.

Die Gründe für die Existenzkrise von Salingers jugendlichem Protagonisten Holden Caulfield sind vielschichtiger als die Davys, und sie lassen sich auch nicht so leicht lösen, ja, noch nicht einmal auf eine eindeutige Formel bringen.[13] Holden hat Angst vor dem Erwachsenwerden, weil für ihn die zeitgenössische amerikanische Wettbewerbsgesellschaft von „phoniness“ gekennzeichnet ist; er hat Angst vor Sexualität, die er mit der korrupten Erwachsenenwelt korreliert, und er hat Angst vor Entwicklung, vor Veränderung überhaupt: Am liebsten möchte er sich und die Kinder, wie sein Bild vom Fänger im Roggen zeigt, vor dem „Fall“ ins Erwachsenenleben bewahren. Die Eltern spielen bei seiner Krise keine exponierte Rolle. Holdens Situation ist vielmehr von einer allgemeinen Verunsicherung und grundlegenden Beziehungslosigkeit charakterisiert; letzteres zeigt sich deutlich in seinen vielen vergeblichen Versuchen bzw. Plänen, Kontakt aufzunehmen, und in dem Wunschbild von dem Leben als Taubstummer in einer einsamen Blockhütte. Seine Angst vor Sexualität, da sie Teil seiner grundlegenden Angst vor dem Erwachsenwerden ist, läßt sich auch nicht durch eine einzige Nacht mit der ‚richtigen‘ Frau (wie bei Davy) heilen. Im Gegenteil, das Mädchen, das er offensichtlich lieben könnte (Jane Gallagher), beschäftigt zwar immer wieder seine Gedanken und Gefühle; er schafft es aber nicht, in Kontakt mit ihr zu treten. Auch durch die gewählte Erzählperspektive ist eine radikalere Darstellung von Holdens Krisensituation möglich: Die erzählte Zeit umfaßt nur drei Tage – den Zeitraum von Holdens Flucht aus dem College bis zu seiner Rückkehr nach Hause; der im Abstand von einigen Monaten auf diese Geschehnisse zurückblickende Ich-Erzähler bewegt sich dabei überwiegend auf der Ebene des erlebenden Ich, bleibt in dessen Perspektive ‚befangen‘, so daß er auch nicht die Ereignisse nachträglich zu einem Gefüge mit übergeordnetem Sinn zusammenstellen kann.

Am Schluß hat Holden einen Bewußtseinswandel durchgemacht: Nach der Auseinandersetzung mit seiner kleinen Schwester Phoebe, dem ersten wirklichen Kontakt, den er mit einem Menschen eingeht, gibt er aus Verantwortung ihr gegenüber seinen Fluchtplan auf und mit ihm zugleich seine

---

13 Eine ausführliche Strukturanalyse und Interpretation finden sich bei Freese 1971, 178-281.

Sehnsucht nach Entwicklungslosigkeit; er ist bereit, sich dem Erwachsenenleben zu stellen.[14] Wie dies aussehen wird, bleibt offen; das einzige, was feststeht, ist, daß er wieder auf ein College gehen wird. Die Situation des schreibenden Ich zeigt, wie tief die existentielle Krise gegangen ist: Holden ist nach der Rückkehr ins Elternhaus körperlich völlig zusammengebrochen und befindet sich nun zu seiner Genesung in einem Sanatorium.

Der Komplexität von Holdens Problematik entspricht die Polyvalenz der Darstellung: Erst, wenn man das dichte Netz von Verweisungen und Motiven entschlüsselt (z.B. die Enten im Central Park, die rote Jägermütze, Allies Baseballhandschuh, die ägyptischen Mumien im Kunstmuseum, das Motiv des Fallens bzw. Beinahe-Fallens),[15] erschließt sich dem Leser der vielschichtige (und deswegen auch nicht eindeutig festlegbare) Sinngehalt des Textes.

Auch bei Adoleszenzromanen mit einem weiblichen Protagonisten besteht ein deutliches Gefälle zwischen dem Roman, der sich speziell an Jugendliche wendet, und demjenigen, der der allgemeinen Literatur zugehörig ist.[16] Das gilt auch für das Buch, das in meinen Augen das gelungenste ist: *Kamalas Buch* von I. Edelfeldt.[17] Es stellt in der dritten Person aus der Per-

---

14 In der Interpretation des Schlusses folge ich Freese 1971, 267ff.

15 Vgl. hierzu Freese 1971.

16 Adoleszenzromane mit weiblichen Protagonisten, die sich speziell an Jugendliche wenden, sind z.B. *Rita Rita* von R. Herfurtner (1980) oder die Romane von Chidolue, D.: *Das Fleisch im Bauch der Katze* (1980); *Aber ich werde alles anders machen* (1981); *Diese blöde Kuh* (1984); *Lady Punk* (1985); *Bist du irre?* (1986). – Vgl. Grenz 1988; Pyerin 1989. Beide Beiträge befassen sich allerdings nicht speziell mit dem Adoleszenzroman, sondern mit dem Mädchenbuch, einer Gattung, die weiter zu fassen ist.

17 Edelfeldt, Inger: *Kamalas Buch.* Dt. v. B. Kicherer. Stuttgart 1988. Originalausgabe: *Kamalas Bok.* Stockholm 1986. – Nach Auskunft des schwedischen Verlags ist *Kamalas Buch* ebenso wie I. Edelfeldts *Briefe an die Königin der Nacht* (1985; dt. 1986) auf ausdrücklichen Wunsch der Autorin nicht mehr (wie noch *Jim im Spiegel* (1983; dt. 1985) als Buch für junge Leute publiziert worden, sondern als Erwachsenenliteratur, d.h. ohne spezifischen Adressatenbezug. Da ich der intentionalen Bestimmung von Jugendliteratur folge – Jugendliteratur als diejenige, die speziell für Jugendliche geschrieben oder veröffentlicht ist – und die bundesdeutschen Verhältnisse betrachte, wird *Kamalas Buch* von mir zur Jugendliteratur gerechnet. Wie der Wechsel von der Erwachsenenliteratur zur Jugendliteratur zu erklären ist, ob er nicht – entgegen meiner These – für die strukturelle Einebnung beider Literaturen spricht, vgl. Anm. 23.

spektive der Hauptfigur – und auch tatsächlich auf diese Perspektive beschränkt – deren Leiden am Leben bzw. an sich selbst dar: ihre völlige Unfähigkeit, ein eigenes Ich mit individuellen Bedürfnissen, Wünschen und Zielen zu entwickeln. Die innere Leere ihrer zutiefst depressiven Persönlichkeit prädestiniert sie zum Opfer von Normvorstellungen, wie ein junges Mädchen heute zu sein hat. Da sie diese Normen in ihren Augen nicht erfüllt, werden sie für sie zur Quelle ständiger Unzufriedenheit mit dem eigenen Äußeren, aber auch mit ihrem Unglücklichsein selbst, das sie sich ebenfalls zum Vorwurf macht, da ja nur glückliche Frauen schön und bei Männern erfolgreich sein könnten. Ihre Bezogenheit auf den Mann ist total: Sie hat seinen Blick völlig verinnerlicht, sieht sich ständig mit den Augen des Traumprinzen, der als Erlöser eines Tages kommen wird und dem sie schon jetzt, da er bereits imaginär anwesend ist, gefallen muß. Ohne Mann fühlt sie sich gleichsam nicht berechtigt zu existieren.

Die Beziehungslosigkeit der weiblichen Hauptfigur, ihre Bewegungsunfähigkeit (wie gelähmt sieht sie der stets schmutziger werdenden Wohnung zu, aus der sie gleichwohl nicht mehr herauszugehen wagt), ihr bis zum Wunsch nach Selbstverstümmelung gehender Selbsthaß, ihre Mordphantasien – all das wird in einer verhaltenen, nüchtern beobachtenden, ökonomischen Sprache geschildert, die (wie die personale Erzählhaltung) die Sprache der Mädchenfigur bleibt und doch in ihrer Eindringlichkeit unauffällig stilisiert ist. Auch die Pausen zwischen den Sätzen sagen etwas aus; komische bzw. tragikomische Ereignisse werden lapidar, ohne weiteren Kommentar dargestellt, und an manchen Stellen entwickelt sich aus der Alltagssprache wie selbstverständlich eine verhaltene, aber eindrucksvolle Bildlichkeit. Im Gegenbild des bei Wölfen aufgewachsenen Mädchens Kamala, das sich der menschlichen Zivilisation erfolgreich verweigert und zum abgespaltenen Teil-Ich der Hauptfigur wird, wird ein letzter Rest von Sehnsucht nach einem anderen, selbstbestimmten Leben festgehalten – freilich um den Preis der Ich-Spaltung und ohne die Sehnsucht inhaltlich konkretisieren zu können.[18]

---

18 Ich interpretiere den Schluß anders als Ewers 1989, 14, der lediglich den Aspekt der Persönlichkeitsspaltung hervorhebt. Vgl. auch Ewers 1988, 17.

Dieser Roman, der auf überzeugende Weise das völlige Scheitern weiblicher Selbstfindung darstellt, obwohl bzw. weil die weibliche Hauptfigur die Geschlechtsrollenerwartungen rigoros befolgt, ist provokativ im Kontext der zeitgenössischen Jugend- bzw. Mädchenliteratur; er ist es jedoch nicht im allgemeinen literarischen Kontext. Die Fremdbestimmtheit der Frau durch die Festlegung auf ihre Geschlechtsrolle ist in der allgemeinen Literatur bereits Anfang der 70er Jahre dargestellt worden, und zwar radikaler als bei I. Edelfeldt: zum Beispiel in Verena Stefans *Häutungen* (1975), das als Antwort auf die Verinnerlichung des Männerblicks durch die Frau Heterosexualität überhaupt in Frage stellt und menschliche Liebesbeziehungen nur noch zwischen Frauen als möglich ansieht. Trotz dieser vereinfachenden Betrachtungsweise der Autorin, auch trotz einer Sprache, die in ihrem Versuch, männerorientierte Muster zu durchbrechen, manchmal ans Kitschige grenzt und die Frau wieder in die Nähe der Natur rückt, ist die Radikalität der Kritik der bestehenden Geschlechterverhältnisse bestechend und führt zu einem neuen Sehen, das alte Fixierungen auflöst und Verhaltensmöglichkeiten jenseits dieser Fixierungen aufspürt. Zugleich würde ich sagen, daß von den Büchern, die hier miteinander verglichen worden sind, die strukturelle Differenz zwischen V. Stefans *Häutungen* und I. Edelfeldts *Kamalas Buch* am geringsten ist.[19]

Im vorhergehenden habe ich Adoleszenzromane der Erwachsenenliteratur herangezogen, die aufgrund ihrer Darstellung – selbst wenn diese komplexer ist als die der Jugendliteratur – auch von Jugendlichen gelesen werden können und gelesen werden; es waren Werke, die, wenn auch nicht immer den höchsten literarischen Rängen, so doch der Hochliteratur zuzuordnen sind – ausgenommen vielleicht das Buch von V.

---

19 Andere Adoleszenzromane der Erwachsenenliteratur mit weiblichen Protagonisten sind z.B. McCullers, C.: *Frankie* (1974) (erstmals 1951 erschienen u.d.T.: *Das Mädchen Frankie;* Originalausgabe: *A Member of the Wedding,* 1946); Schneider, R.: *Die Reise nach Jaroslav* (DDR 1974/BRD 1976); Walter, Otto F.: *Wie wird Beton zu Gras. Fast eine Liebesgeschichte* (1979). Auch K. Strucks *Klassenliebe* (1973) läßt sich hierzu rechnen; allerdings gehört es zu der Gruppe der Adoleszenzromane, die aufgrund ihrer Erzählstruktur und ihrer Sprache für Jugendliche schwieriger zu lesen sind als die oben genannten Romane.

Stefan, das aber aufgrund seines experimentellen Charakters eine besondere Stellung einnimmt. Daneben gibt es Adoleszenzromane der Erwachsenenliteratur, die aufgrund von unterschiedlichen Faktoren – Textumfang, Vielschichtigkeit der angesprochenen Themen, komplizierten sprachlichen und erzählerischen Strukturen, Handlungsarmut, Erzählperspektive des Erwachsenen-Ich, die in die Darstellung der Adoleszenzkrise entscheidend mit einfließt – für Jugendliche sehr viel schwieriger zu lesen wären. Hier ist die Kluft zwischen Jugendliteratur und Erwachsenenliteratur noch bedeutend größer, der Grad der Modernität der Erwachsenenliteratur zum Teil sehr viel ausgeprägter.[20] So wird z.B. bei Th. Bernhard Adoleszenz weniger aus der Perspektive des Jugendlichen als aus der Perspektive des sich erinnernden, reflektierenden, die Zeitgeschichte mit einbeziehenden Erwachsenen-Ich dargestellt; und das erlebende Ich des Jugendlichen ist nicht so sehr ein suchendes als vielmehr ein gedemütigtes Ich, das unvorstellbaren Kränkungen und Deformationen ausgesetzt ist, die das Erwachsenen-Ich in komplizierten hypotaktischen Satzgefügen und ohne Gliederung in Abschnitte und Kapitel – also gleichsam ohne Atem zu holen – mit der Kompromißlosigkeit des Hasses immer wieder neu umkreist und durchleuchtet (Th. Bernhard: *Die Ursache. Eine Andeutung.* 1975). In B. Frischmuths *Die Klosterschule* (1968) werden einfache Satz- und Erzählstrukturen gewählt, die gleichwohl äußerst befremdlich sind: Obwohl aus der Perspektive einer Schülerin erzählt wird, ist die Sprache geprägt von Sätzen, die den Zöglingen im Internat von den Nonnen „eingesagt" werden; das Ich ist entindividualisiert und anonymisiert; und es gibt keine Perspektive der Teilnahme an einem leidenden Ich, nur die kühle Distanz gegenüber der Deformation einer Vielzahl von weiblichen Individuen. H. Fichtes *Versuch über Pubertät* schließlich (1974), vom Rahmen her der Adoleszenzroman eines schwulen Icherzählers, hat nicht nur das Erzählkontinum aufgelöst zugunsten von verschiedenen Zeitebenen und Handlungsplätzen, sondern auch die Grenzen zwischen Fiktion und Essay aufgehoben. Der Blick auf die eigene Pubertät wird ausgeweitet durch die Einfügung von Interviews mit zwei anderen Schwulen und die Einbeziehung exotischer Erlebnisse des Icherzählers in Bahia und Haiti. Die z.T. harte, drastische

20 Ersteres ist freilich nicht Bedingung für letzteres.

Thematik wird nüchtern und direkt dargestellt – so die Sado-Maso-Orgien innerhalb der Homosexuellenszene oder die Sezierung von Toten in einem gerichtsmedizinischen Institut in Brasilien.[21] Zuletzt sei ein Blick auf ein Theaterstück geworfen: *Klassen Feind* von N. Williams (1981) ist für Jugendliche durchaus verständlich; aber die drastische Sprache, die keine Tabus kennt, die extreme Zerstörungswut der Jugendlichen und schließlich die Gesamtaussage des Stücks – die Gesellschaft hat die Jugendlichen abgeschrieben, ihr Warten auf einen Lehrer ist vergeblich, da sich keiner mehr traut, in ihre Klasse zu gehen – sind von einer Radikalität und Kompromißlosigkeit, die es in der zeitgenössischen Jugendliteratur so nicht gibt.

III.

Ich komme nun zu meinen Schlußfolgerungen. Wie die exemplarisch vorgeführten Textvergleiche zeigen, hat die Jugendliteratur zwar den Adoleszenzroman als Gattung übernommen und mit ihm die Problematik des modernen, sich seiner selbst ungewissen Ichs, die in die Hochliteratur bereits 1774 mit Goethes *Werther* Einzug hielt.[22] Gemessen an dem zeitgenössischen Adoleszenzroman der Erwachsenenliteratur erreicht der speziell für Jugendliche geschriebene (oder verlegte) Adoleszenzroman jedoch nicht den gleichen Grad der Modernität, indem er insgesamt traditioneller erzählt ist:

---

21 In völligem Gegensatz dazu steht z.B. I. Edelfeldts Jugendroman *Jim im Spiegel* (1983; dt. 1985), der die gelungene Identitätsfindung eines jugendlichen Schwulen darstellt; der Roman endet mit der glücklichen Liebesbeziehung zu einem jungen Mann. Ein weiteres Buch der Allgemeinliteratur bietet sich zum Vergleich an: *Der andere Schlaf* von Julien Green, dt. von P. Handke (Paris 1931; München/Wien 1988, dtv 1990), in dem es u.a. um die gleichgeschlechtliche Liebe eines Jungen geht. Der Icherzähler, der seine Kindheit und Jugend erinnert, schildert mit großer Sensibilität (die sich mit *Musils Törleß* vergleichen läßt) seine damaligen Gedanken, Gefühle und Träume und mit einer überaus genauen Wahrnehmungsfähigkeit die Menschen und Dinge, die ihn umgaben. Erzählt wird aus einer Perspektive des Getrenntseins von sich selbst und der Welt, einer Haltung, die auch Ursache für das Leiden am Leben und das Gefühl der Aussichtslosigkeit ist.

22 Vgl. Ewers 1989, 14.

Er weist eine Tendenz zu größerer Eindeutigkeit und zur Harmonisierung auf; er lehnt sich mehr an den Bildungsroman als an den Adoleszenzroman an, und wenn er das Muster des Adoleszenzromans übernimmt, dann eher das der Jahrhundertwende als das der zeitgenössischen Literatur. Kaum einer der zeitgenössischen Adoleszenzromane für Jugendliche erreicht wahrscheinlich den Rang von Musils *Törleß* und auch nicht den der noch relativ traditionell erzählten Romane *Unterm Rad* von H. Hesse oder *Freund Hein* von E. Strauß, auch nicht den eines Salinger, eines Plenzdorf oder eines P. Schneider. Selbst ein so gelungenes Jugendbuch wie *Kamalas Buch* von I. Edelfeldt betritt Neuland höchstens im jugendliterarischen, nicht jedoch im allgemeinliterarischen Kontext. Der „gelungene" zeitgenössische Adoleszenzroman für Jugendliche – so lautet meine These – erreicht, gemessen an der allgemeinen Literatur der jeweiligen Zeit, in den meisten Fällen nur den Rang „anspruchsvoller" Unterhaltungsliteratur.[23]

Von einer Aufhebung der Grenzen zwischen Jugendliteratur und Erwachsenenliteratur im Bereich des Adoleszenzromans läßt sich deswegen nur sprechen, wenn man bei diesem Vergleich nicht – wie üblicherweise – die Hochliteratur, sondern die unterhaltende Literatur für Erwachsene im Blick hat.[24] Auf dieser Ebene ist das Verhältnis von Erwachsenenliteratur und Jugendliteratur weniger ein Problem des unterschiedlichen Alters als vielmehr eines der literarischen Kompetenz: Die für die Entschlüsselung moderner literarischer Texte erforderliche Kompetenz haben sowohl die meisten Erwachsenen wie auch die meisten Jugendlichen nicht.

Hochliteratur, die von zahlreichen Erwachsenen und von zahlreichen Jugendlichen gelesen wird (wie Goethes *Werther* oder Salingers *Fänger im Roggen),* ist wahrscheinlich ein Glücksfall: Es ist Literatur, die auf verschiedenen Ebenen gelesen werden kann – auf der Ebene der naiven Identifikation

---

23 Zu ähnlichen Ergebnissen kommt J. Thiele 1990 in seinem Vergleich zwischen Bilderbuch und moderner Kunst. Auch nach Ewers 1989, 10 läßt sich immerhin von einem *time-lag* zwischen dem Auftreten des Adoleszenzromans in der Erwachsenenliteratur und innerhalb der Jugendliteratur sprechen.

24 Deswegen, so meine These, ist auch auf dieser Ebene ein Wechsel von einer Literatur zu anderen ohne größere Schwierigkeiten möglich (Beispiel: *Kamalas Buch;* vgl. Anm. 17).

mit dem unglücklich Liebenden, mit dem rebellierenden Aussteiger ebenso wie auf der literarischen Ebene, auf der auch die komplexeren Bedeutungsschichten des Textes realisiert werden.

Die These, daß der zeitgenössische Adoleszenzroman für Jugendliche in den meisten Fällen nur den Rang anspruchsvoller Unterhaltungsliteratur erreicht, bedeutet keineswegs eine Abwertung der Jugendliteratur; sie schließt auch nicht notwendigerweise die Forderung ein, Jugendliteratur müsse, wenn sie „gut“ sein soll, selbst Hochliteratur sein. Bei den Beurteilungskategorien von Jugendliteratur spielen schließlich nicht nur literarische, sondern auch leserbezogene Kriterien eine wichtige Rolle.[25] Dennoch sollten Kinder- und Jugendliteratur-Kritiker sich des Unterschieds zwischen dem „anspruchsvollen“ Jugendbuch und der Hochliteratur bewußt sein und ihn nicht, wie man häufig den Eindruck hat, ausblenden – so, als bewege man sich, wenn man mit Jugendliteratur zu tun hat, von vornherein in einer völlig anderen Welt, in der prinzipiell andere literarische Maßstäbe gelten (so daß das „anspruchsvolle“ Jugendbuch bereits als das *non plus ultra* erscheint). Kinder- und Jugendliteratur-Kritiker, so meine Forderung, sollten die Entwicklung der zeitgenössischen Erwachsenenliteratur im Blick behalten. Nur so können sie im konkreten Fall prüfen, ob der Unterschied zwischen Jugendbuch und Erwachsenenliteratur im Hinblick auf das jugendliche Publikum notwendig ist oder ob es sich um eine überholte Tradition handelt, die zur unnötigen Barriere zwischen Jugendliteratur und Erwachsenenliteratur geworden ist.

25 Vgl. hierzu Dahrendorf 1990.

Literatur

Dahrendorf, M.: Zum Hiatus zwischen Kinderliteratur und literarischer Moderne. In diesem Band.

Ewers, H.-H.: Verrückt will man nicht werden. Krisenprotokoll einer „normalen" jungen Frau. In: Eselsohr, H. 5/1988, 17.

Ewers, H.-H.: Zwischen Problemliteratur und Adoleszenzroman. Aktuelle Tendenzen der Belletristik für Jugendliche und junge Erwachsene. In: Informationen des Arbeitskreises für Jugendliteratur 15 (1989), H. 2, 4-23.

Freese, P.: Die Initiationsreise. Studien zum jugendlichen Helden im modernen amerikanischen Roman mit einer exemplarischen Analyse von J. D. Salingers *Catcher in the Rye.* Neumünster 1971.

Grenz, D.: Zeitgenössische Mädchenliteratur – Tradition oder Neubeginn? In: Sprache und Literatur in Wissenschaft und Unterricht, H. 62/1988, 2-21.

Hermanni, A. von: Adoleszenz und Identität als Romanthemen. Ein Beitrag zum besseren Verständnis eines jugendliterarischen Typus. In: Fundevogel, H. 4-5/1984, 33-36.

Jacobs, J.: Wilhelm Meister und seine Brüder. Untersuchungen zum deutschen Bildungsroman. München 1972.

Jauss, H.-R.: Klassik – wieder modern? In: Der Deutschunterricht 30 (1978), H. 2, 35-51.

Kaminski, W.: Jugendliteratur und Revolte. Jugendprotest und seine Spiegelung in der Literatur für junge Leser. Frankfurt/M. 1982 (Jugend und Medien, Bd. 2)

Minder, R.: Kadettenhaus, Gruppendynamik und Stilwandel von Wildenbruch bis Rilke und Musil. In: Ders.: Kultur und Literatur in Deutschland und Frankreich. Fünf Essays. Frankfurt/M. 1962, 73-93.

Pyerin, B.: Ideal und Wirklichkeit. Emanzipatorische Mädchenbücher. In: Informationen des Arbeitskreises für Jugendliteratur 15 (1989), H. 2, 30-37.

Thiele, J.: Wurzelkinder und Honigpumpe. Zum Verhältnis von Kunstmoderne und Bilderbuch. In diesem Band, . . . (Seitenzahlen sind nachzutragen!)

Wolfgang Schneider

„Die Geburt der Jugend" im Theater

Anmerkungen zu einem Mythos in der dramatischen Literatur der Moderne

„Wenn die Alten sich entgegenstemmen/erschlägt man sie/nur so/hinhaun/zertrampeln/kotigen Brei aus ihnen machen/Da gibt es keinen Widerstand, wenn die Jugend aufsteht/Nur eine Rache". Deutliche Worte werden im 2. Akt gesprochen von Arnolt Bronnens *Die Geburt der Jugend* (1922), einem realistischen Drama mit naturalistischen Einschlägen und einer expressiven Sprache. Im gleichen Jahr wird in Frankfurt am Main von diesem Autor das Stück „Vatermord" uraufgeführt, in dem der Sohn den Vater auf offener Bühne mit Messerstichen umbringt. 1924 hat Ferdinand Bruckners *Krankheit der Jugend* Premiere, das als Zerrbild einer chaotischen Triebhaftigkeit eine studentische Jugend zeigt. Gefühle werden bloßgelegt, aus Protest gegen die biedere Bürgerlichkeit wird jeder menschliche Umgang aus der Sexualperspektive gezeigt. *Hoppla, wir leben* heißt Ernst Tollers 1927 geschriebene Revue, die das Herauswachsen aus der Kindheit zeigt, aber auch die Rückzugsmöglichkeiten in dieselbe vorführt. In Peter Martin Lampels Schauspiel der Gegenwart *Revolte im Erziehungshaus* von 1929 proklamiert der Protagonist Fritz: „Alle Anstalten, wo man uns Jungens einsperrt und triezen will, müßte man in Klumpen schlagen". Im Herbst 1931 gibt es in Berlin einen großen Schulstreik, protestiert wird gegen die Sparmaßnahmen und den Lehrerabbau an den Schulen. Zur gleichen Zeit und zum gleichen Thema erfolgt die Uraufführung von *Kampf um Kitsch,* drei Akte Schule von Robert Adolf Stemmle im Theater am Bülowplatz. Jugend im Theater, Jugendtheater, Theater für die Jugend zwischen 1918 und 1933:

Im Drama dieser zeit propagiert die Jugend ihr Recht auf Jugend. Es sind vorwiegend die rebellierenden oder in Verzweiflung und Schuldgefühlen erstickenden Söhne, die Freiheit vom Zwang verlangen, den die Gesellschaft, oft repräsentiert durch die Väter, an ihnen ausübt. Sie wollen nicht nur jung sein, sie wollen natürliche Rechte wahrnehmen, sie wollen leben.

Welche Bedeutung das Thema Jugend in der Geschichte der epischen Literatur eingenommen hat, davon handeln verschiedene literaturwissenschaftliche Erörterungen (Kröhnke 1981; Koebner 1985; auch Kaminski 1982). Daß aber in der Weimarer Republik erstmals das Kinder- und Jugendtheater sich als gesellschaftskritische Kunstinstanz zeigte, indem es die Rezipienten als junges Publikum ernstnahm und ihre Weltsicht auf die Bühne brachte, aber auch diese Weltsicht benutzte, um die Auseinandersetzung mit der Gesellschaft theatralisch zu führen, davon ist bisher kaum zu lesen gewesen. Ein Kinderstück und ein Jugenstück sollen deshalb beispielhaft die dramatische Literatur der Moderne vorstellen, die maßgeblich auch auf das Kinder- und Jugendtheaterprogramm der siebziger Jahre Einfluß genommen hat.

In den Stücken *Kampf um Kitsch* und *Revolte im Erziehungshaus* stehen junge Menschen im Mittelpunkt der Handlung. Jugendliche, die sich zusammenschließen und für ihre Rechte kämpfen, entwickeln im Laufe ihrer Proteste gegen Eltern bzw. Erzieher große Begeisterung und fühlen sich durch den Zusammenhalt ihrer Gemeinschaft ermutigt und stark. Bei den Aufständen handelt es sich erstmals um ihre eigene Sache und in beiden Stücken scheint es, als würden sie plötzlich wachgerüttelt und fingen an zu erkennen, daß sie, wenn sie sich organisieren und keine Angst mehr zeigen, etwas erreichen können. Der grundsätzliche Gedankengang vom Aufbegehren der jüngeren Generation, ein besonderes Phänomen innerhalb der Literatur der Moderne, wird in zwei verschiedenen Geschichten erzählt. Bei Stemmle sind es Kinder aus kleinbürgerlichen Familien, die eine modern geleitete Schule mit progressiven jungen Lehrern besuchen und sich für diese sowie deren progressiven Methoden einsetzen. Größtenteils schwer erziehbare Jugendliche sind es, die bei Lampel in einer rückständigen und vernachlässigten Fürsorgeanstalt gegen veraltete Strukturen revoltieren.

Robert Adolf Stemmle: Kampf um Kitsch

Die Einrichtung eines Kitsch-Museums in einer modernen Schule, um den Kindern Geschmack und Stilgefühl zu vermitteln, führt durch das unerlaubte Entwenden eines Bibelspruchs in Brandmalerei aus dem Elternhaus eines Schülers zum Protest des Pastors der Konfirmandenstunde. Weitere Suchaktionen der Schüler nach Kitschobjekten in einem „Alles für Zwei-Mark-Laden" führen zur Beschwerde des Inhabers wegen Geschäftsschädigung und zu massiver Kritik an der Schulleitung. Das Schulmodell ist gefährdet. Die Sache kommt vor die Stadtverordnetenversammlung. Die Eltern sind durch polemische Artikel in der bürgerlich-konservativen Presse verunsichert, die ihre Abkehr von den Reformbestrebungen bewirken. Zur Rettung ihrer Schule organisieren die Kinder eigenständig einen Elternabend, der gleichzeitig Protestkundgebung und Demonstration ihrer Fähigkeiten und Fertigkeiten, die sie in der neuen Schule erworben haben, ist. Sie erreichen mit ihren überzeugend vorgeführten Sketchen und Liedern im letzten Bild des Stückes die Weiterführung des Schulmodells. Stemmle behandelt „das neuzeitliche Erziehungsproblem und die Gegensätze der Generationen. Er stellt die Kinder in den Mittelpunkt der Schulkomödie und räumt mit den sonst üblichen, gehässig gezeichneten Lehrertypen wie „Flachsmann" und dem „Fliegenbein" aus „Frühlingserwachen" auf. Stemmle erscheint es wichtiger, das Schulleben mit seinen Schwierigkeiten und politischen Kämpfen und die Konflikte zwischen Elternhaus und Schule zu zeigen. Die Erzieher stellt er als Mittler zwischen die kommende Generation und die Eltern, heißt es im Vorwort zur gedruckten Ausgabe des Stückes (Stemmle 1931, 3). Moderne junge Lehrer beginnen ihre Schüler zu eigenständig denkenden und handelnden Menschen zu erziehen. Beispielhaft exerzieren die Schüler Unterricht vor, der die Vorzüge des sogenannten entdeckenden Lernens in lernfreudiger Umgebung zeigt. Gezeigt werden die reformpädagogischen Erziehungsmethoden, die im Gegensatz zu der konservativen Vorstellung von Schule stehen und bisher nur als reine Wissensvermittlungsanstalt Kinder zu züchtigen wußte. Die moderne Lehrweise wird in Stemmles Theaterstück praktiziert. Praktische lebensnahe Versuche, mit denen die Schüler mathematische, physikalische und auch philosophische Gesetze verstehen können, werden auf der Bühne vorgeführt.

„Anhand des Personenregisters ist der Versuch des Autors zu erkennen, den Kampf um die neue Schule in seiner gesellschaftlichen Dimension darzustellen. Neben den Eltern, den Politikern und der Gruppe der Gegner der neuen Schule tritt ein liberaler Vertreter der Presse auf, um die Machtposition dieses Mediums in den dreißiger Jahren und sein Einfluß auf die öffentliche Meinungsbildung zu illustrieren. Die stereotype Charakterisierungsweise der Antagonisten (reaktionärer Politiker, Hausmeister, Ladenbesitzer, Pastor), ihre Determination durch emotionale, irrationale Äußerungen und Diffamierungen: „Kulturbolschewismus", „moralische und politische Indoktrination", „Schule als Dressur" und ihr militärisches Auftreten, ihre Fixierung auf Befehl und Gehorsam verleiht ihnen keinerlei Überzeugungskraft, sondern setzt sie manchmal der Lächerlichkeit aus". (Schad 1987, 42).

Mehr als hundert Berliner Kinder wirken bei der Uraufführung am 29.9.1931 im Theater am Bülowplatz mit. Ein Großteil der Kritiker, darunter so namhafte wie Kurt Pinthus und Herbert Ihering, bewertete die darstellerische Leistung und die Wirkung der Kinder positiv, schätzte die Ursprünglichkeit, Echtheit und Naivität und war begeistert von dem vorgespielten Schulmodell, das lustig, lebendig, klug und respektlos der allerbeste Beweis für den Wert der Schule sei. Es folgten Aufführungen im Deutschen Schauspielhaus in Hamburg, im Frankfurter Neuen Theater und in den Müncher Kammerspielen. Hervorgehoben wird von den Rezensenten auch der Mut gegen die ansonsten für Jugendliche vorgesehenen Klassiker-Inszenierungen ein Zeitstück zu setzen und somit auch dem Kinder- und Jugendtheater in Form des traditionellen Weihnachtsmärchens eine ernstzunehmende Alternative gegenüberzustellen. Wenn auch die in den Inszenierungen teilweise aktualisierten Problembereiche demonstrativen Beifall erhielten, weist die Kritik an den Schulnöten doch über diese selbst hinaus. Stemmles Absicht war weitergehender Art. „Der Kampf, den diese Schule gegen den Kitsch führt, (. . .) ist der alte, ewige Kampf zwischen Jung und Alt! Zwischen der alten Generation und der kommenden Generation! Zwischen Reaktion und Fortschritt!" (Stemmle 1931, 96).

Peter Martin Lampel: Revolte im Erziehungshaus

Während Stemmles *Kampf um Kitsch* hauptsächlich von einem durch reformpädagogische Lehrmethoden entfachten Generationskonflikt handelt, geht es bei Lampels *Revolte im Erziehungshaus* um existentielle Nöte der Jugendlichen. Die Jugendlichen in Lampels Erziehungshaus leiden physische als auch psychische Qualen, sie haben im Gegensatz zu den Jugendlichen bei Stemmle keine Angehörigen oder andere Vertrauenspersonen, von denen sie Unterstützung erwarten könnten. Innerhalb des Erziehungshauses entstehen Spannungen, es entwickeln sich Rangordnungen, die durch körperliche Stärke und Beziehungen zum Direktor oder Hausvater verteidigt werden. Die Intention des Stückes ist es in erster Linie, die Öffentlichkeit über die skandalösen Zustände in den Erziehungshäusern aufzuklären, um sie, insbesondere auch die Politiker, dazu aufzufordern, sich endlich für diese jungen Menschen einzusetzen. Durch das Theaterstück wird aber auch die Rückständigkeit und Borniertheit der Kirche, der Direktor ist Pfarrer, bloßgestellt. Bei Lampel ist die Revolte die letzte Möglichkeit der Jugendlichen sich zur Wehr zu setzen und sich Aufmerksamkeit zu verschaffen. Es wird jedoch auch die Schwierigkeit eines solchen spontanen und agressiven Verhaltens im Gegensatz zu dem genau durchdachten und organisierten Aufstand Stemmles deutlich.

Lampel ging es tatsächlich um politisches Theater, das Wirkungen erzielen sollte. „Die zaghafte Problembedachtsamkeit unserer betriebsamen und in Selbstgerechtigkeit gefälligen Gesellschaft aber beschleunigen wir nicht mit inständiger Höflichkeit und sanften Effekten. Fünf Anstalten sind innerhalb ganz kurzer Zeit geschlossen, im Lindenhof – aus dem man Wilkes fortgeekelt hat – hat man unterdessen längst nach dem Überfallkommando telefonieren gelernt. Rastenburg und Berlinchen sind Schauspiele leidenschaftlicher Revolten der Jungen geworden. Die bürgerliche Fürsorge bedarf einer umwälzenden und schleunigsten Veränderung. Bevor wir reformieren, suchen wir die Gründe. Machen wir uns aber zu allererst von Vorstellungen unabhängig, daß dieselbe Kirche, die den Krieg für christlich hält und die Gedanken des Jesus von Nazareth jeder Moral ihrer Staatsautoritäten anzupassen sich gefleißigt, hier länger als prädestiniert, verdienstvoll und amtszuständig mitzusprechen haben wird". (Lampel 1928, 7).

Das Hervorstechen gesunder Auflehnungsinstinkte gegen Kriecherei, Verrat, Intrigenspiel ist es, daß selbst in dieser Atmosphäre zügelloser anarchistischer Revolte begeistert. Das Publikum der Uraufführung am 2. Dezember 1928 im Thalia-Theater Berlin konnte sich ebensowenig der gesunden Empörung auf der Bühne entziehen wie die Zuschauer der Aufführungen im Berliner Theater in der Königgrätzer Straße und im Theater am Schiffbauerdamm, die das Stück nachspielten, letzteres sogar auf einer Tournee durch Deutschland und die Schweiz. „Revolte im Erziehungshaus" wurde auch in Paris, London und Warschau nachgespielt.

„Das Drama, sich der Aufgabe sozialer Aufklärung unterziehend, erweiterte auch die Sozialarbeit des Theaters; den Inszenierungen wurden Diskussionsveranstaltungen angefügt. Dokument für diesen neuen Zusammenhang: „Rede eines sechzehnjährigen Arbeiterjungen, wie er sie gedacht hat, anläßlich einer Matinee in der Piscatorbühne zu halten" (gedruckt in: Lampel 1928, 232; wiedergedruckt in: *Gefesselte Jugend. Fürsorgeerziehung im Kapitalismus,* Frankfurt am Main 1971, 517). Diese Rede schildert die brutale Erziehungsmethoden in der Anstalt wie die Ausbrüche und Auswirkungen jugendlicher Homosexualität. Nachwirkungen der Inszenierung: Heftige Debatten im Berliner Stadtparlament und im Reichstag. Dadurch Veröffentlichung und Emotionalisierung des Reformproblems und Vorantreiben der Reform selbst. Die Aufführung traf zusammen mit der Politisierung des Sozialfürsorgeproblems. Der kirchlichen und bürgerlichen Jugendfürsorge trat eine proletarische gegenüber. (Rühle 1972, 800-801). Bernhard Diebold schreibt über die Uraufführungsinszenierung in der Frankfurter Zeitung vom 14.12.1928: „Nennt es Reportage! Aber es ist die Reportage eines Mannes mit gutem Willen und mit Auge und Ohr. Wieviele Dichter haben diese Organe wirklich zum organischen Gebrauch statt einfach zur Verzierung ihrer Lederköpfe? Lampel hat Augen zu sehen und Ohren zu hören. In einer Alltags-Prosa läßt er neun Zöglinge reden; aber immerhin so reden, daß vier oder fünf von ihnen persönliche Figur gewinnen: Der Diebische, der Gewalttätige, der kleine Vierzehnjährige, dem die größeren nachts den Schlaf nicht lassen; dann der eigentliche Revolutionär, der schließlich aus ungeheurer Wut und Energie die Revolte aufrührt. Das vergißt man nicht, wenn sie mit keiner anderen Waffe als mit den Tellern, von denen sie sonst essen, den eindringenden Landjägern ein tödliches Bombardement androhen. (. . .) Schließlich im dritten Akt kommt Schupo an und siegt natürlich. Die Rädelsführer werden mit anderen Erziehungsanstalten bestraft werden. Immerhin zittern die braven Erzieher vor dem Ministerium in Berlin. Es könnte doch schließlich . . . Nein, es muß!!! Man sollte das Stück im Reichstag selber spielen. Zur Debatte".

Es wäre sicherlich eine unzulässige Vereinfachung, die Modelle der Konfliktlösung bei Lampel eine kommunistische und bei Stemmle eine sozialdemokratische zu nennen. Doch andererseits lassen beide Stücke als zeitgenössische Reflektionen am Ende der Weimarer Republik eine solche Deutung zu. Beide haben authentische Fälle zur Grundlage, bei beiden werden Veränderungen in der Erziehung gefordert; gemeint ist aber bei beiden eine Veränderung der Gesellschaft. Als ein weiteres Merkmal der Authentizität der Stücke mag die Vertrautheit der beiden Autoren mit ihrer Thematik gelten. Stemmle hatte Erfahrungen als Lehrer in der Weimarer Republik und Lampel berufliche Erfahrungen gesammelt, in einer Tätigkeit, die man heute Sozialarbeit nennen würde. Aus der jeweils eigenen Betroffenheit heraus formulierten sie in ihrer dramatischen Literatur eine Geschichte, die Realität reflektieren und beeinflussen sollte.

Beide Stücke machen aber auch erstmalig in ausgeprägter Form das Experiment, in der Inszenierung Theater mit Kindern und Jugendlichen selbst zu spielen. Kinder und Jugendliche waren in die Theaterarbeit einbezogen, Kinder- und Jugendrollen wurden mit Kindern und Jugendlichen besetzt. In einem gemischten Ensemble von jugendlichen Schauspielern und jugendlichen Laien dokumentierte sich die Besonderheit der Inszenierung. Somit dürften die beiden Autoren auch eine Idee mitgeboren haben, die heute wieder an unseren Theatern auftaucht. Kinder und Jugendliche spielen sich selbst, Stadt- und Staatstheater gestalten mit Kindern und Jugendlichen in sogenannten Schüler- oder Jugendclubs professionelle Aufführungen. Die dramatische Literatur der Moderne und die beiden Stücke könnten Prototypen hierfür sein, begründeten zumindest als eine von vielen künstlerischen Erscheinungsformen einen Mythos der Jugend, propagierten eine Zukunft, die nur durch die Jugend zu sichern sei und stellten junge Menschen auf die Bühne, die Gesellschaftskritik übten und ihre Sache selbst in die Hand nahmen. Daß das nicht ebenso unproblematisch gewesen ist wie die Tatsache, daß die Jugend im Theater fast ausschließlich von jungen Männern verkörpert wurde, davon zeugt die sogenannte Jugendrevolution, die schließlich der NSDAP als Massenbewegung direkt zugute gekommen ist. „Gleichwohl hat der bürgerliche Jugendprotest maßgeblich dazu beigetragen, jene nationale Aufbruchstimmung zu schaffen, in deren Aufwind Adolf Hitler an die Macht gelangen konnte. Die Neigung zu einer emotionalisierten Sprache und die stark irrationalistische Färbung der Ideen der Jugendbewegung haben zweifellos mitbewirkt, daß sich eine politische Bewegung gegen die NSDAP nicht hinreichend ausbilden konnte“ (Mommsen 1985, 60).

Literatur

Kaminski, Winfred: Jugendliteratur und Revolte. Frankfurt am Main 1982.

Kröhnke, Friedrich: Jungen in schlechter Gesellschaft. Bonn 1981.

Lampel, Peter Martin: Jungen in Not. Berlin 1928.

Mommsen, Hans: Generationskonflikt und Jugendrevolte in der Weimarer Republik. In: Koebner, Thomas/Janz, Rolf-Peter/Trommler, Frank (Hrsg.): „Mit uns zieht die neue Zeit“. Der Mythos Jugend. Frankfurt am Main 1985, 50-67.

Rühle, Günther: Zeit und Theater, 2. Von der Republik zur Diktatur, 1925-1933. Frankfurt am Main, Berlin, Wien 1972.

Schad, Jutta: „Kampf um Kitsch“ von Robert Adolf Stemmle. Ein reformpädagogisches Theaterstück aus der Weimarer Republik. In: Schneider, Wolfgang (Hrsg.): Grimm + Grips 1. Jahrbuch für Kinder- und Jugendtheater. Frankfurt am Main 1987, 39-53.

Stemmle, Robert Adolf: Vorwort zu *Kampf um Kitsch*. In: Jugend-Volksbühne, H. 5/1931.

Steffen Peltsch

Brecht und die Kinderliteratur

Von den drei heute so genannten Klassikern der DDR-Literatur, der Seghers, Becher und Brecht, war es Brecht vor allem, der sich dem Kinde als Autor, also im direkten Ansprechen, und als über Kindheit Reflektierender zugewandt hat. Von Becher sind – aus seinerzeit wohl unumgänglichem Anlaß – ein paar Gedanken über die Funktion des Muttersprach- und Literaturunterrichts bekannt, mahnende, empfehlende Sätze; die Seghers hat einen Brief an eine Schülergruppe geschrieben mit aus heutiger Sicht eher banalem Inhalt. Wenig für Große.

Bei Brecht lagen die Dinge anders, sehr viel anders. Freilich hat er sich wie sein Freundfeind Becher auch zur Schule, explizit zum Deutschunterricht, geäußert; freilich, auch Brecht hat einen Brief an die Jungen Pioniere geschrieben. Aber: was bei Becher allgemeiner Appell bleibt, eher Grundsatzerklärung, wird bei Brecht zum operativen Vorschlag: Die Lehrpläne ändern, dichter ran an das Leben und die Erfahrung der Kinder, es gibt da Methodenvorschläge und eine für Debatten abrufbereite Gliederung der Offerten, alles sehr praktikabel. Dort auch die Forderung, schlechte Texte, reaktionär-manipulative und ästhetisch miese, vor die Schüler zu bringen zum Behufe der Auseinandersetzung und der Immunisierung durch Textdiskussion und Textbewertung. Brechts Ideen sind vor zwei Jahren nun auch bei uns veröffentlicht worden, in *Sinn und Form,* ein später Vorstoß, aber der Zug ist noch nicht abgefahren. Was Literaturkitsch ist oder dröhnender Ramsch, erfahren Schüler bei uns immer noch vor allem durch Unterricht, der sich *meist* mit dem Gegenteil befaßt, soll heißen, sie lernen Anspruchsvolles kennen, was nicht automatisch zum Können führt, Dürftiges, Anbiederndes und Rattenfängerisches zu erkennen oder gar sich seiner zu erwehren. Was aber erforderlich ist, denn in unseren Zeiten und Breiten tarnt sich das Vergangene immer geschickter. Des Augsburgers Brief an die Jungen Pioniere unterscheidet sich vom zitierten Brief der Mainzerin in ähnlichem Maße, wie sich das Seine zum Unterricht von dem Bechers trennt. Brecht hat da geschrieben, wie ein Gedicht zu lesen ist, sein sollte. Keine allgemeinen, für Kinder ist das Allgemeine immer das Unbegreifliche, keine allgemeinen Auskünfte, sondern präzise Hilfe, einer beugt sich herab und nimmt bei der Hand, ohne zum Onkel zu werden, eher zum Lehrer. Brecht, der ein respektvolles, würdigendes Verhältnis zum Lehrer hatte, zum „anderen“, guten Lehrer, zum Weisen als Lehrer, geht ganz auf Nähe. Das ist schon Beispiel. Der macht sich nicht klein, er erinnert sich – das sind gewaltige Unterschiede. „Ein Gedicht ist wie eine Rose“ – so heißt es da. Und dann tut er das, was seit eh und je als Ursünde aller Methodik gilt, er entblättert sie. Ohne sie zu knicken. Da kommt zweierlei zusammen, zweierlei, das im Kunstwerk steckt, auch dem für Kinder, und in dessen Rezeption, auch durch Kinder. Brecht führt empfehlend Neugier vor, beinahe naturforschende Neugier, und er knüpft auch an die Rupflust des kindlichen Gedichtelesers an, nimmt Fragen, die er ahnt, voraus, und er beweist: Die Rose ist nicht nur schön als ganze, also insgesamte *und* heile, unzerlegte Blume, sie hat auch Schönheit in jedem ihrer Blütenblätter. Des Dichters Exhibitionismus kommt mit dem Voyeurismus des entdeckenden Lesers zusammen, und das macht aus: Genuß. Eingeweiht zeigt Brecht in seinem Text, der, der Erinnerung halber, ein Brief ist, geschrieben an eine Menge möglicher Mitgeher, was zum Exempel in Bechers Deutschland-gedicht steckt, *Land im Dämmerschein* – da ist noch alles möglich nach dem Dämmerschein, und Brecht will, daß um die Ambivalenz gewußt wird von Dämmerschein. Er führt vor – die Entblätterung der Rose. Und läßt die Rose beisammen dennoch. Hohe Kunst, Kunst im Brief, das nicht gesagt wird – so sollt ihr ein Gedicht lesen müssen, gesagt wird – lest mal so, beispielsweise. Brecht setzt hier auf etwas schon Vorhandenes beim Leser, was, beispielsweise, Krüss noch als Programm formuliert hat: Naivität und Kunstverstand. Gewiß steckt Brechts Brief voller Hoffnungen und Erwartungen, seine Dialektik, die des Briefes, steckt darin, daß, Dialektik kann nicht anders, etwas befördert werden soll, was eigentlich noch nicht da ist, und dennoch da ist, weil es Menschheitswissen insgesamt ist – derzeit ausgestellt durch Vorpreller, wie Brecht einer war.

Brechts Brief an die Pioniere macht ein Programm auf, indem er die zwei Typen bedient und zusammenbringt, die zwei Typen, in deren Beschreibung sich die psychologisch-ethische Fachliteratur, Fromm sei erwähnt, seit Jahrzehnten ergeht. Beschrieben wird die Welt als polar dadurch, daß sich die Habentypen und die Seintypen gegenüberstehen, ein paar Argumente holt die Moderne-Diskussion aus diesem Reservoir auch, daß der Maschinen- und Computertyp dem Seelentyp nicht beikommen könne und umgekehrt. Im Konflikt der Welten ist das sicher nicht das, was aktuell interessiert; dennoch erfährt die Kommunikation hierüber permanent neue Impulse. Es geht um ethisches Mithalten angesichts rabiaten Technikfortschritts.

Ich räume ein, daß der kleine Brief hier weit über die Maße interpretiert worden ist.

Wenn im folgenden spezieller auf Brechts *eigentliche* kinderliterarische Einflüsse eingegangen werden soll, lyrische und erzählerische, die durch Umstrittenheit eher als durch Beispiel Autoren bis heute bewegen, so kommt man um ein paar Bemerkungen zum Kind-Verständnis des Meisters nicht herum.

Da ist zunächst die absolute Partnerschaftlichkeit zwischen Erwachsenen und Kindern, die Brecht fordert. „Du, mein Sohn, und ich und alle unsresgleichen/Müssen zusammenstehn und müssen erreichen/Daß es auf dieser Welt nicht mehr zweierlei Menschen gibt", heißt es in den *Wiegenliedern.* Das Kind wird selbstverständlich aufgenommen in dieses *Unseresgleichen,* ein Stück *Verschwinden der Kindheit* also schon. An anderer Stelle hält Brecht fest, daß es nur einen Unterschied gebe zwischen Erwachsenen und Kindern – die Haupttätigkeit der Älteren sei die Arbeit, die des Kindes sei das Lernen. Aus diesem für ihn unzweifelhaften Emanzipationstatbestand resultierte verschiedentlich die rezeptorische Überforderung des Lesers. Brecht mutete den Kindern viel zu. Er unterbreitete ihnen „die schwierigsten Probleme", indem er sie „anschaulich unterbreitet, sachlich, das heißt im Vorstellen von Sachverhalten. Mit gegenständlichen Beweisen und Gründen kann man bei ihnen alte Ansichten widerlegen. . .", schreibt Sylvia Schlenstedt wohlwollend. James Krüss urteilt knapper und wohl auch treffender: „Viel zu schwierig für Kinder“ – das Urteil bezieht sich auf Brechts *Liedchen aus alter Zeit:*

„Eins. Zwei. Drei. Vier.
Vater braucht ein Bier.
Vier. Drei. Zwei. Eins.
Mutter braucht keins.“

Krüss sieht Verstehensbarrieren darin, daß der Autor das Gegenteil dessen sagt, was er meint. In der *Kinderhymne,* „in der der Sinn des Deutschlandliedes auf den Kopf gestellt wird“, macht Krüss Schwellen im Nachvollzug des parodistischen Sinns aus. Dabei hatte Brecht den Abzählvers *Aus alter Zeit* überschrieben, in Klammer dahinter: *Nicht mehr zu singen...*

Zum zweiten gehört zu Brechts Kind-Auffassung die Respektierung kindlicher Naivität, deren Kultivierung er als erstrangiges Erziehungs- wie Schriftstelleranliegen versteht. Hier existieren eigentümliche, aber kaum verwunderliche Bezüge zur Theatertheorie Brechts. Die Verfremdung gewohnter und so genormter Betrachtungsweisen, in der er eine Grundlage der zu entwickelnden „Kunst des Zuschauens“ sieht, läuft im Grunde darauf hinaus, den Zuschauer seiner Stücke in einen Zustand zu versetzen, der ihm als Kind eigen war, den Zustand des Staunens, des Frischseins für Erlebnisse, die noch nicht mit später erworbener Routine aufgenommen werden. Das Ganze als Spiel, ermöglicht durch das Spiel auf der Bühne, eine Form des Sicheinlassens auf Natürlichkeit, eine spielerische Reinigung. Also – ihr sollt wie die Kinder sein. Zwar hat sich Brecht nie explizit dahingehend geäußert, daß er Erwachsenwerden als Entfremdungsvorgang verstanden hätte, aber seine Theatertheorie läßt zumindest Rückschlüsse in dieser Richtung zu.

Zum dritten vertraut Brecht dem Verstand des Kindes. Seine Kinderdichtung, die sich immer an das proletarische Kind wendet, ist immer eine zuerst rationale. Auch dort, wo sie sich des Musters der Legende bedient – wie im *Schneider von Ulm* – oder der Parabel – wie in *Wenn die Haifische Menschen wären* – oder des Lobgedichts – wie in der *Pappel vom Karlsplatz* – setzt er auf einen Widerspruch, baut er Bilder um ein logisches Gerüst. Da ist erst die Formel, dann die Schönheit. Scheint er doch auf Emotionen zu setzen, wie in vielen der Verse des *Al-*

phabets, so hebt in der Regel ein Lakonismus das pur emotional Vergnügliche wieder auf, reichert es an mit dem Vergnügen des Nachdenkens und gibt ihm so eine weitere und tiefere Basis. Es handelt sich durch die Bank um Lehrtexte, die Brecht für Kinder geschrieben hat. Und er hat dies so als erster getan. Die proletarische Not schildernden, zum Aufbegehren auffordernden und Klassenstolz postulierenden Lyrik- und Prosatexte seiner poetischen Vorfahren haben, so wichtig sie waren, kaum Klassenbewußtsein bilden geholfen, eher Klassengefühlsein. Brecht erkannte – und die Zeiten waren so, diese Erkenntnis zu erzwingen –, daß diese Literatur das ihre getan hatte, nun mußte andere her. Zumal die andere Seite in der Verfertigung von Emotionstexten geübter war und ihr die effektiveren Distributionsmöglichkeiten zur Verfügung standen. So gesehen sind Brechts Kindertexte schon der dreißiger Jahre Ausdruck eines reifen Verständnisses von Politik, das das Notwendige gleichsam schön und prüfbar vor die Leser brachte, so Gefühltes qualifizierend zu Formen von Einsicht. Durch Brechts Werk geht das Motiv der Einheit aller Unteren. Er vertraute denen, hörte auf sie, war bereit in seine Texte immer wieder einzugreifen, wenn er Kritik bekam von den kleinen Leuten. Daß er das leistete, ohne sich im zwiefachen Sinne „gemein" zu machen, weist ihn, unter anderem, was da zu erwähnen wäre, als „Volksdichter" – auch das im doppelten Sinne – neuer „Güte" aus. Die einfachen Leute, zu denen er sich gesellte, waren ihm alles, dort suchte er die Basis seiner Theorie. Und schien ihm sich Diskrepanz einzustellen zwischen Leuten oben und Leuten unten, blieb er solid bei den Seinen und empfahl, wenn der Anlaß akut und aktuell war, der Regierung ironisch die Auflösung des Volkes – ich erinnere das nur.

Die Einheit der Unteren sieht Brecht unter Einschluß der Kinder. Damit ist das Kind für ihn auch ein politisches Wesen. Damit hebt er erziehungsutopistische Hoffnungen auf, die immer an die Kinderwelt als quasi unbesetzten Raum gingen, die so immer das Soziale eliminieren mußten, obwohl sie auf soziale Ethikwandlung abzielten. Kindsein als freie Provinz, Erziehung und Kunst als Erstbesetzer zum Behufe der bleibenden Veredlung der Unmündigen. Brecht aber nimmt in seine Ästhetik wie Poetik das Kind bei seinen Sozialerfahrungen, denen in der kapitalistischen wie denen in der real sozialistischen Ordnung. Sein Programm kann so nicht sein: „Kinder an die Macht", Ringelnatzens arge Aufforderung, „eine Oma zu verhaun", lag nicht auf der Linie seiner Utopie. Seine Lust an Verführung zum Denken als Voraussetzung bewußteren Handelns war ihm vermittelnswert an jedweden, der das änderbare Schicksal hatte, unten zu sein. Da sah er den magischen Punkt der Identität von Kindern und Erwachsenen.

Da liegt ein Programm – und es liegt noch weithin brach. Über die Rezption seiner frühen Kindertexte wissen wir nichts, wir wissen nichts über die Rezeption seiner *auch* an Kinder adressierten Exilgedichte in diesen Zeiten. Vermutlich ist da, schnöd formuliert – nicht viel passiert. Heute wird in den Schulen der Länder das Gedicht VI der Steffinischen Sammlung, der Text datiert 1940, ver- und behandelt, mitunter als didaktische Aufforderung zum Fleißigsein schlechthin und über die Zeiten weg. Jenes Gedicht mit diesen Zeilen auch: „Mein junger Sohn fragt mich: Soll ich Französisch lernen? Wozu, möchte ich sagen... Lerne du deinen Kopf in die Erde stecken/Da wirst du vielleicht übrigbleiben./Ja, lerne Mathematik, sage ich/Lerne Französisch, lerne Geschichte". Ein Gedicht, in dem das Kind als Medium lediglich auftaucht für das Aussprechen und verbale Überwinden der tiefen Skepsis des Autors.

Brecht ist derzeit in der DDR wieder im Gespräch. Lassen Sie mich ein vielleicht herbeigeholtes Bild wiederverwenden: Er wird entblättert. Und man sieht, daß nicht alles am Meister gediegen war. Dinge und Begebnisse, hier vermutlich längst nichts Neues mehr, kommen zur Sprache und machen Aufruhr und Parteiungen. Da sind nun seine wacker bemühten erotischen Verse auf uns gekommen, Tagebücher seiner Geliebten auch, man erfährt Personales und so von seinem Jähzorn, seinem Geiz und den eines Großen unwürdigen Buhlungen um Dekorierung mit Preisen oder Orden; seine Theatertheorie ist im Zustand raufhändlerischer Deutungsdispute. Es gibt Bewahrer der reinen Brechtigkeit und strenge Befehder. Seine Kinderliteratur ist davon ausgenommen – weithin jedenfalls. Aufmerksam zu machen wäre auch darauf, daß Brecht bei weitem weniger kinderliterarisch wirklich wirkende Wirkung auf Autoren hatte, als sie sein Theater und seine Lyrik hatten – über die Jahre hin und auch gegenwärtig. Ich komme darauf zurück!

Es gibt in der Kinderlyrik Anklänge und Verarbeitung Brechtscher Muster – etwa des Lehrgedichts – bei Preißler, Hacks und Lindemann, aber diese Texte sind eher Versuche, Referenzen, eine Spur hat Brecht hier nicht gelegt. Es war die vermeintliche Lehrhaftigkeit, die hier manches blockierte. Eher schon hat der Gestus des einen oder anderen Textes gewirkt, so Brechts festes Bauen auf die Wirkungsmechanismen der Volkspoesie; eingängiger Rhythmus, Bewegung, Spielbarkeit, Vertrautes als Brücke für tieferes Verstehen.

„Tanz, Kindlein, tanz.
Deine Schühlein sind noch ganz.
Laß dir sie nit gereue,
Der Schuster macht dir neue“,

heißt ein Text aus des *Knaben Wunderhorn.*
Und bei Brecht, im *Nachkriegsliedchen:*

„Tanz, Kreisel, tanz!
Die Straß ist wieder ganz.
Der Vater baut ein großes Haus
Die Mutter sucht die Steine aus.
Tanz, Kreisel, tanz!“

Man könnte an Texten Hacksens, der Brechts Lyrik-Muster verändert belegt – mit Heiterkeit, Petris oder Muckes nachweisen, daß sie sich dem Volksliedtext gegenüber ähnlich rezeptiv verhalten, und möglich ist schon, daß Brecht da seine Meriten hat – aber nicht nur er eben.

Daß es mit einer tragenden Weiterwirkung seiner Modelle in der Kinderliteratur bis heute problematisch ist, hat zweifelsfrei auch Ursachen, die mit speziellen Kausalitäten der DDR-Kulturentwicklung zusammenhängen. So richtig in Konjunktur kam der Mann nach seinem Tode, sozusagen ruckartig nach dem Ableben. Sein Theater wurde zum Mekka, die Gesamtausgaben florierten, seine Theorie vom V-Effekt ging durch die Schulen. Seine Texte für Kinder indes und das Verstreute an poetologischen Äußerungen blieben gleichsam gezielt unbeachtet. Hauptgrund: Es waren die Jahre, in denen sich langsam und über heftige Auseinandersetzungen neue Einsichten bildeten – etwa zum Funktionsverständnis des Phantastischen. Etwa zum Märchen. Alex Wedding, die alte Kämpin aus dem Bund proletarisch-revolutionärer Schriftsteller, attackierte heftig Strittmatters „Tinko“ wegen vermeintlicher Unkindlichkeit, alles im Roman sei „zweifelhaft“, zu lernen wäre daraus wenig. Es erschienen Märchenausgaben, so die von Pollatschek besorgte, sehr besorgte der Gebrüder Grimm, in denen zum Behufe korrekter Identifikation gütige Könige in gütige Holzfäller oder Gärtner verwandelt wurden; Phantastik im Kinderbuch war synonym mit Dekadenz. Klarheit – ideologische Klarheit – auf Kosten und zu Lasten ästhetischen Anspruchs war die Forderung der einen Seite. Weite, Vielfalt, Spiel mit Möglichkeiten, Sensibilisierung des Lesers, Weltangebot im Buch waren die Fahnenworte der anderen. Hinzu kamen allererste, noch sehr zag formulierte Offerten der Literatursoziologie. Aus einem – aus heutigem Blick zweifellos zu engen Verständnis der didaktischen Postulate Brechts – Fahnenworte: Lehrgedicht, Lehrbeispiel, Lehrstükke, Beweisfunktion der Kunst – erwies er sich für den Kinderliteraturstreit der späten fünfziger und frühen sechziger Jahre als wenig hilfreiche Autorität. Auch sein, sagen wir etwas gebrochenes Verhältnis zur Aufklärung und zur Romantik konnte den Debatten um ein moderneres Verständnis von Kinderliteratur nicht förderlich sein, hier bezogen speziell auf die Märchendiskussion.

Brecht blieb also unbemüht von der einen wie der anderen Partei. Das ist ihm selten widerfahren, weiß Gott.

Was denn nun sind seine Einflüsse heute? Nur das Bild einer Sackgasse? Keine Ehrung durch Nutzen oder Nachnützlichkeit?

Wenn Mathias Biskupek, ein jüngerer Erzähler der DDR, schreibt, daß Brecht „vor allem Maße geliefert habe“, dann ist das so schlecht nicht formuliert. Das Wort meint Vergleich, Orientierung, Werte; mit Maßen kann man umgehen, nicht nur in Maßen.

Hacksens schöner Essay: *Was ist ein Drama, was ist ein Kind* zum Beispiel ist Umgehen auch mit Brechtschen Maßen und gleichzeitig Polemik mit Brecht; er ist Plädoyer für Mündigkeit, Vergnüglichkeit und Respektierung kindlicher Wünsche und Erwartungen – soweit identisch mit Brecht. Aber Hacks sieht auch etwas, was ihn sozusagen moderner macht als Brecht, die Seele des Kindes. Eine latente Arroganz, bei Brecht zweifellos vorhanden, das Kind in aller Partnerschaftlichkeit eben doch zweckgerecht zu machen, erfährt ihre Aufhebung, in Maßen. Ein Beispiel für Wirkung.

Maße nenne ich auch, daß Brecht Gemäßes – sprachlich zum Beispiel – vor-geschrieben hat. „Die höchste Klarheit war mir immer die höchste Schönheit". Dieser auf Lyrik bezogene Satz ist manifest in den Intentionen der Mehrheit unserer Kinderlyriker.

Man sollte nach Brecht nicht mehr schwafeln. Texte Streubels etwa im Gedichtband *Honig holen* oder der Liedermacher Schöne oder der Lyriker Jürgen Rennert konfrontieren den Leser oder Hörer mit Mustern, in denen viele Informationen fehlen; Texte mit Leerstellen. So auch Günter Saalmann, der Abzählreime schreibt und sie vorträgt und fest auf das Spiel von Geben und Nehmen, jene spannungsreiche Beziehung zwischen Text und Leser, baut und sie gleichzeitig relativiert. Sekundärrohstoffhandel: „Der Sero betrügt – die Presse rügt" endet eines der kleinen Gedichte. Im Vortrag läßt er „rügt" aus und die Kinder weiterdichten, und die reimen „lügt". Dann setzt er seine Variante dazu; augenzwinkernd und im Gestus hilflos. Er tut naiv und läßt den Mitproduzenten das Ihre, aber – wie bei Brecht – ist diese Naivität eine kalkulierte.

Und schließlich hat Brecht, in sehr frühen Zeiten schon, über Appelle Defizite angemahnt, von denen wir zu lange glaubten, es seien nicht die unseren. Das Kältemotiv in den Liedern der frühen Jahre hebt sich auf in seiner Negation: Freundlichkeit. Da sind die Kinderlieder vom Danken; die kindgemäßen Texte, die Güte loben. Auch hier Wiederaufnahme in neueren Gleichnissen Preißlers, Bartschs, Rosenlöchers. Da haben wir es mit der Neuentdeckung sehr alter Inhalte und Bilder und Absichten zu tun, in Gang gebracht durch die späte Erkenntnis unseres Gemeintseins auch.

Brecht hat sich viel von den „Kindern des wissenschaftlichen Zeitalters" versprochen. Vor allem – womit alle Wünsche aller Schreiber beginnen – daß seine Texte gelesen werden. Die Kinder zwischen Oder und Marienborn favorisieren Brecht heute eindeutig nicht. Jüngere Untersuchungen nennen Aberdutzende andere vor ihm in der Lektürebevorzugung; in der Regel taucht er gar nicht auf. Selbst Lyrikleser zwischen 10 und 15 Jahren – sie machen um die 3 % der Befragten aus, gelegentliche Leser eingeschlossen – geben ihm letzte Plazierungen und erinnern sich dann seiner Kinderlieder, die sie als „eigentliche“ Kinder lasen; diese Auskünfte kommen aus Bibliotheken. Es gibt da brave und den Dichter locker korrigierende Kommentare von Kindern: Einer schrieb zum „Schneider von Ulm“: „Es wäre besser gewesen, der Schneider wäre mit sonem Dinge nicht geflogen und hätte gewartet, bis das Flugzeug erfunden worden wäre!“

Vielleicht liegt hierin indirekt ein Teil der Antwort auf die Frage, warum sich Kinder in individueller Rezeption mit Brecht schwertun. Der Mann ist unbequem, wie der Schneider. Vielleicht zu modern?

Wolfram Eggeling

Sowjetische Kindererzählungen der 20er Jahre in späterer Bearbeitung: Entdidaktisierung und Ästhetisierung

I. Einleitung

„Die Literatur für Kinder muß unbedingt belehrend sein, doch dieses belehrende Element muß ein organischer Bestandteil des Werkes sein, muß sich in den Aufbau seiner Gestalten einfügen, im Wortschatz selbst zum Ausdruck kommen, aber nicht wie ein Fettauge auf der Suppe schwimmen, die eine ungeschickte oder faule Hausfrau gekocht hat". (Bussewitz 1987, 202) Dieses Zitat aus der Rede des Schriftstellers Boris Polevoj auf dem Zweiten sowjetischen Schriftstellerkongreß im Dezember 1954 skizziert sowohl in globaler Form das Selbstverständnis der sowjetischen KJL, als auch die Zielrichtung meines Beitrags. Geht es doch darum, anhand zweier Beispiele nachzuvollziehen, auf welche Weise die Autoren im Nachhinein bestimmte ‚didaktisierende' oder moralisierende „Fettaugen" in ihren hier vorgestellten Werken beseitigt haben.[1] Die Überarbeitung von Geschriebenem als solche gehört nun gleichsam zum literarischen Geschäft. Sie kann allerdings unterschiedlich motiviert sein. So weist die Sowjetliteratur einige Beispiele für (partei)-politisch begründete Überarbeitungen auf, von denen wohl die Romane *Zement* von F. Gladkov (1925) und *Die junge Garde* von A. Fadeev (1945) die

1 Daß es sich in beiden Fällen um Frühwerke handelt (Die Autoren waren zum Zeitpunkt der Erstveröffentlichung 20 bzw. 22 Jahre alt), ist einerseits Zufall. Andererseits sind gerade auch junge Autoren prägend für die sowjetische Literatur der 20er Jahre, so daß die Auswahl nicht uncharakteristisch ist.

bekanntesten sind. Für die beiden hier behandelten Erzählungen, *R.V.S.* (RKR. Der revolutionäre Kriegsrat) von A. Gajdar (1926) sowie *Die Uhr* von L. Panteleev (1928), braucht dieser (parteipolitische) Faktor nicht als primäre Motivation zur Überarbeitung angenommen zu werden, wenngleich auch in einem Fall die zum Zeitpunkt des späteren Erscheinens bereits inopportune Nennung eines bestimmten Politikers wegfällt.

II. Methodische Vorbemerkungen

Kehren wir noch einmal unter methodischen Gesichtspunkten zu unserem Ausgangspunkt und der daran anknüpfenden Fragestellung (nach der Art und Weise der Beseitigung moralisierender Elemente) zurück. Wir müssen zunächst fragen, ob es eine Handhabung gibt, besagte „Fettaugen" nicht nur ‚nach Gefühl', sondern systematisch zu ermitteln. Danach können wir am jeweils neuen Text überprüfen, ob die Überarbeitung in dieser Hinsicht ‚erfolgreich' war. Die Frage nach dem Erfolg ist natürlich mit der Frage nach der Intention verbunden. Diese wiederum ist verknüpft mit unserer Ausgangsthese, daß bei der ‚Entdidaktisierung' und Entpragmatisierung eines literarischen Textes dessen (wie das obige Zitat zeigt, fraglos notwendig erscheinende) pädagogische Wirksamkeit erhöhen kann. Zur Begriffsklärung: Entdidaktisierung meint den Abbau moralisierender Elemente, z.B. in Erzählerkommentaren, die gleichsam 'über die Köpfe der (jungen) Helden hinweg' direkt an die (jungen) Leser gerichtet sind. Entpragmatisierung meint den Abbau von *Ergebnisbetontheit,* d.h. die Vermeidung des zu raschen, bisweilen innertextuell unmotivierten Ansteuerns eines bestimmten Ergebnisses, z.B. in Form von Veränderungen in der Lage der jungen Helden, zugunsten einer stärkeren *Prozeßbetontheit,* die den Weg zu einem bestimmten Ziel nicht allzu geradlinig erscheinen läßt und bisweilen mit Konflikten oder anderen retardierenden Momenten ausstattet. Beide Verfahren, Entdidaktisierung und Entpragmatisierung, finden wir in jeweils individueller Ausgestaltung in den zwei Erzählungen wieder. Beide Verfahren tragen dazu bei, das *Identifikationspotential* der Texte, als ein wesentlicher Faktor pädagogischer Wirksamkeit, zu erhöhen dadurch, daß sie z.B. den handelnden Personen ein größeres Eigengewicht verleihen, Entscheidungssituationen herausarbeiten, die den jungen Lesern eine eigene, nicht durch Erzählerkommentare vorweggenommene Beurteilung abverlangen.[2] Die beiden o.g. Verfahren tragen neben der Erhöhung der pädagogischen Wirksamkeit auch zur Erhöhung der *ästhetischen Geschlossenheit* bei. Dieser Begriff basiert auf einem traditionellen Realismusverständnis, befindet sich damit aber im Einklang mit der lange Zeit (im Grunde bis heute) in der Sowjetunion vorherrschenden Auffassung von Literatur.[3]

Nach diesen Begriffserklärungen wären wir wieder bei unserer Frage nach Kriterien zur Ermittlung von „Fettaugen“ angelangt, die eine *Störung der Geschlossenheit* und damit auch eine Minderung pädagogischer Wirksamkeit bewirken könnten. Folgende methodische Überlegungen in Anlehnung an Vorgaben des tschechischen, sowjetischen und französischen Strukturalismus mögen eine Hilfestellung dazu bieten.[4] Es geht um die Funktionalisierung (Verknüpfung, Zuordnung, Kombination) einzelner Struktur- und Erzählelemente, man kann sie vereinfacht als Motive bezeichnen, auf der Ebene des literarischen Textes, d.h. auf der syntagmatischen Achse. Genauer gesagt, geht es um das analytische Nachvollziehen der Kombination von Motiven (und deren sprachlicher Realisierung), die ihrerseits bei den (jungen) Lesern in „unbewußt-synthetischer Wahrnehmung“[5] bestimmte Wirkungen erzie-

---

2 Ein Grundstock an Identifikationsmöglichkeit ist in den beiden Erzählungen schon dadurch gegeben, daß ihre Helden sich etwa im gleichen Alter, wie die anvisierten Leser befinden, grob gesagt: in dem der Organisation der „Jungen Pioniere“ entsprechenden Alter, d.h. zwischen 9 und 14 Jahren.

3 Aus den zahlreichen Abhandlungen speziell zum sozialistischen Realismus sei exemplarisch ein zwar nicht mehr neuer, aber immer noch aktueller und gründlicher westdeutscher Aufsatz herausgegriffen: Peters 1974. Innerhalb der sowjetischen KJL gibt es neben den hier vorgestellten realistischen Erzählungen in der Lyrik aber auch eine durch Sprachspiele, alogische Elemente etc. gekennzeichnete Strömung, die Ende der 20er, Anfang der 30er Jahre von D. Charms und A. Vvedenskij vertreten wurde.

4 siehe dazu Mukârovský 1970, Lotman 1973, Anderegg 1973, Barthes 1977. Ausführlich werden diese Ansätze im Rahmen des gewählten methodischen Vorgehens vorgestellt und diskutiert in Eggeling 1978. Dort werden auch die beiden Textbeispiele einer umfassenderen Analyse unterzogen.

5 Zu diesem Begriff im Zusammenhang mit den Aufgaben einer Textanalyse siehe Schmid 1976, 52.

len können. Die besagten Textelemente sind durch den Vorgang der *Selektion* der, vereinfacht gesagt, außerästhetischen Wirklichkeit entnommen, repräsentieren auch bestimmte Werte und Normen, und treten nach ihrer je neuen und spezifischen *Kombination* in einen neuen Sinnzusammenhang, werden *ästhetisch organisiert.* Sie wirken nun als (neue) „dynamische Ganzheit" (Mukařovský 1970, 103) auf die außerästhetische Wirklichkeit zurück. Bei einer stark pädagogisch bzw. sozialisatorisch ausgerichteten Literatur besteht nun die Gefahr, daß eine mehr oder weniger große Anzahl von Elementen (Motiven) aus dem gesellschaftlichen Sinnzusammenhang (Werte- und Normensystem) entnommen und ohne eine syntagmatische Verknüpfung, Kombination mit anderen Textelementen, d.h. unter Verzicht auf eine ästhetische Organisation, in *unmittelbar belehrender Absicht* in ein Werk aufgenommen werden.[6] Man kann nun auf dieser Grundlage formelhaft den Grad der ästhetischen Organisation bzw. strukturellen Geschlossenheit einer Erzählung daran ermessen, wieviele ihrer Elemente auf der syntagmatischen, textinternen Ebene funktionalisiert, d.h. auf das Werk als Ganzes bezogen werden können. Die unmittelbar belehrenden Elemente, die sich der ästhetischen Organisation entziehen, können darüber hinaus kontraproduktiv wirken, d.h. entgegen ihrer Absicht ihre erzieherische Wirkung verfehlen. Demgegenüber können Werke mit einem hohen Grad an ästhetischer Organisation im o.g. Sinne bereits *durch die künstlerische Struktur selber* bestimmte Werte und Normen vermitteln.[7]

Ein Beispiel dafür: Sowjetische Kinder- und Jugenderzählungen, aber nicht nur solche, bauen häufig auf verschiedenen Oppositionen auf, z.B. in der Figurenkonstellation. Die jungen Protagonisten, die zu neuen – sozialistischen – Menschen erzogen werden sollen, begegnen zuweilen erwachsenen Personen oder anderen Jugendlichen, die Träger einer dem Sozialismus feindlichen Ideologie sind. Diese können im Text auf durchaus differenzierte Weise in wörtlicher Rede oder durch bestimmte Signale in der Erzählerrede Antipathie hervorrufen, ohne daß diese Signale einen belehrenden Charakter annehmen müssen. Die Kombination von Antipathie

6 Vgl. dazu Iser 1975, 317f.
7 Vgl. dazu Witte 1983, 10ff., Schmid 1979, 87.

und ‚falscher' Ideologie ist somit strukturimmanent und dient auch auf diese Weise dem sozialisatorischen Anliegen. Ein weiteres Beispiel, das die Stringenz in der Behandlung textspezifischer Motive betrifft: In einer der hier vorgestellten Erzählungen planen zwei Jungen die Flucht aus ihrem Dorf. Die Wiederholung des Fluchtmotivs geht einher mit der schrittweisen, ebenfalls leitmotivischen Verdichtung von Signalen, die auf ein politisches Ereignis hindeuten, das der Flucht der Jungen entgegensteht. Diese Einsicht vollzieht sich auch ohne zusätzliche Erzählerkommentare, allein durch die regelmäßige gleichzeitige Wiederkehr bzw. das ‚Zusammenstoßen' der beiden Motive. Hinzukommt natürlich, daß die Nichtrealisierung der Flucht in eine positive politische Aktion mündet: die Rettung eines im Dorf versteckten verwundeten roten Kommissars vor den konterrevolutionären Partisanen (die Erzählung spielt während des Bürgerkrieges). Das Fluchtmotiv wird sogar in der Weise funktionalisiert, daß die für die Flucht angesammelten Lebensmittelvorräte zur (heimlichen) Versorgung des Offiziers dienen. Die ‚Einlösung' des Fluchtmotivs auf der strukturellen Ebene geht somit einher mit der Nichteinlösung der Flucht auf der Ebene des Handlungsgeschehens. Diese zwei Beispiele mögen vorab veranschaulichen, was im Rahmen unseres methodischen Vorgehens unter struktureller Geschlossenheit bzw. ästhetischer Organisation zu verstehen ist. Die oben verwendete Formel zur Ermittlung des Grades der Geschlossenheit (also in Abhängigkeit der syntagmatischen Funktionalisierbarkeit der jeweiligen Motive) findet natürlich bei komplexeren literarischen Strukturen ihre Grenzen, genauer, bei allem, was über eine „einsinnige" Erzählweise hinausgeht.[8] Einsinnig meint dabei eine Gruppierung der Ereignisse und Begegnungen um den jeweiligen jungen Protagonisten herum, mit bestenfalls, im Falle zweier gleichberechtigter Protagonisten, einer zeitweiligen Aufteilung der Handlungsstränge. Da jedoch ein großer Teil der (realistischen) KJL diesem Konstruktionstyp zuzuordnen ist, halte ich das skizzierte methodische Gerüst in diesem Rahmen für diskutabel.

8 Zum Begriff „einsinnig erzählt" siehe Lämmert 1955, 35ff.

III. Anwendung

Die beiden ausgewählten Erzählungen gehören zweifellos zum ‚Höhenkamm' der sowjetischen KJL und damit auch zum Kanon immer wieder aufgelegter Werke.[9] Insofern ist eine Analyse bzw. ein Variantenvergleich unter der genannten Fragestellung hier besonders lohnenswert. Allerdings können im Rahmen dieses kurzen Beitrags die Verfahren der Entdidaktisierung und Entpragmatisierung nur punktuell demonstriert werden.

1. Text 1

Der Inhalt der Erzählung *RKR* wurde bereits kurz angedeutet. Zu ergänzen wäre der Grund für die Flucht der beiden Jungen, die sich erst kurz zuvor kennengelernt haben.

Dimka, der eine von ihnen, lebt mit Mutter und kleinem Bruder bei einem Hauswirt, der zu den konterrevolutionären Partisanen gehört und mit entsprechenden Antipathie-Merkmalen ausgestattet ist. Dimka bereitet ihm Schwierigkeiten und fürchtet, daß seinetwegen die ganze Familie ausquartiert würde. Daher der Fluchtgedanke. Der andere, mit dem Spitznamen Žigan, ist ohnehin heimatlos und nur kurz bei einer Tante im Dorf zu Besuch. Der am Ende erfolgreich gepflegte und gerettete rote Offizier hat zuvor seinerseits Dimka bei einer Konfrontation mit dem Hauswirt gerettet.[10] *Er vermag am Ende, Dimka und seiner Familie einen „Propusk" nach Petrograd zu verschaffen, wo sie sich bei einem Verwandten ansiedeln wollen.*

Zu Lebzeiten Gajdars – er fiel 1941 im zweiten Weltkrieg – sind außer der Erstausgabe (1926) vier weitere Ausgaben er-

9 Angaben zur Sekundärliteratur über die beiden Erzählungen finden sich bei Eggeling 1978. Die folgenden Zitate und Seitenangaben beziehen sich bei Text 1 auf (Version 1) Golikov (Gajdar), A.: R.V.S. Moskau/Leningrad 1926. (Version 2) Gajdar, A.: Sobranie sočinenij v četyrech tomach. Tom pervyi Moskau. 1964. Text 2: (Version 1) Panteleev, L.: Časy (Die Uhr). In: Pioner 1928, Nr. 15, 16, 17. (Version 2) Panteleev, L.: Sobranie sočinenij v četyrech tomach. Tom pervyj. Leningrad 1983. Die deutschen Übersetzungen der Zitate wurden vom Verfasser angefertigt.

10 „Der Zufall ist ein hintergründiges, durch das von ihm realisierte Mögliche Notwendigkeit vermittelndes literarisches Strukturprinzip." (Köhler 1972, 307)

schienen, die erste davon im Jahre 1930, die letzte 1937. Wahrscheinlich ist es, daß unter Berücksichtigung der Literaturkritik die Überarbeitung bereits für die zweite Ausgabe 1930 vorgenommen wurde.

Wir wollen unsere Aufmerksamkeit auf den Anfang und den Schluß richten, da hier die gravierendsten Veränderungen stattgefunden haben und da es darüber hinaus von besonderer Bedeutung ist, auf welche Weise die jungen Leser in die Textwirklichkeit eingeführt und mit welchen Eindrücken sie am Ende wieder in äußere Realität entlassen werden. Kleinere Änderungen im Text, vor allem stilistischer Art, wie z.B. Glättung von vulgären Ausdrücken (vermutlich auf deren Kritisierung als „naturalistisch" hin),[11] können hier nur pauschal registriert werden. Das Ziel der Überarbeitung besteht, um es noch einmal zu wiederholen, in einer Erweiterung der Identifikationsmöglichkeiten der jungen Leser mit den jungen Protagonisten bzw. mit der „Sache", um die es geht. (Das gilt natürlich auch für andere gleichartige Erzählungen). Gajdar versucht gleich am Erzählanfang, diesem Ziel durch eine Perspektivverschiebung auf die Sicht der Dorfkinder bzw. Dimka hin näherzukommen.

1. Version: „Im Jahre 1918 besetzten die Deutschen die Ukraine. Sie besetzten auch das Heimatdorf Dimkas. Sie brachten dort Heu und Stroh zu den halbzerfallenen Scheunen, um das Vieh damit zu füttern. Die Deutschen wurden von den Roten verjagt. Während des Bürgerkriegs streiften viele Banden durch die Ukraine und besetzten Dörfer und Städte. Die roten Truppen kämpften mit diesen Banden. Man vergaß darüber das Heu in Dimkas Heimatdorf, und so wurde es schwarz und verfaulte./Dimka lief oft hierher, zu den Scheunen, weil hier die Sonne irgendwie besonders warm schien (. . .)". (3) (Zu einer dieser Scheunen rettet sich der bei einem Anschlag verwundete rote Offizier, so daß die Scheunen gleich zu Anfang in den Status eines textkonstituierenden Motivs gelangen).

2. Version: „Früher liefen manchmal die Kinder hierher, um zwischen den halbzerfallenen Scheunen herumzulaufen und herum-

11 Zur Aufarbeitung der sowjetischen KJL-Kritik der 20er Jahre und der sowjetischen KJL-Forschung der 60er und 70er Jahre siehe Eggeling 1986, 31f.

zukriechen. Hier war es gut./Irgendwann brachten die Deutschen, als sie die Ukraine besetzten, Heu und Stroh hierher. Aber die Deutschen wurden von den Roten verjagt, nach den Roten kamen die Haidamaken, die Haidamaken wurden von den Petljurovcen verjagt und die Petljurovcen von noch irgendwem. Das Heu blieb liegen, wurde schwarz und verfaulte. [Es wird erzählt, daß an dieser Stelle fünf Menschen von einem Kosakenhauptmann erschossen wurden und die Kinder daraufhin die Lust verloren, dort zu spielen.] Nur Dimka lief noch oft hierher, weil hier die Sonne irgendwie besonders warm schien". (41f.)

Der wichtigste Unterschied zwischen den beiden Versionen besteht darin, daß die gleichsam geschichtsbuchmäßige Einführung in die politische Lage der Ukraine im Jahre 1918 aufgehoben wird und statt dessen die Dorfkinder an die erste Stelle rücken. Erst dann folgen politische Details, jedoch gleich unter dem Aspekt ihrer Auswirkungen auf das Spiel der Kinder, nicht als bloßer Hintergrund. Die Erweiterung der aufgezählten Truppen, die das Dorf nacheinander besetzen, läßt sich ebenfalls der Perspektive der Kinder zuordnen im Sinne der Verwirrung, die die wechselnden Besatzungen bei ihnen auslösen. Die Auswirkungen der politischen Ereignisse auf das Spiel der Kinder besteht z.B. darin, daß die Kinder nach dem besagten Vorfall nun nicht mehr bei den Scheunen spielen mögen.[12] Die Präsentierung von Geschichte aus der Perspektive von Kindern – zum Zeitpunkt des Erscheinens ist der Bürgerkrieg für die jungen Leser ja bereits (z.T. kaum bewußt erlebte) Geschichte geworden – ist sicher ein Mittel, den jungen Lesern den Bürgerkrieg sowie die ‚sozialistische Sache', zu deren Festigung er beigetragen hat, näherzubringen. Natürlich spielt im weiteren Handlungsverlauf die Identifizierung mit den beiden jungen Helden, die auch schon in der ersten Fassung angelegt ist, die entscheidendere Rolle dabei. Die Umarbeitung des Erzählanfangs erhöht jedoch die Stringenz dieser Perspektive.

---

12 Dieser Sachverhalt hat nun auch eine innertextuelle Funktion. Ist in der ersten Version Dimka das einzige Kind, das bei den Scheunen spielt, so muß in der zweiten Version zur Gewährleistung dessen, daß der sich dort versteckende rote Offizier nicht zufällig von anderen entdeckt wird, ein neues plausibles Motiv eingeführt werden. Dies besteht nun in der Erschießung der fünf Personen an diesem Ort und der Furcht der Kinder, danach wieder dorthin zurückzukehren.

Machen wir nun einen Sprung zum Erzählschluß. Hier hat sich im Vergleich zur ersten Version die Konzeption des zweiten Protagonisten Žigan geändert. Er, der als Verwahrloster über einen anderen Erfahrungshorizont verfügt, als Dimka, erklärt sich bereit, einen gefahrvollen Gang in die Nachbarstadt zu unternehmen, um die dort einmarschierten Roten zur Rettung des Offiziers zu rufen, während Dimka bei dem Verwundeten bleibt, mit der Gefahr vor Augen, daß die Partisanen das Versteck eher entdecken könnten. Nach erfolgreicher Rettung und Festsetzung der Partisanen wird ein Dorffest organisiert. Auf dem Hintergrund dieses Festes entfaltet sich nun in der ersten Version ein in Ansätzen schon angelegter Charakterzug Žigans.

1. Version: „Er prahlte und brüstete sich in einer Weise, als ob er von niemandem etwas brauchte. Und als jemand beiläufig erwähnte, daß er zur Belohnung für seine mutige Tat jeden nur erdenklichen Wunsch äußern könnte, winkte er ab und lachte nur [. . .]". (57)

Der im Verlauf des Textes den Rahmen eines ‚Kräftemessens' unter Gleichaltrigen nicht überschreitende Hang Žigans, ein wenig zu flunkern und anzugeben, beginnt in der ersten Fassung, an dieser Stelle sich zu verselbständigen. In der *zweiten* Fassung bewirkt offensichtlich die durch den Ortswechsel vorgegebene Zukunftsperspektive seines Freundes Dimka, daß sich Žigan der Unsicherheit seiner eigenen Zukunft bewußt wird und daher auch um ein „Dokument" bittet. Diese Bitte erscheint somit aus dem in der Werkstruktur angelegten Kontrast der Biographien der beiden Protagonisten heraus auch psychologisch nicht unwahrscheinlich.[13] Das Motiv des Prahlens wird in der ersten Version zum Ende der Erzählung hin noch verstärkt.

1. Version: „‚Vielleicht sehe ich dich irgendwann in Petrograd!' sagte er [der Offizier] zu Dimka. [. . .] ‚Und dich'. . . wandte sich der Unbekannte an Žigan./Žigan unterbrach ihn und sagte voller Überzeugung:/‚Wir sehen uns wieder!'/Die gestrige Prahlerei wirkte noch nach. Er wollte auch vor dem Abschied seinen Stolz

13 Diese Feststellung impliziert die von der sowjetischen KJL-Klinik aufgestellte Forderung nach psychologisch plausibler Personendarstellung, die ihrerseits das Identifikationspotential eines Textes erhöht. Siehe Eggeling 1986, 31f.

noch zur Schau tragen. Wie sehr bedauerte er später, daß er mit prahlerischen Worten die angebotene Hilfe des Reiters in der schwarzen Uniform und mit dem roten Stern an der Brust zurückgewiesen hatte! [. . .] Je weiter sich die Reitereinheit entfernte, desto trauriger wurde Žigan. Erst jetzt merkte er, wohin ihn die Prahlerei geführt hat. [. . .] Es hätte bergauf gehen können. Der Unbekannte hätte ihm jede Hilfe erwiesen. Warum brüstete er sich damit, daß er nichts brauche?/Aber die Reue kam zu spät: Die Reitereinheit war gerade noch als kleiner Punkt in der Ferne zu sehen". (59f.)

2. Version: „,Vielleicht sehe ich dich irgendwann in Petrograd', sagte er [der Offizier] zu Dimka. ,Und dich. . .' Er stockte./,Vielleicht irgendwo', antwortete Žigan, und aus seiner Stimme klang Unsicherheit". (92)

Die Konzeption der Figur des Žigan erfährt in der ersten Fassung also eine Wendung hin zu einem Exempel von Prahlerei und später Reue, begleitet von entsprechenden Erzählerkommentaren, die eine Anhäufung von entsprechenden Begriffen (prahlen, sich brüsten, Prahlerei) auf engstem Raum enthalten. Dieses Lehrstück, das in dieser Form motivisch nicht mit den vorangehenden Textteilen verknüpft ist, bildlich gesprochen, einen ,Motivüberhang' darstellt, wird in der zweiten Fassung ersatzlos gestrichen. Statt dessen wird die, wie gesagt, aus dem Kontrast der Biographien heraus plausible Einsicht in die Unsicherheit seiner Zukunft in den Vordergrund gerückt, am deutlichsten sichtbar in der Gegenüberstellung von „mit Überzeugung" (uverenno) und „mit Unsicherheit (in der Stimme)" (neuverenno) beim Abschied von dem Offizier. Die in der ersten Version mit dem Lehrstück verbundenen interpretationslenkenden Erzählerkommentare fallen konsequenterweise in der überarbeiteten Fassung weg. Die personengebundenen Motive weisen eine größere Stringenz in bezug auf die Gesamtstruktur der Erzählung auf, die Erzählung insgesamt also eine höhere Geschlossenheit bzw. einen höheren Grad an ästhetischer Organisation. Das pädagogische Anliegen (Aufzeigen einer Bewährungssituation, unsympathisches Auftreten des politischen Gegners und Hilfsbereitschaft der Roten) wird auch ohne den Motivüberhang deutlich, ja sogar noch deutlicher, da es nicht mehr durch das aufgrund seiner Position am Ende besonders gewichtete eingeschobene Lehrstück überlagert wird.[14]

2. Text 2

Die zweite Erzählung, *Die Uhr* von L. Panteleev, 1928 zuerst in der Kinderzeitschrift *Pioner* erschienen, behandelt im Gegensatz zu *RKR* ein zu jener Zeit noch aktuelles, noch nicht zur Geschichte gewordenes Thema, das der jugendlichen Verwahrlosten.

Zum Inhalt: Der Verwahrloste Pet'ka wird wegen eines Lebensmitteldiebstahls eingesperrt und entwendet einem ebenfalls festgenommenen Betrunkenen eine goldene Uhr, die dieser ihm als vermeintliche Bestechung zur Freilassung quasi anbietet. Pet'ka wird in ein Heim für jugendliche Verwahrloste gebracht. Dort vergräbt er die Uhr und schmiedet Fluchtpläne. In einem von inneren und äußeren Widerständen begleiteten Prozeß der Integration in das Heimleben gibt Pet'ka diese Pläne jedoch auf und überreicht die am Ende wieder ausgegrabene Uhr der Tochter des Betrunkenen, die er zufällig kennenlernt.

Als Buch erschien diese Erzählung zum erstenmal bereits 1929. Dem Kommentar der kritischen Gesamtausgabe von 1983 nach zu urteilen, hat Panteleev die entsprechenden Änderungen bereits für diese Ausgabe vorgenommen. (442) Ein Wort zum Charakter der Kinderzeitschriften als erstem Erscheinungsort der Erzählung. Diese weisen neben Prosa und Lyrik auch verschiedene publizistische Gattungen auf. Zuweilen sind Themenschwerpunkte zu erkennen, wie z.B. das Thema verwahrloste Kinder, die dann in Belletristik und Publizistik abgehandelt werden. Die Belletristik zu dem jeweiligen Thema nimmt dann gleichsam einen bestimmten *didakti-*

14 Etwas anderes wäre es, wenn man ein ganzes Sujet dem Thema „Prahlerei und seine Folgen“ widmen würde mit Ziel einer kritisch-negativen Identifikation mit den (jungen) Trägern dieser Eigenschaft. Das pädagogische Anliegen bestünde dann durch Aufzeigen eines Negativbeispiels in der Erziehung z.B. zur Bescheidenheit als Gegenpol zur Prahlerei. Denn auch diese per se ‚unpolitische‘ Eigenschaft kann im Sinne des „neuen sozialistischen Menschen“ funktionalisiert werden. Unter den sowjetischen Kindererzählungen der 20er Jahre finden sich entsprechend auch solche mit ‚unpolitischer‘ Thematik. Siehe auch Eggeling 1986, 69ff.

schen Ort innerhalb des Mediums Zeitschrift ein. Daher weist die Zeitschriftenprosa zuweilen (nicht immer) eine gewisse *pragmatische Ergebnisbetontheit* auf (vs. Prozeßhaftigkeit eines Vorgangs). Die Verbindung von Literatur und Lebenswelt wird im Falle der Erzählung *Die Uhr* besonders anschaulich durch den sich daran anschließenden Aufruf an die jungen Leser, sich unter inhaltlich-moralischen Gesichtspunkten mit ihr auseinanderzusetzen.

„Kinder! Nachdem ihr die Erzählung „Die Uhr" gelesen habt, diskutiert darüber in eurer Pioniereinheit oder in der Schule. Hat Pet'ka richtig gehandelt, als er die Uhr der Familie Kolupajčiks [so heißt der Betrunkene in der ersten Version] zurückgab? Hätte er anders verfahren können? Hat euch die Erzählung gefallen? Schreibt darüber an die Redaktion". (Nr. 17, 11)

Ein humoristischer Effekt kommt an den Stellen der Erzählung zustande, wo Pet'kas Fixierung auf das materielle Leitbild, die Uhr, und auf die damit verbundenen Fluchtpläne zu Aktivitäten führen, die für das Gemeinschaftsleben im Heim von Nutzen sind. So beteiligt er sich z.B. voller Eifer an der Umschichtung einer großen Menge von Brennholz, das ausgerechnet über dem Versteck der Uhr abgeladen wird. Sein Eifer wird mit der Ernennung zum Verantwortlichen für Hauswirtschaft belohnt. Die mit seiner neuen Tätigkeit verbundenen Rechenaufgaben motivieren ihn, sich stärker als bisher dem Schulunterricht zu widmen. Diese Konstruktion findet sich allerdings erst in der zweiten Fassung. In der ersten Version wird der Lernprozeß früher angesiedelt und weniger zwingend motiviert. Damit wären wir bei den vergleichsrelevanten Stellen angelangt. Diese betreffen die Darstellung des Integrationsprozesses (im letzten Viertel der Erzählung) sowie ebenfalls den Schluß. Zwei Momente seien herausgegriffen: die (kurze) (Selbst)reflexion über die neue verantwortungsvolle Position im Kinderheim und das Auftauchen des Gewissens in bezug auf seinen Diebstahl. (Der Betrunkene erscheint leitmotivisch an bestimmten Nahtstellen von Pet'kas Integrationsprozeß als Element, das ihn an seine Vergangenheit erinnert).

1. Version: „Der Junge war nicht wiederzuerkennen. So ernst war er auf einmal. Und wohlgenährt". (Nr. 17, 9)
2. Version: „Und wie ernsthaft er bei der Sache war – einfach zum Lachen!" (Takoj soznatel'nyj stal – smech!) (330)

Die erste Fassung schildert die Veränderungen in Petja vom Erzählerstandpunkt aus. In der späteren Fassung übernimmt der Erzähler den Standpunkt des Jungen, der an sich selber bestimmte Veränderungen beobachtet und nicht wahrhaben will, da er zu diesem Zeitpunkt den Gedanken an Uhr und Flucht noch nicht aufgegeben hat. Ähnlich verhält es sich beim Auftauchen von Gewissen und Schamgefühl angesichts des Uhrdiebstahls und der damit verbundenen Irreführung des Betrunkenen (vermeintliche Freilassung).

(Auf dem Weg zu einer Feierlichkeit außerhalb des Heims bewerfen die Kinder einen Betrunkenen, der sich als der Bestohlene herausstellt, mit Schneebällen.) 1. Version: „Aber die Hauptsache war, daß sich in ihm das Gewissen regte. [. . .] Und als er [Pet'ka] ihn [den Betrunkenen] erkannte, erschrak er und wollte sich hinter jemandes Rücken verstecken. Aber plötzlich wurde ihm das ganze unangenehm. Er lief aus der Reihe heraus und rief: ‚Kinder, laßt ihn in Ruhe!' [. . .] Und seit jener Zeit quälte ihn das Gewissen. Er schämte sich, daß er einem Betrunkenen die Uhr gestohlen hatte". (Nr. 17, 9)

2. Version: „Und plötzlich tat es ihm um den Betrunkenen leid. Was war bloß los mit ihm – ehe er sich's versah, lief er aus der Reihe heraus und rief: ‚Kinder, laßt ihn in Ruhe!' [. . .] Und Pet'ka schämte sich. Er schämte sich, daß er einem Betrunkenen die Uhr gestohlen hatte, und wunderte sich zugleich darüber: Was zum Teufel ist los mit ihm? Sich schämen – woher kommt das bloß?. . . Da soll einer daraus schlau werden!. . ." (331)

Auch hier können wir wieder in der Erzählerrede eine eindeutige Verlagerung zur Perspektive des Jungen hin beobachten. Das Schamgefühl, das ihm im harten Überlebenskampf des Verwahrlostendaseins auf der Straße unbekannt war, tritt nunmehr nach Sicherstellung der materiellen Grundbedürfnisse im Kinderheim als moralische Kategorie in Erscheinung und verursacht in dem Jungen gleichsam eine Identitätskrise, die durch die Einnahme eines Innenstandpunktes für die jungen Leser besser nachvollziehbar ist. Dadurch steigert sich das Identifikationspotential des Textes, was auch seinem pädagogischen Anliegen zugute kommt. (In der ersten Version muß der Leser ‚dem Erzähler glauben', daß Pet'ka jetzt Gewissensbisse hat.) Der Abbau des belehrenden Erzählerkommentars der ersten Fassung, belehrend vor allem durch die Anhäufung des Wortes „Gewissen“ auf engem Raum, bedeutet auch ein Mehr an ästhetischer Organisation.

Die Erzählung weist neben diesen Beispielen für Entdidaktisierung auch Verfahren der Entpragmatisierung auf. So wird das ‚Ergebnis‘ der Erzählung, die völlige – äußere und innere – Integration des Jungen in das Kinderheim und damit in die Gesellschaft insgesamt, durch Hinzufügung oder Ausarbeitung einzelner Episoden und Einführung neuer (Leit-)motive, z.B. das der Uhrkette als späteres Erkennungsmerkmal, ‚hinausgezögert‘. Diese Episoden und Motive können weitgehend innerhalb der Textstruktur aufeinander bezogen, funktionalisiert werden, bilden also in der Regel keine ‚Motivüberhänge‘, dienen zuweilen auch der Erhöhung der Spannung.[15] Ein oben schon angedeutetes Beispiel ist die Motivation Pet'kas für die Teilnahme am Schulunterricht des Heims. Die Entpragmatisierung besteht in der zweiten Fassung in der Konstruktion neuer (innerer) Widerstände gegen die Integration in das Heim (das Lernen kann als Bestandteil der Integration angesehen werden).

„‚So weit kommt das noch!‘ sagte Pet'ka. ‚Als ob ich eure Fächer nötig hätte. Zum Teufel mit dem Lernen!‘“ (327)

Diese Widerstände passen ihrerseits zu der veränderten Präsentation des Protagonistenbildes, das, wie schon gezeigt, stärker auf den Innenstandpunkt des Jungen gerichtet ist, und sind damit auch in dieser *Kombination* Bestandteil der ästhetischen Organisation. Das Motiv der verantwortungsvollen Tätigkeit (als unfreiwillige Folge der inneren Widerstände) wird teilweise als Motivation zum Lernen funktionalisiert, erhält somit eine im Vergleich zur ersten Version stärkere innertextuelle Gewichtung. (Das für die Hauswirtschaft notwendige Bruchrechnen wird von dem Jungen durch vermehrte Lernanstrengungen nachgeholt).

Grundlegend verändert wurde der Erzählschluß. Entdidaktisierung und Entpragmatisierung kommen hier gleichermaßen zum Zuge. Beiden Versionen gemeinsam ist – inhaltlich – das Ausgraben der Uhr (in der zweiten Fassung mit retardierenden spannungssteigernden Momenten versehen), die Überle-

---

15 Zur „Spannung“ in trivialer bzw. schematisierter Literatur siehe Sappok 1988.

gung nach Möglichkeiten der Rückgabe, die Bekanntschaft mit zwei Mädchen bei einem Kirmesbesuch mit seinem Freund Mironov, die zufällige Wiederbegegnung Pet'kas mit einem von ihnen, das sich in der letzten Episode als Tochter des Betrunkenen herausstellt, sowie die Rückgabe der Uhr an das Mädchen.[16]

Der Schluß der ersten Version konzentriert sich auf die Darstellung der ärmlichen Lebensbedingungen der Familie des Mädchens. Entsprechende Textmerkmale sind die „dunkle, dumpfe und stickige Hütte", die „kranke Mutter", die „hungrigen, auf dem Boden herumkriechenden Kinder". Diese Darstellung steht in einem inneren Zusammenhang mit dem schon zitierten lenkenden Erzählerkommentar, der von dem erwachenden Gewissen des Jungen spricht (s.o.). Das schlechte Gewissen bekommt durch den ausführlichen Verweis auf Hunger und Armut, die ggf. durch die Versetzung der Uhr hätten gelindert werden können, rückwirkend zusätzlich Nahrung. (Die Funktion dieser Szene im Hinblick auf die Folgen des Alkoholismus tritt dabei in den Hintergrund). Das pädagogische Anliegen der Erzählung, die Schilderung einer gelungenen Integration in die Gesellschaft, einer „Menschwerdung" (wie es der Heimleiter sieht), ist hingegen bereits dadurch textintern realisiert, daß Pet'ka jeglichen Wunsch nach Ausreißen, der ihn lange Zeit geleitet hat, trotz zahlreicher Möglichkeiten dazu aufgegeben hat. Der in beiden Fassungen identische Schlußsatz gibt davon Zeugnis: „Er lief ins zentrale Warenlager. Nach grüner Farbe". (Nr. 17, 11; 338) Einer zusätzlichen Untermauerung durch die zitierte Darstellung des Elends hätte es nicht mehr bedurft.

Die Szene der Uhrrückgabe ist in der zweiten Version völlig umgestaltet.

(Pet'ka trifft Nataša auf dem Markt und sieht, daß sie etwas verkaufen will, es aber vor ihm verbirgt. Nach der Streichung der Ar-

16 Die Rückgabe der Uhr ist innerhalb des Sujets durchaus nicht überflüssig, und zwar sowohl auf der Personenebene als Bestandteil der die Integration begleitenden moralischen Rehabilitierung des Jungen, als auch in struktureller Hinsicht. Denn die Uhr ist ein mit der ‚alten Lebenswelt' Pet'kas verbundenes Motiv, das in der ‚neuen Lebenswelt' (des Heims) nicht mehr aufrechterhalten zu werden braucht.

mutsszene als Element der **Entdidaktisierung** *kann Panteleev nunmehr zum Zwecke der Spannungssteigerung die Enthüllung der Identität des zu verkaufenden Gegenstandes durch einen Dialog der Kinder hinauszögern, also eine* **Entpragmatisierung** *vornehmen. Pet'ka meint (halb im Scherz, halb im Ernst), daß Nataša mit Gestohlenem handelt). „,Ich habe nicht gestohlen. Er [der Vater] hat mir aufgetragen, das zu verkaufen. Er hat mir einen Brief geschrieben. Hier, sieh selber! Von wegen „gestohlen"!'/Nataša hielt Pet'ka ihre Hand unter die Nase. In der Hand lag eine Kette". [Es folgt die Beschreibung der Uhrkette, die zu Beginn der zweiten Version als Motiv eingeführt wurde]. „Pet'ka taumelte und wäre bald hingefallen". [Es folgt die Rückgabe der Uhr mit fast denselben Worten, wie in der ersten Fassung]. (337f.)*

Die Einführung des Motivs der Uhrkette in der zweiten Version (als späteres Erkennungsmerkmal und damit auch als Element der ästhetischen Organisation) erlaubt also eine weniger lehrhafte und stärker handlungsbetonte Darstellung der Rückgabe der Uhr. Der pädagogische Effekt wird nicht geschmälert. Auch hier läuft Pet'ka davon „ohne sich umzuschauen"; d.h. mit der Rückgabe der Uhr ist die letzte Verbindung zur alten Lebenswelt abgebrochen, und dies ist auch ohne zusätzliche Erzählerkommentare für die jungen Leser erkennbar.[17]

IV. Zusammenfassung

Unsere Aufgabe war es, ein Instrumentarium vorzustellen und exemplarisch anzuwenden, mit Hilfe dessen man bei einem begrenzten Anwendungsbereich – einfach strukturierte Kinder- und Jugendliteratur – den Grad der ästhetischen Organisation sowie deren Fehlen oder Durchbrechung ermitteln kann. Erst die detaillierte Strukturanalyse eines Textes würde

17 Im Kommentar zur Gesamtausgabe wird das Ende der ersten Version als „etwas sentimental" bezeichnet, im Gegensatz zum „lebensbejahenden Schluß" der zweiten. (442) Da ein „lebensbejahender Schluß" zu den Merkmalen des Sozialistischen Realismus (SR) zählt, der allerdings erst auf dem Ersten Schriftstellerkongreß der UdSSR im Jahre 1934 offiziell proklamiert worden ist, gehen die Erhöhung der ästhetischen Organisation und die (vorwegnehmende) Erfüllung des SR miteinander einher.

die wechselseitige Aufeinanderbezogenheit *aller* seiner Motive sowie ‚Motivüberhänge', bei denen sich der Erzähler ‚über den Kopf der jungen Protagonisten hinweg' ggf. in belehrender oder kommentierender Absicht an die jungen Leser wendet, also besagte „Fettaugen", sichtbar machen. Der hier vorgenommene Variantenvergleich mußte sich auf einige markante Textstellen beschränken. Stilistische Fragen wurden ausgeklammert bzw. nur dann angeschnitten, wenn sich ein Bezug zur Fragestellung herstellen ließ. Die wichtigsten Verfahren zum Abbau belehrender Elemente und damit auch einer „autoritären Erzählweise"[18] (Entdidaktisierung) (bei Aufrechterhaltung des pädagogischen Anspruchs) bestehen 1. in der Verschiebung der Perspektive in der Erzählerrede auf den jeweiligen jungen Protagonisten hin (bei Gajdar vor allem zu Beginn der Erzählung, Stichwort „Geschichtsbuchwissen", bei Panteleev während der Schilderung des Integrationsprozesses), 2. in der Umkonzipierung eines Protagonisten (bei Gajdar der Junge Žigan – von prahlerischer Selbstsicherheit zum Bewußtsein über seine unsichere Zukunft), 3. in der Streichung von Episoden, die rückwirkend die schlimmen Folgen vorangegangenen Fehlverhaltens evozieren zu einem Zeitpunkt, wo dies von der Konzeption des Helden nicht mehr notwendig erscheint (die Armutsschilderung bei Panteleev). (Damit soll nicht der Verdrängung das Wort geredet werden, es geht hier lediglich um die Textstruktur). Die dazu gleichsam komplementären Verfahren zum Abbau von Ergebnisbetontheit zugunsten von Prozeßbetontheit (Entpragmatisierung) bestehen, vor allem bei Panteleev, 1. im Einbau retardierender z.T. spannungserzeugender Momente, 2. in der Hinzufügung von Episoden, die der Konstrastierung von Biographien dient (gegen Ende der Erzählung trifft Pet'ka auf der Straße seinen alten Rivalen aus dem Kinderheim, der inzwischen im Gefängnis gelandet und von dort wieder ausgebrochen ist), 3. insgesamt in der Erhöhung des Anteils von wörtlicher Rede, die den Figuren eine größere Eigendynamik ver-

---

18 Vgl. Dahrendorf 1975, 63. Die von Baumgärtner anhand der KJL einer bürgerlichen Gesellschaftsordnung entwickelten Kategorien des „demonstrierenden", „appellierenden", „provozierenden" und „agitierenden" Darstellens sind nicht ohne weiteres auf die KJL eines sozialistischen Gesellschaftssystems übertragbar. Baumgärtner 1972, 61ff.

leiht und damit auch die Leser zu einer stärkeren Auseinandersetzung im Sinne des zitierten Aufrufs der Redaktion der Zeitschrift „Pioner“ anregt.

Literatur

Anderegg, J.: Fiktion und Kommunikation. Ein Beitrag zur Theorie der Prosa. Göttingen 1973.

Barthes, R.: Introduction à l'analyse structurale des récits. In: Poétique du récit. Paris 1977, 7-57.

Baumgärtner, A.C.: Gesellschaftspolitische Tendenzen im modernen Jugendbuch. In: Jugendliteratur in einer veränderten Welt. Erstes Jahrbuch des Arbeitskreises für Jugendliteratur. Bad Heilbrunn 1972, 57-67.

Bussewitz, W. (Hrsg.): Sowjetische Literatur für Kinder und Jugendliche. Berlin (DDR) 1987.

Dahrendorf, M.: Aspekte des Kinderbuchs in der Bundesrepublik. In: Baumgärtner, A.C. (Hrsg.): Deutsches Jugendbuch heute. Velber 1974, 61-86.

Eggeling, W.: Ästhetik und Didaktik. Eine wirkungs- und verwendungsbezogene Strukturanalyse sowjetischer Jugenderzählungen der zwanziger Jahre. Unveröffentlichte Staatsexamensarbeit. Konstanz 1978.

Eggeling, W.: Die Prosa sowjetischer Kinderzeitschriften (1919-1925). München 1986.

Iser, W.: Die Wirklichkeit der Fiktion – Elemente eines funktionsgeschichtlichen Textmodells. In: Warning, R. (Hrsg.): Rezeptionsästhetik. München 1975, 277-324.

Köhler, E.: Der literarische Zufall, das Mögliche und die Notwendigkeit. In: Žmegač, V. (Hrsg.): Marxistische Literaturkritik. Frankfurt/M. 1972, 289-307.

Lämmert, E.: Bauformen des Erzählens. Stuttgart 1955.

Lotman, Ju.: Die Struktur des künstlerischen Textes. Frankfurt/M. 1973.

Mukařovský, J.: Kapitel aus der Ästhetik. Frankfurt/M. 1970.

Peters, J.-U.: Réalisme sans rivage? Zur Diskussion über den sozialistischen Realismus in der Sowjetunion seit 1956. In: Zeitschrift für slawische Philologie Bd. 37, H. 2/1974, 291-324.

Sappok, Chr.: Spannung im populären Erzähltext. In: Fleischer, M./Sappok, Chr.: Die populäre Literatur. Analysen literarischer Randbereiche an slawischem und deutschem Material. Bochum 1988, 273-289.

Schmid, W.: Probleme einer diachronischen Rezeptionsästhetik, dargelegt am Beispiel Dostoevskijs. In: Russian Literature Bd. 4, H. 1/1976, 47-66.

Schmid, W.: Thesen zur innovatorischen Poetik der russischen Gegenwartsprosa. In: Wiener slawistischer Almanach 4/1979, 55-93.

Witte, G.: Die sowjetische Kolchos- und Dorfprosa der fünfziger und sechziger Jahre. München 1983.

Winfred Kaminski

Die Großstadt – ein neues Sujet in der Kinder- und Jugendliteratur der 20er und 30er Jahre.

Zur Aktualität Erich Kästners

Anläßlich des 90. Geburtstags von Erich Kästner (1899-1974), der im Februar 1989 gewesen wäre, und des 60. Geburtstags seines Kinderromans „Emil und die Detektive", der in seiner ersten Auflage das Erscheinungsjahr 1929 verzeichnet, hatte die Frankfurter Stadt- und Universitätsbibliothek eine Ausstellung über Kästners Leben und Werk vorbereitet, die dazu beitrug, unser Wissen über diesen Autor zu vertiefen. Grundstock für die Ausstellung war die Erich-Kästner-Sammlung des Antiquars Georg Sauer, der auch entlegene Veröffentlichungen Kästners für die Presse, für den Film etc. zusammengetragen hat, so daß das Werk Kästners in seiner ganzen schriftstellerischen Breite vor die Besucher getreten ist.[1]

Das Ausstellungsmaterial erlaubte neue und interessante Aufschlüsse über diesen Autor „zwischen den Stühlen", dessen Texte immer noch ihre Leser fesseln. Seine für den Tag geschriebenen Kritiken und Polemiken gegen Bürokratie, Militarismus und Borniertheit zeigen sich – leider – als immer noch aktuell. Wenig von dem, was Kästners einst eingeklagt hatte an Humanität, Vernunft und Toleranz, ist bis heute verwirklicht und Allgemeingut. So ist nur richtig, nochmals und nochmals durch Kästner mit der Nase auf die Vernunft gesto-

1 Vgl.: EK 1899-1989. Zum 90. Geburtstag Erich Kästners (Slg. Georg Sauer) Begleitheft hrsg. von der Gesellschaft der Freunde der StuUB Frankfurt. Frankfurt (in Kommission) 1989.

ßen zu werden und darauf, daß kein Weg an ihr vorbeiführt. Noch immer gibt es nämlich nicht zuviel Vernunft in der Welt, sondern eher viel zu wenig.

So hilfreich diese Ausstellung und der sie dokumentierende Katalog sind, möchte ich doch ergänzend auf die *Erich-Kästner-Zeitung* des dtv-Verlags aufmerksam machen, die ebenfalls mit Texten von und über Kästner versehen ist. Besonders wichtig ist in dieser Verlagsproduktion die Chronologie zu Kästners Leben. Darin gibt es Einzelheiten zu erfahren, die ein neues anderes Licht auf Kästners Idealisierung von Kindheit werfen und seine eigenen Kindheitserinnerungen als Selbstmystifikation durchschauen lassen. In dieser Zeitung erfahren wir nämlich, daß Kästners leiblicher Vater nicht der Sattlermeister und Arbeiter in einer Kofferfabrik Emil Kästner war, sondern – ein Familiengeheimnis, das auf Wunsch Kästners lange gehütet wurde – der Dresdner Sanitätsrat Dr. Zimmermann. Die Chronologie gewährt zudem Einblick in Kästners Großstadtleben.

Stadt als Sujet der Literatur

Die nachfolgenden Ausführungen nähern sich, vermittelt über das Werk Erich Kästners, einem Thema, das in seiner Bedeutung für die Kinderliteratur bisher nicht deutlich genug beschrieben wurde. Ich kann dazu allgemein auf umfängliche Vorarbeiten von Volker Klotz und Karl Riha zurückgreifen, die schon in den 60er Jahren das Sujet Stadt und seine Rolle in der Literatur untersucht haben. Klotz hat Beispiele aus dem 19. und 20. Jahrhundert, Riha hingegen solche aus dem 18. und 19. Jahrhundert sowie Beispiele deutscher Großstadtlyrik analysiert. Ihre Untersuchungen verdeutlichen, daß die Reaktionen auf *Stadt* spezifische Aussagen über die Offenheit eines Textes für die Moderne erlauben.

Kann aber eine Untersuchung von Kinderliteratur im Hinblick auf das Sujet *Stadt* mehr als eine Bestätigung von schon Bekanntem und anderwärts Gesagtem bieten? Ich denke, ja. Es fällt nämlich auf, daß sich seit der Mitte der 20er Jahre und bis in die 30er Jahre hinein mehr und mehr Kinderbücher finden, die nicht nur in der Großstadt spielen und Großstadt als Handlungsort zulassen, sondern Stadt als Sujet. Zu nennen wären (in der Reihenfolge ihres Erscheinens): Theodor Thomas: *Gib meine Jugend mir zurück. . . Der Roman eines Großstadtjungen* (1921)[2] Hans Dominik: *John Workman* (1925), Carl Dantz: *Peter Stoll* (1925), Wolf Durian: *Kai aus der Kiste* (1927), Erich Kästner: *Emil und die Detektive* (1929), Alex Wedding: *Ede und Unku* (1931), Wilhelm Matthießen: *Das rote U* (1932), Karl A. Schenzinger: *Der Hitlerjunge Quex* (1932) und etwas später Alfred Weidenmann: *Jungzug 2* (1936).

Selbstverständlich ist die Intensität der Großstadtdarstellung verschieden je nachdem, ob es sich etwa um den Handlungsort Berlin oder um eine vergleichsweise übersichtliche große Stadt wie Düsseldorf in Matthießens *Das rote U* handelt. Gemeinsam ist ihnen jedoch, daß Großstadt darin nicht als bloße Kulisse fungiert, sondern als eine besondere Qualität, die zudem abhängig von der Tendenz entweder positiv gewertet wird oder etwa bei Th. Thomas als Ort der Gefahr und Gefährdung. Diese Texte, die Aufzählung ließe sich noch verlängern um das Bilderbuch Friedrich Böers *Drei Jungen erforschen eine Stadt* (1933) oder die noch älteren *Berni*-Geschichten von Heinrich Scharrelmann (erstmals 1908), so verschieden sie ideologisch wie literarisch geartet sind, haben gemeinsam, daß sie *Großstadt*„romane“ sind und als realistisch zu charakterisieren wären. Mich interessiert nun nicht, welchen Wirklichkeitsgehalt die in diesen Büchern vorgestellten Karrieren haben. D.h., ich möchte nicht etwa an den Beispielen Dominik oder Durian, die beide einen Erfolgsweg „from rags to riches“ beschreiben, nachfragen, inwieweit diese realitätsangemessen waren oder die Ausrichtung der Lebenswege auf die politischen Organisationen bei Schenzinger und Weidenmann verfolgen, die sozialen Aufstieg in die Form politischen Aufstiegs in den nationalsozialistischen Jugendorganisationen kleideten.

Mir ist vielmehr wichtig, daß ein Vergleich von Alex Weddings proletarischem Kinderroman *Ede und Unku* und Erich Kästners *Emil und die Detektive* zeigt, daß in Weddings Kinderroman der Handlungsort zwar Berlin heißt, aber die Ereignisse *im* Hause stattfinden, in den Wohnungen der Familien Sperling und Klabunde oder – exotisch – im Zigeunerwagen von Unkus Familie. Kästner nun hatte im Unterschied dazu –

2 Den Hinweis auf diesen Titel verdanke ich H.-H. Ewers.

gerade entgegengesetzt – den Handlungsort auf die Straße verlegt. In diesem Sinne sind sein Emil und die Detektive Straßenkinder.

Man hat über Kästner sagen können, daß er, „wie keiner vor ihm, die Alltagssprache der Großstadtkinder belauscht und fixiert" habe. (M. Reich-Ranicki, 1989 ? ?) Als neu wurde Kästners Hinwendung zur Realität anerkannt, und darum *Emil und die Detektive* als „Kinderroman der ‚Neuen Sachlichkeit'" bestimmt. Jedoch scheint es mir überzogen, Kästners *Emil*-Roman allein wegen seiner Nähe zur damaligen literarischen Avantgarde schon als modern zu bezeichnen. Zutreffender ist es, ihn auf der Höhe der Zeit angesiedelt zu sehen.

Die Situierung einer Kindergeschichte mitten in der Stadt war für die Kinderliteratur der vergangenen Jahrhunderte nicht eben typisch. Die Stadt oder gar die Großstadt galten nicht als eigentümliche Aktionsorte von Kinderliteratur. Sie war nicht der Ort des eigentlichen Lebens. Eine erste vorläufige Bestandsaufnahme kann das veranschaulichen. Joachim H. Campe z.B. siedelte seine Erzählungen außerhalb der großen Stadt Hamburg an; bei den Grimms sind es Wälder und allenfalls Kleinstädte; H. Hoffmanns *Struwwelpeter* ist entweder ortlos oder in Innenräumen angesiedelt; bei W. Busch ist es ein Dorf; bei Emmy von Rhoden im *Trotzkopf* sind es die großbürgerliche Villa und das Internat; Johanna Spyri spielt ausdrücklich mit dem Stadt/Land-Gegensatz; Karl Mays *Winnetou* ist im Wilden Westen, in freier Natur, angesiedelt. Und zeitgenössisch spielen etliche der Fantasy-Romane in Wäldern oder abgelegenen, jedenfalls nicht- oder vorzivilisatorischen Plätzen. Selbst die realistische Kinderliteratur kennt derzeit keine Großstadtgeschichten im emphatischen Sinne, weder bei Peter Härtling noch bei Christine Nöstlinger.

Argumente für und wider die Stadt

Das negative Vorurteil über die Großstadt war jedoch spätestens seit dem Futurismus und dessen Offenheit für Dynamik, schnelle Bewegung und Beschleunigung nicht mehr undiskutiert. Auch die deutschen Expressionisten, malerisch sowohl, als auch literarisch, hatten ihr Großstadterlebnis: London, New York, Paris und Berlin waren ihnen nicht bloß geographische Plätze, sondern mehr noch fast magische Orte. Die Straßen der Metropolen zeigen den Pulsschlag des Lebens an.

Es ist darum nicht weiter erstaunlich, daß in den 20er Jahren das Sujet *Großstadt,* künstlerisch verarbeitet, geradezu geballt in Erscheinung trat. Zum einen allgemeiner gefaßt in der damaligen Großstadtlyrik, dann in Texten wie Brechts *Im Dikkicht der Städte,* John Dos Passos' *Manhattan Transfer* oder Alexander Döblins *Berlin Alexanderplatz.*[3]

Zweifellos ist schon zuvor das Sujet Großstadt in *litteris* abgehandelt worden. Aber es fällt doch auf, daß es erst mit diesen Autoren und vor allem seit den Reflexionen Siegfried Kracauers und Walter Benjamins atmosphärisch und begrifflich (Choc-Erlebnis und Plötzlichkeit) zu fassen versucht wurde. Kritik an der Großstadt richtet sich jetzt nicht mehr gegen sie als solche, sondern gegen Aspekte ihres megalomanen Charakters, gegen das Überwältigende an ihr. Stadt gilt gleichwohl als ein anerkannter Lebensort. Im Gegensatz steht dazu die Provinz. Kennzeichnende Haltung ist Weltläufigkeit und Urbanität; manche Autoren wie auch Kästner in *Emil und die Detektive* setzen das Städtische mit dem Zivilisatorischen schlechthin identisch.

Kästner ist nachzufragen, weil bei ihm Stadt mehr ist als ein bloß austauschbarer Schauplatz. Das Votum Kästners für die Großstadt war dennoch literatur- und kulturhistorisch gesehen nicht selbstverständlich. Ohne den, wie V. Klotz meint,

---

3 Weitere beispielhafte Darstellungen der Großstadt finden sich z.B. in Charles Dickens' *Oliver Twist* (London), Franz Kafkas *Amerika*-Roman (New York), Rainer Maria Rilkes *Malte Laurids Brigge* (Paris), Henry Roths *Nenne es Schlaf* (New York), Jerome D. Salingers *Der Fänger im Roggen* (New York), sowie in den Jugendbüchern Warren Millers *Kalte Welt* (New York) und jüngst erst Peter Pohls *Jan, mein Freund* (Stockholm). Ein Blick auf die problemorientierte Jugendliteratur und vor allem auf die amerikanische *adolescent novel* belehrt, daß die Großstadt als Aktionsfeld ihren Helden nicht fremd ist. [vgl. dazu: Klaus Seehafer: *Die kalte Welt der großen Städte.* In: Informationen des Arbeitskreises für Jugendliteratur. München 1981 (Beiheft: Referate) 85-99; und jüngst erst Hans-Heino Ewers: *Zwischen Problemliteratur und Adoleszenzroman.* In: Informationen des Arbeitskreises für Jugendliteratur. München 2.1989, 4-23]. Anders – trotz Erich Kästner – sieht es immer noch in der zeitgenössischen Kinderliteratur aus. Eine Ausnahme bilden einzelne Titel der antiautoritären Kinderliteratur.

„überlebten Weltanschauungskampf" zwischen den gegensätzlichen Komplexen Stadt und Land aufrollen zu wollen, möchte ich zur Erinnerung einige kontrastierende Positionen zur *Großstadt* vorstellen.

Die Dichotomisierung der Vorstellungen über die Großstadt in Schreckbild einerseits und Wunschbild andererseits reicht weit zurück. Schon dem einen Urbild der großen Stadt, dem himmlischen Jerusalem – eine Utopie der Ordnung und des Heils – wurde die Hure Babylon – als Ort des Abscheus und des Unheils – entgegengesetzt. War die eine „Braut Gottes", galt die andere als Inbegriff des Lasters (Sternberger 1985). Dieser Gegensatz hat sich durch die Jahrhunderte im Bewußtsein gehalten und wurde zuletzt aus der Opposition der einen Stadt gegen die andere, in den von Stadt und Land umgedeutet. Der antistädtische Affekt durchzieht die westlichen Kulturen über Jahrzehnte (Saunders 1987, 87). Was auf der einen Seite als Harmonie und Tugendhaftigkeit gefeiert wurde, wurde auf der anderen Seite denunziert.

Diese Spaltung fand eine Formulierung in der von Ferdinand Tönnies entfalteten Opposition von Gemeinschaft und Gesellschaft. Tönnies ordnete der Gemeinschaft persönliche Vertrautheit, Tiefe und Verpflichtung sowie Kontinuität zu; der Gesellschaft assoziierte er Indifferenz, Oberflächlichkeit, Ausschnitthaftigkeit und Kürze. Andere Oppositionen, die von ihm mit Großstadtleben in Verbindung gebracht wurden, waren Intellekt und Egoismus, während er Gemeinschaft mit Emotion und Altruismus parallelisierte.

Ganz anders argumentierte Georg Simmel, für den Großstadt die Kristallisation des objektiven Geistes war. Simmel erkannte drei Grundkonstituentien der Stadt: Quantität, Arbeitsteilung und (Geld) Rationalität (Simmel 1987 passim). Es sind diese drei Begriffe, die in variierter Bedeutung bei der Einschätzung des Phänomens Großstadt durch Literatur wieder und wieder auftauchen. Sie erst erlauben, dem Einerlei von Dämonisierung und Verdikt (Zohlen 1982) zu entgehen.

Die Formulierungen der Ablehnung des Städtischen haben eine lange Tradition und kommen in immer wieder ähnlichen Einkleidungen daher: Georg Trakl sprach vom „Wahnsinn Großstadt", Richard Dehmel forderte auf, die Städte zu verlassen, und bei Rainer Maria Rilke können wir lesen: „Die großen Städte sind nicht wahr; sie täuschen [...]". (Zit. nach Rilka, 1983)

Vorgebildet waren diese Argumente der Isolation, Entfremdung, des Alleinseins in der Masse, der Kälte, der Gleichförmigkeit und der Indifferenz bei Heinrich von Kleist. Er schrieb über Paris:

„Man geht kalt aneinander vorüber; man windet sich in den Straßen durch einen Haufen von Menschen, denen nichts gleichgültiger ist, als ihres Gleichen; ehe man eine Erscheinung erfaßt hat, ist sie schon von zehn anderen verdrängt; dabei knüpft man sich an keinen, keiner knüpft sich an uns [...]" (zit. nach Riha, 1983 ? ?).

Kaum hundert Jahre später forderte Karl Kraus – ohne Rücksicht auf solche Negativerfahrungen – von der Stadt alles mögliche nur nicht Gemütlichkeit; er wünscht sich Asphalt, Straßenspülung, Haustorschlüssel, Luftheizung und Warmwasserleitung; mit einem Wort *Zivilisation.*

Zur selben Zeit wurde in dem Roman *Der Tunnel* (1913) New York emphatisch mit Dynamik, Geschwindigkeit und Beschleunigung identifiziert. Die Großstadt wird als ein einziges Wettrennen begrüßt. Was Kästner in seiner phantastischen Erzählung *Der 35. Mai* im Bild der Zukunftsstadt *Elektropolis* karikieren sollte. Für diese Art Großstadt hatte Brecht sein *Lesebuch für Städtebewohner* entworfen, worin er rät, sich zu schützen, sich abzuschließen, sich unsichtbar zu machen: „Verwisch deine Spuren" heißt die regelmäßig wiederkehrende Aufforderung. Seine Reaktion auf die Erfahrung der Großstadt hat manches gemeinsam mit Robert Musils Idee vom „Abstraktwerden des Lebens", über das sich sein Held Ulrich in Verbindung mit Stadterfahrungen klar zu werden versucht.

Beschreibungen der großen Stadt

Wie modern, trotz aller Einschränkungen, Kästner[4] war, ist zu ermessen im Vergleich mit Büchern von Schenzinger und Weidenmann im Hinblick auf ihr Großstadtverständnis. Bei

4 Eine weiterführende Überlegung wäre, in wieweit Kästners Darstellung großstädtischen Flairs sich gar nicht unmittelbarer Erfahrung verdankte, sondern weitgehend madial, vor allem diurch Filme wie *Metropolis* oder *Das Kabinett des Dr. Caligari,* vermittelt war.

Weidenmann heißt es, nachdem er zu Beginn seiner Erzählung die Lebenssituation von Arbeiterfamilien äußerst realistisch dargestellt hat, über *richtige* Jungen:

„Sie fühlen sich im künstlichen Licht der Städte nicht wohl und suchen ihr Leben draußen vor der Stadt im freien Land". (Weidenmann 1936, 51)

Schenzinger zielt in *Der Hitlerjunge Quex* in dieselbe Richtung. Er deutet zwei Möglichkeiten für Heini Völker an, sein Leben einzurichten: den Kommunismus und den Nationalsozialismus, d.h., entweder mit dem Vater oder gegen ihn und frei. Heini Völkers Bekehrung beginnt während einer Nacht, die er draußen in freier Natur verbringt. Es ist seine Nacht der Entscheidung gegen den Kommunismus und für Deutschland:

„Dies hier war deutscher Boden, deutscher Wald, deutsche Jungens, und er sah, daß er abseits stand, allein, ohne Hilfe [. . .]" (Schenzinger 1932, 39).

Sein Naturerlebnis bringt ihn dahin, die Hitlerjugend mit ihrer Ordnung, Zucht und Disziplin zu entdecken und anzunehmen.[5]

Was Weidenmann und Schenzinger schrieben, hatte – ohne sie zu erwähnen – 1934 der Germanist Robert Petsch folgendermaßen zusammengefaßt:

„Dem Herzschlage des Epikers ist der ruhig-gleichmäßige Rhythmus des Wachstums und des Ackerbaus, ist das freie Schweifen im Walde oder selbst auf der Landstraße vertrauter als das überhitzte und oft dramatisch-szenisch zugespitzte Treiben der Stadt". (zit. nach Klotz 1987, 474, Anm. 3)

Hiervon ist Kästner, weshalb er als ‚Asphaltliterat' beschimpft worden war, weit entfernt. Zwar zeigt Kästner auch, als wie bedrängend Emil die große Stadt erfährt, *bevor* er die anderen Jungen kennen lernt:

„Die Stadt war so groß. Und Emil war so klein. Und kein Mensch wollte wissen, warum er kein Geld hatte und warum er nicht wußte, wo er aussteigen sollte. Vier Millionen Menschen lebten in Berlin, und keiner interessierte sich für Emil Tischbein. Niemand will von den Sorgen des anderen etwas wissen. Jeder hat mit seinen eigenen Sorgen und Freunden genug zu tun. Und wenn man sagt:

---

5 Vgl. Stahl 1986.

Das tut mir aber wirklich leid, so meint man meistens gar nichts weiter als: Mensch, laß mich bloß in Ruhe!
Was würde werden? Emil schluckte schwer. Und er fühlte sich sehr, sehr allein". (Kästner 1929, zit.: 1985, 52)

Hier sind alle topoi der Großstadtkritik versammelt, die wir schon bei Kleist zusammengetragen sahen. Aber, und darin liegt der Unterschied, Kästner beläßt es nicht hierbei, weil er die Faszination des Großstadtlebens erkannt hat und darstellen möchte. Deshalb ändert sich Emils Situation grundsätzlich, seit er mit den anderen Detektiv spielt, seit sie rational und arbeitsteilig dem gestohlenen Geld nachjagen und zuletzt den Dieb stellen. Jetzt kann Emil zugeben:

„[. . .] aber schön ist Berlin. Keine Frage, Professor. Wunderschön". (Kästner ebenda, 75)

Diese Schönheit hatte Kästner kurz zuvor beschrieben:

„Es war schon dunkel geworden. Überall flammen Lichtreklamen auf. Die Hochbahn donnerte vorüber. Die Untergrundbahn dröhnte. Straßenbahnen und Autobusse, Autos und Fahrräder vollführten ein tolles Konzert. Im Cafe Woerz wurde Tanzmusik gespielt. Die Kinos, die am Nollendorfplatz liegen, begannen mit der letzten Vorstellung. Und viele Menschen drängten hinein". (Kästner ebenda, 74)

Emil ist davon „bezaubert", erlebt es als „Fastnachtsrummel" und kriegt eine „Gänsehaut". Damit hat Kästner eine Brücke geschlagen zwischen Emil und Fabian. Denn dieser erlebt Berlin ebenfalls als „Rummelplatz". Kästner hat hier seine Kinderbücher an die allgemeine Literatur herangerückt, weil er darin auf gar nicht so verschiedene Weise von der Großstadt erzählt:

„Er folgte drei marschierenden Arbeitern und geriet, über Holzbohlen stolpernd, an Bauzäunen und grauen Stundenhotels entlang, zum Bahnhof Jannowitzbrücke [. . .]. Die Stadt glich einem Rummelplatz. Die Häuserfronten waren mit buntem Licht beschmiert, und die Sterne am Himmel konnten sich schämen. Ein Flugzeug knatterte über die Dächer. Plötzlich regnete es Aluminiumtaler. Die Passanten blickten hoch, lachten und bückten sich. [. . .] Fabian hatte mit einem Male die Vorstellung, er fliege dort oben am Aeroplan und sehe auf sich hinunter, auf den jungen Mann in der Joachimstaler Straße, im Gewimmel der Menge, im

Lichtkreis der Laternen und Schaufenster, im Straßengewirr der fiebrig entzündeten Nacht". (Kästner 1930, zit.: 1983, 12/13).

Gewiß, allein hätte Emil sich nicht mit dem Dieb messen oder gar auf eine Verfolgung einlassen und die Gefahren, die auf der Straße lauern, bestehen können. Der spontane Zusammenschluß der Jungen, die Bildung einer informellen Gruppe, hob aber seine individuelle Schwäche auf, ohne daß er sich wie Heini Völker aufgeben und seine Individualität zur Disposition stellen mußte.

Ohne die Parallelen zu anderen Großstadtromanen überbewerten zu wollen, ist wichtig, daß Kästners Emil in der Großstadt Berlin *sehend* wird. Es ist das Leben der Straße, das ihn wachwerden läßt und lehrt, Gefahren zu meistern. Emils Weg führt raus aus der Provinz – von Neustadt nach Berlin – und rein in die Stadt.

Mir scheint entscheidend, daß Kästner Großstadt und die Wahrnehmungsweisen, die Großstadt erfordert, mit dem Kinofilm in Verbindung gebracht hat. Der Bilderflut, der Dynamik, dem steten Wechsel und Wandel in der großen Stadt muß anders begegnet werden als dem geruhsameren Strömen des Lebens in der Provinz.

Allerdings ist anzumerken, daß – in Verbindung mit Kästners Idealisierung von Kindheit – die Großstadt des Kinderromans tendenziell eine andere ist, als die seines *Fabian*-Romanes. Während er im *Fabian* – gleichsam in der Nähe zu Zeichnungen von George Grosz oder Malereien von Otto Dix – die Gefahr, das Laster und die Sünde in den Vordergrund stellt, zeigen in *Emil und die Detektive* Walter Triers Illustrationen mit ihrem klaren, gegrundeten Strich ein positiveres Bild der Großstadt für Kinder. Dennoch, die Modernität Kästners – trotz aller Grenzen in seinen Kinderbüchern – gibt sich, was ich zu beweisen hoffte, in seiner spezifischen Weise der Verarbeitung von Großstadt zu erkennen. Ob man Kästners Gedichte oder seine Romane für große und kleine Leute liest, sie verbergen alle – mit Hermann Kesten, dem lebenslangen Freund Erich Kästners, zu reden – „die Autobiographie eines Großstädters".

Literatur

Kästner, Erich: Fabian. Die Geschichte eines Moralisten. In: Kästner für Erwachsene. Ausgewählte Schriften, 3. Zürich 1983, 7-195.

Kästner, Erich: Emil und die Detektive. In: Kästner für Kinder, 1. Zürich 1985, 11-109.

Reich-Ranicki, Marcel: Erich Kästner, der Dichter der kleinen Freiheit. In: Erich Kästner Zeitung. Zum 90. Geburtstag des Autors (1899-1974). Hrsg. vom Deutschen Taschenbuch Verlag. München 1989.

Riha, Karl: Deutsche Großstadtlyrik. München und Zürich 1982. (= Artemis Einführungen, 8).

Riha, Karl (Hrsg.): Stadtleben. Ein Lesebuch. Darmstadt und Neuwied 1983. (= Sammlung Luchterhand, 419).

Roters, Eberhard/Schulz, Bernhard (Hgg.): Ich und die Stadt. Mensch und Großstadt in der deutschen Kunst des 20. Jahrhunderts. Berlinische Galerie Martin-Gropius-Bau. Berlin 1987.

Saunders, Peter: Soziologie der Stadt. Mit einem Vorwort von Walter Siebel. Frankfurt/New York 1987. (= Campus Studien, 565).

Schenzinger, Karl Aloys: Der Hitlerjunge Quex. 265.-324. Tsd. Berlin 1942.

Scherpe, Klaus R. (Hrsg.): Die Unwirklichkeit der Städte. Großstadtdarstellungen zwischen Moderne und Postmoderne. Reinbek b. Hamburg 1988. (= Rowohlts Enzyklopädie, 471).

Simmel, Georg: Die Großstädte und das Geistesleben. In: Ders.: Das Individuum und die Freiheit. Essais. Berlin 1984, 192-202.

Stahl, John D.: Moral Despair and the Child as Symbol of Hope in Pre-World-War II Berlin. In: Children's Literature Vol. 14 (1986), 83-104.

Sternberger, Dolf: Die Stadt als Urbild. Frankfurt a.M. 1985 (suhrkamp taschenbuch 1166)

Wedding, Alex: Ede und Unku. Ein Roman für Jungen und Mädchen. O.o.J..

Weidenmann, Alfred: Jungzug 2. Fünfzig Jungen im Dienst. Stuttgart 1936.

Zohlen, Gerwin: „Kurz: ihr kommt in die besten Städte. Alles ist seit langem vorbereitet." Literatur und Stadtutopien. In: Stadt und Utopie Modelle idealer Gemeinschaften (Katalog). Berlin 1980, 151-160.

Ulrich Nassen

Kategorien kulturkonservativer Jugendbuchkritik von der Jahrhundertwende bis zum Ende der fünfziger Jahre*

Die kulturkonservative Jugendbuchkritik bedient sich seit der Jahrhundertwende mit erstaunlicher Einförmigkeit gewisser Denk- und Argumentationsfiguren. Mit ihnen reagiert sie auf Modernisierungstendenzen in den Sphären Politik, Gesellschaft und Kultur soweit sie die Jugendbuchproduktion, die Sozialisation Jugendlicher und den Wandel jugendlicher Lesementalität tangieren. Kulturkonservative jugendbuchkritische Räsonnements stellen in der überwiegenden Zahl der Fälle offenkundige oder verbrämte Verdikte gegenüber bestimmten Phänomenen der ungeliebten Moderne dar.

Zumeist sind spezielle jugendbuchkritische Erwägungen legitimatorisch mit sogenannten „grundsätzlichen" politischen, ästhetischen, pädagogischen, medizinischen, entwicklungspsychologischen oder soziologischen Reflexionen konfundiert. Ich erinnere zur Verdeutlichung lediglich an den Jahrzehnte währenden Diskurs des sog. „Schmutz- und Schund-Kampfes", der vermutlich der reichhaltigste hinsichtlich entlehnter argumentativer Figurationen sein dürfte.

Die Monotonie kulkturkonservativer jugendbuchkritischer Argumentationen erweist sich nicht nur *kategorial* – dazu im folgenden mehr – sondern auch *strukturell.* Gemeinhin wird mit dichotomisierender antithetischer Begrifflichkeit operiert, gegen jeweils zeitbedingte Phänomene der Moderne werden vermeintlich ahistorische oder transhistorische Kategorien ins

* Der Wortlaut des Vortrages wurde für die Drucklegung nur geringfügig überarbeitet.

Feld geführt. Tendenz ist stets, eine autonome, dem realen Geschichtsprozeß scheinbar entrückte Terminologie zu installieren. Im allgemeinen werden die Moderne und ihre Begleiterscheinungen als Dekadenzphänomene diskreditiert. Kulturphilosophisch konnte sich die Verfallsmetaphorik in den hier zur Diskussion stehenden sechzig Jahren zeitweilig zu Untergangsszenarien – ich nenne Spenglers *Untergang des Abendlandes,* Ortega y Gassets *Aufstand der Massen,* bzw. zum universalen Sinnlosigkeitsverdacht verdichten – ich nenne Sedlmayrs *Verlust der Mitte.* Gegen die Kräfte des Verfalls, der Zerstörung, zwölf Jahre auch der „Zersetzung", werden irrationalistische und vitalistische Konzepte aufgeboten, die sämtlich harmonistisch sind und sich vielfach überdies in eine heile Vergangenheit, gar Urzeit, zurückträumen.

Läßt man die seit der Jahrhundertwende sich einander ablösenden kulturkonservativen jugendbuchkritischen Positionen vor dem geistigen Auge Revue passieren, so lassen sich – ungeachtet der selbstverständlich bestehenden Differenzen und Nuancen – signifikante kategoriale Übereinstimmungen lokalisieren. Es führt eine – wenn auch nicht unbedingt gerade Linie – von den Anschauungen völkisch gesinnter Kritiker der Jugendschriftenbewegung über Positionen konservativer Jugendbuchtheoretiker der Weimarer Republik und prominenter Jugendschrifttumswalter des sog. Dritten Reiches bis hin zu jugendbuchtheoretischen, lesepädagogischen und jugendbuchkritischen Konzepten der Nachkriegszeit.

Solche Kontinuitäten und Traditionslinien werden allein bereits durch Personen gestiftet. Prestel und Rüttgers beispielsweise exponierten sich in den zwanziger Jahren bereits in einer Weise, daß sie ohne größere Schwierigkeiten 1933 den Anbruch einer neuen Zeit begrüßen konnten. Gleiches gilt für Fronemann – ungeachtet der Tatsache, daß er sich nach 1945 gerne zum Widerstandskämpfer stilisiert hätte, wegen seines in der Nazizeit vorgeblich abweichlerischen Standpunktes in der Karl-May-Frage.

Aber selbst in jenen Fällen, in denen keine fatalen personellen Kontinuitäten gegeben sind, bestehen kategoriale Übereinstimmungen bei Positionen, die Jahrzehnte auseinander liegen – so, wenn nach 1945 in der Literaturpädagogik scheinbar unverdächtige konservative Theoreme der Weimarer Republik reaktiviert werden.

Die – im übrigen verkürzte und entstellende – Rezeption der bereits erwähnten, aus dem Jahre 1918-22 bzw. 1929 datierenden Bücher von Spengler und y Gasset durch die Schmutz- und Schundkampfpädagogik der 50er Jahre sei als Beispiel genannt.

Wenn ich recht sehe, ist es im wesentlichen das folgende Kategorienset, das von konservativen Jugendbuchkritikern seit der Jahrhundertwende bis zum Ende der fünfziger Jahre zur Beurteilung der Jugendbuchproduktion, jugendlicher Sozialcharaktere und jugendlichen Leseverhaltens herangezogen wird.

1. Das Irrationale und Antiintellektuelle

Abwertung des Kognitiven und Rationalen als blutleerer Intellektualismus, statt dessen Aufwertung all dessen, was sich nur intuitiv erahnen, erleben, erfühlen läßt; Literatur hat Erlebnischarakter zu haben, überhaupt ist das sog. „Leben" möglichst unvermittelt in Literatur zur Darstellung zu bringen, jedoch nicht im Sinne eines zumeist als platt abgelehnten Naturalismus oder Realismus. Der Dichtungsbegriff ist emphatisch. Erlebnisphänomene und Stimmungsqualitäten werden an Texten hervorgehoben.

Die über Jahrzehnte anhaltende Konjunktur des Erlebnisbegriffs in der kulturkonservativen Jugendbuchkritik, aber auch in der Deutschdidaktik und der Pädagogik beweist, in welch starkem Maße diese Disziplinen an dem durch den fortschreitenden Rationalisierungsprozeß bedingten Zerfall der Erfahrung Anteil haben. Die Konjunktur des Erlebnisbegriffs hängt auf's engste zusammen mit der seit der Mitte des 19. Jahrhunderts anwachsenden Brechung des Lebens durch schockhafte Ereignisse. Der Erlebnisbegriff entspricht kategorial – wie Sauerland gezeigt hat – der Zunahme des Plötzlichen, Schockartigen, Zufälligen in der Industriegesellschaft. (vgl. Sauerland 1972) Es ist aufschlußreich, daß Dilthey den Erlebnisbegriff in Deutschland auf eine glanzvolle philosophische Höhe führt, als die Analogien zwischen der atomistischen Erkenntnistheorie des Positivismus, die Dilthey zu überwinden hofft und dem fortgeschrittenen Stand der damaligen Technologie offen zutage liegen. Es gehört zur Ironie des Schicksals dieses Begriffs, daß er selbst so partikularistisch ist, wie die Form der Apperzeption, gegen die er aufgeboten wurde und wird. Aufgrund seiner Punktualität vermag das Erlebnis eben nicht jenen Zerfall der Erfahrung zu kompensieren, dem es sich allererst verdankt.

2. Leben/Natur/Natürlichkeit

Favorisierung von sog. lebensvollen, lebendigen, plastischen und anschaulichen Texten. Ablehnung sog. konstruierter Texte, Texte, denen man anmerkt, daß sie keine ungebrochene Fiktion ermöglichen, daß sie erdacht, ersonnen sind, kurz daß aus ihnen kein echtes Anliegen des Verfassers spricht. Überhaupt rangiert die Kategorie der Echtheit und Wahrhaftigkeit sehr hoch. Ursprünglichkeit und Natürlichkeit sind weiterhin positiv besetzte Kategorien, oft mit Kindheitsmythologischem konfundiert. Das Kind scheint durch seine Unkompliziertheit, seine vorgebliche Unschuld, seinen Hang zur Phantasie und sein Spiel einem ursprünglichen Stadium der Menschheitsentwicklung näher zu sein als der Erwachsene. „Die Heilslehre, die sich des Kindes bedient, verkündet seine dumpfe, schlafende ungelöste Welt, in der wir wieder glücklich sein dürfen. Über Kindheit wird eine neue Unschuld vorgetäuscht, die nichts anderes ist als der Verwesungsprozeß der Gesellschaft. Der Biologismus ist unverkennbar; wir erkennen uns am Kinde über die Mitgift untergegangener Zeiten, im Kind wird Vorgeschichte gegenwärtig, eine psychogenetische Analogie wird allmächtig. Die Unschuldsnatur des Kindes ist vorbewußte Naturkraft, Gegenwart magischen Zaubers, die der Intellekt zerstört hat". (Heydorn 1972, 64) In Abgrenzung zur jeweiligen Gegenwart zivilisatorischen Verfalls werden gerne frühere Kulturstadien oder ursprüngliche Vergemeinschaftungsformen beschworen. Kultur wird allgemein in Opposition zu Zivilisation gedacht.

Ursprüngliche Vergemeinschaftungsformen suggerieren einen Grad an Geborgenheit, den die gegen Ende des 19. Jahrhunderts heraufziehende und später etablierte Massengesellschaft nicht mehr kennt.

Alle Formen des sog. Volkstümlichen, insbesondere alle Formen der Volkspoesie erfreuen sich besonderer Wertschätzung – nicht nur in jener Zeit, in der der Aberwitz des sog. „Völkischen Gedankens“ längst offen zutage tritt. Natur erscheint als gemütsbildender Wert, vielfach auch als Therapeutikum gegen die Schäden, die der Zivilisationsprozeß anrichtet. Agrarromantik und Großstadtfeindschaft sind zwei Ausformungen ein- und desselben trügerischen Naturverständnisses. Die Große Stadt ist – einem Klischee aus dem 18. Jahrhundert folgend – Seismograph des Verfalls, ihre Massenbildung Ursache existentieller Verarmung. Entsprechend figuriert die Zivilisation mit ihren Vermassungs- und Nivellierungstendenzen und ihren fragwürdigen Errungenschaften als etwas Artifizielles, Gemachtes, Mechanistisches.

Angesichts eines vitalistischen Lebensbegriffs üben das „Gesunde“ und „Normale“ Attraktivität aus. Antitechnische Ressentiments sind vorherrschend – eine Ausnahme bildet die nationalsozialistische Jugendbuchkritik, die zeitweilig einem Technikkult frönte und einen organologischen, blutvollen Technikbegriff kreierte, der angeblich den Takt der Maschinen mit dem Rhythmus des Lebens versöhnte.

3. Transhistorisches und Ahistorisches

Die Tendenz, mit ahistorischen und transhistorischen Kategorien zu operieren, manifestiert sich in Substanzialismen. Aussagen über das „Allgemeinmenschliche“, „das“ Individuum, „den“ Menschen, „das“ Wesen von National- und Sozialcharakteren garnieren zahlreiche kulturkonservative jugendbuchkritische Erwägungen. – Läßt man sich auf Geschichte ein, dann rangieren Ereignis- und Personengeschichte vor der Struktur- und Sozialgeschichte. Die Diskussion um die sogenannte historische Jugendschrift ist ein beredtes Beispiel. Geschichte machen große Persönlichkeiten, zumeist Männer, schicksalhafte Konstellationen sind erwünscht.

Die Rede vom Menschen schlechthin erlaubt es, ihn aus seinen jeweils konkreten gesellschaftlichen Bezügen zu lösen. Dies manifestiert sich in der Unterstellung allgemein menschlicher Verhaltensweisen, in der Suche nach Konstanten in diesen Verhaltensweisen in Vergangenheit und jeweiliger Gegenwart sowie in der Einebnung klassen- und schichtenspezifischer Interessenlagen. Auch die Annahme wesenhaft differenter Geschlechtscharaktere ist ein Versatzstück des Denkens in Kategorien des Allgemein-Menschlichen.

4. Ideologie der Ideologiefreiheit

Daß echte, große Literatur tendenzfrei, die Jugendschrift in dichterischer Form ein Kunstwerk zu sein habe, galt bereits für Wolgast als ausgemacht. Diese Forderung, als sozialdemokratisch-reformerische Kampfansage sowohl an die klerikal und nationalistisch ausgerichtete wilhelminische als auch an die massenhafte Jugendschriftenproduktion, die sog. Grossobücher, möglicherweise legitim und verständlich, basiert auf einem autonomieästhetischen Kunstwerkbegriff. Dieser kann – gerade aufgrund seines scheinbar politikfernen, formalen Charakters literaturpolitisch eminent wirksam eingesetzt werden. Im Namen einer vorgeblich zweckfreien Ästhetik läßt sich stets wohlfeil gegen eine mißliebige engagierte Literatur polemisieren. Aus diesem Grunde dürften auch die nationalsozialistischen Jugendschrifttumswalter, denen zwar nichts an einer *Entpolitisierung* der Kinder- und Jugendliteratur lag, die Wolgastsche Forderung beibehalten haben. Sie benutzten sie, um gegen das sog. „Konjunkturschrifttum" und die unerwünschte Trivial-, Abenteuer-, Wildwest- und Kriminalliteratur auch mit *ästhetischen* Argumenten „kämpfen" zu können, obwohl in nahezu allen Fällen die genuin nationalsozialistische Jugendliteratur qualitativ kaum besser war als die bekämpfte sog. minderwertige Jugendliteratur, die jedoch politisch unerwünschte Verhaltensweisen und Sozialcharaktere propagierte.

Nach 1945 hat der Begriff des sprachlichen Kunstwerks erneut Konjunktur. Die korrumpierte Terminologie der braunen Germanistik wird gegen eine wiederum entideologisierte Begrifflichkeit ausgetauscht. Innerhalb der Jugendbuchkritik und der Lesepädagogik der Nachkriegszeit verlegt man sich – zumeist unter Berufung auf einen christlichen oder abendländischen Wertekanon – auf eine Kritik negativer individualpsychologischer Begleiterscheinungen des einsetzenden restaurativen Booms, des sog. Wirtschaftswunders. In zahlreichen jugendbuchkritischen Einlassungen, die aus dieser Zeit datieren, werden der Konsum und das materielle Denken als Auswüchse beklagt, wird die Oberflächlichkeit und Schnellebigkeit der Zeit kritisiert, vor allem die durch die Medien Film und Fernsehen ausgelöste sog. „Reizüberflutung“. Das Tempo der Zeit und die gewandelte Mentalität sollen verantwortlich sein für die Zerstörung solch innerer Werte wie Bescheidenheit, Zufriedenheit, Sittsamkeit und den Sinn für Schönheit. Als Therapeutikum werden erneut alte kontemplative Techniken empfohlen – Einkehr, Besinnung, Reflexion. Charakteristikum der kulturkonservativen Diagnostik der Nachkriegsära ist der weitgehende Verzicht auf eine soziologische Analyse dieses Wertewandels. Die beklagten Unzulänglichkeiten werden ursächlich nicht mit dem Sozialprozeß in Verbindung gebracht sondern als individuelles Fehlverhalten interpretiert, werden dem Individuum und seiner Psychologie zugeschrieben. Was objektiv gesellschaftliche Ursachen hat, firmiert als mißlungene Persönlichkeitsbildung des Einzelnen.

5. Hang zur Positivität

Der Ablehnung des sog. Negativen durch die kulturkonservative Jugendbuchkritik seit der Jahrhundertwende korrespondiert ihr Hang zur Positivität. Wo immer erzieherisch Verwertbares (Bewährung, Bewältigung, Idealismen, Entwicklung, Reifung, die Figur des positiven Helden, positives Abenteurertum, Spannung), wo Lebens- und Orientierungshilfe sich aus Jugendbuchtexten abdestillieren lassen, ist sie zur Stelle. Selbst kulturpessimistisch eingestellt, reagiert sie ausgesprochen allergisch auf die Darstellung von Negativem im Jugendbuch. Die Schilderung sozialer wie individueller Probleme und Konflikte, wenn sie nicht als Bewährungsproben oder Reifungsphänomene interpretierbar sind, wird im allgemeinen von der kulturkonservativen Jugendbuchkritik moniert – oder auch nur mit dem Einwand pariert, die Darstellung sei nicht kind- bzw. altersgemäß. Dabei geraten die kulturspezifischen grenzüberschreitenden Phänomene der Moderne – Angst, Schock, Regression, Widerstand, Vorlauf und Experiment – gleichsam automatisch in Verruf. Was übrig bleibt ist eine Kultur der Normalität und ein – aller beklagten Miserabilität der Zeitläufe ungeachtet – zementierter Wertekanon. Das zeigt sich bei den klerikalen Kritikern der Jugendschriftenbewegung ebenso wie bei den konservativen Kritikern der proletarischen Jugendliteratur der Weimarer

Republik oder den Kritikern der Heftchen-Literatur der Nachkriegsära.

6. Kultus der Persönlichkeit, Verdinglichung der Kultur

Obwohl von der kulturkonservativen Jugendbuchkritik angesichts der Vermassungsphänomene die Nichtigkeit des Einzelnen indirekt eingestanden werden muß, wird ostentativ an einem emphatischen Begriff der Persönlichkeit festgehalten. Pointiert formuliert: die „approbierten Geistesriesen" (Adorno), die Heroen aus Geschichte, Industrie und Politik werden zu Leitfiguren stilisiert. Sie suggerieren, auch im Zeitalter der Massen bestehe die Möglichkeit, durch individuellen Einsatz der Masse zu entkommen. Die generell zu konstatierende Komplizität der kulturkonservativen Kritik mit der Kultur, die sie kritisiert, erweist sich auch in diesem Falle: gerade was Voraussetzung einer die Verhältnisse transzendierenden Kritik wäre, „der Anspruch tieferen Wissens dem Objekt gegenüber, die Trennung des Begriffs von seiner Sache durch die Unabhängigkeit des Urteils, droht der dinghaften Gestalt der Sache zu verfallen, indem Kulturkritik auf eine Kollektion gleichsam ausgestellter Ideen sich beruft und isolierte Kategorien wie Geist, Leben, Individuum fetischisiert." (Adorno 1951; 1975, 50)

Indem Kulturkritik Kultur zu ihrem Gegenstand macht, vergegenständlicht sie sie abermals. „Und wenn die Kulturkritik (. . .) es mit dem Konservativismus hält, so läßt sie insgeheim von einem Kulturbegriff sich leiten, der auf festem, von Konjunkturschwankungen unabhängigen Besitz in der Ära des Kapitalismus abzielt. Er behauptet sich als diesem entzogen, gleichsam um inmitten universaler Dynamik universale Sekurität zu gewähren. Das Modell des Kulturkritikers ist der abschätzende Sammler kaum weniger als der Kunstkritiker. Kulturkritik erinnert allgemein an den Gestus des Herunterhandelns (. . .). Man setzt herab, um mehr zu bekommen". (Adorno 1951; 1975, 50) Auch für die kulturkonservative Jugendbuchkritik ist dieser Gestus charakteristisch. Ihr geschmäcklerisches Lamento – durchsetzt mit Ressentiments – ist nie dagegen gefeit, jederzeit in Hybris umzuschlagen.

Literatur

Adorno, Theodor W.: Kulturkritik und Gesellschaft (1951). In: Ders.: Gesellschaftstheorie und Kulturkritik. Frankfurt am Main 1975, 46-65.

Heydorn, Hans-Joachim: Zu einer Neufassung des Bildungsbegriffs. Frankfurt am Main 1972.

Sauerland, Karol: Diltheys Erlebnisbegriff. Entstehung, Glanzzeit und Verkümmerung eines literaturhistorischen Begriffs. Berlin/New York 1972 (= Quellen und Forschungen zur Sprach-und Kulturgeschichte der germanischen Völker, N. F. 45).